2023年河南省哲学社会科学规划年度项目
"数字技术赋能河南制造业供应链韧性的机理与路径研究"（2023BJJ032）

客户集中度 与现金股利政策

Customer Concentration and Cash Dividend Policy

■ 焦小静　张鹏伟　著

中国财经出版传媒集团

经济科学出版社
Economic Science Press

·北京·

图书在版编目（CIP）数据

客户集中度与现金股利政策/焦小静，张鹏伟著.
北京：经济科学出版社，2024.7. -- ISBN 978 - 7 - 5218 -
6148 - 8

Ⅰ. F274；F279. 246

中国国家版本馆 CIP 数据核字第 2024QJ8289 号

责任编辑：杜　鹏　张立莉　武献杰
责任校对：杨　海
责任印制：邱　天

客户集中度与现金股利政策

KEHU JIZHONGDU YU XIANJIN GULI ZHENGCE

焦小静　张鹏伟　著

经济科学出版社出版、发行　新华书店经销

社址：北京市海淀区阜成路甲 28 号　邮编：100142

编辑部电话：010-88191441　　发行部电话：010-88191522

网址：www. esp. com. cn

电子邮箱：esp_ bj@163. com

天猫网店：经济科学出版社旗舰店

网址：http://jjkxcbs. tmall. com

固安华明印业有限公司印装

710×1000　16 开　13. 25 印张　230000 字

2024 年 7 月第 1 版　2024 年 7 月第 1 次印刷

ISBN 978 - 7 - 5218 - 6148 - 8　　定价：99. 00 元

（图书出现印装问题，本社负责调换。电话：010 - 88191545）

（版权所有　侵权必究　打击盗版　举报热线：010 - 88191661

QQ：2242791300　营销中心电话：010 - 88191537

电子邮箱：dbts@esp. com. cn）

前　言

　　股利被认为是回报股东、培养投资信念的重要方式，同时也是维护资本市场稳定的重要工具，特别是在我国资本市场不够成熟、相关法律不太完善的制度环境中。而我国上市公司普遍存在分红较少、股利支付率较低等现象，长期存在着未解的"股利之谜"。近些年，媒体对上市公司"铁公鸡"的热议引起了监管机构的关注。自2001年以来，证监会为保护投资者的利益，改善上市公司的分红现状，曾出台了一系列将股利与再融资挂钩的半强制分红政策，然而收效甚微。因此，继续探讨"股利之谜"的成因仍然任重而道远。

　　目前对股利支付影响因素的研究已经从公司内部特征转向了外部环境，但是外部因素主要集中在宏观经济、法律、行业竞争、地域因素、媒体、机构投资者等方面，相对忽略了产品市场上最主要的非财务利益相关者——大客户对公司股利政策的影响。大客户作为企业产品市场上商业战略的重要组成部分，必定影响着公司的经营活动，进而影响公司的财务决策。利益相关者理论和客户方面的文献表明，大客户具有风险和收益两种截然相反的效应：一方面，当总体效应体现为风险效应时，公司的经营风险就会上升，加大公司陷入财务困境的概率，外部投资者和管理层的风险预期也随之增加。为了应对不确定性，管理层需要持有较多的现金，从而会降低股利支付。公司之所以选择降低股利，主要是我国上市公司普遍存在资金缺血现象，同时，资本市场上又存在着信息不对称和代理问题，使得公司更多地依赖内源融资，而降低股利通常被认为是成本较低的内源融资方式，特别是在我国新兴资本市场中上市公司股利政策稳定性较差的情况下，同时较职工薪酬等一些刚性的支出，股利支付则具有较大的灵活性，再加上股利支付决策的相对"黏性"，在管理层没有足够的信心维持较高水平的情况下，一般会避免支付较高的股利。因此，当客户的异质风险占优时，在其他条件既定的情况下，公司会降低股利支付以应对不确定性。另一方面，客户集中的总体效应也可能体现为收益效应。良好的客户关系不仅能够实现供应链上的信息共享，及时改进产品，提高产品的市场竞争力，而且还有利于制订精确的生产计划，减少存货积压和减值损失，提高存货周转率，改善经营业绩，降低公司的经营风险，增加盈利能力，稳定销售收入和现金流量，而股利是对利润的分配，必然受到公司经营状况的影响，在其他条件不变的情况下，公司可能会提高股利支付。因此，客户集中是否影响股利以及哪种效应占优是待检验的问题。

　　本书以"客户关系"作为切入点，重点探讨以下几个问题：（1）客户集中是否会影响公司的股利支付意愿和水平？风险效应和收益效应究竟孰占优？（2）客户集中影响股利支付的调节机制又是什么？结合客户关系，考察在哪类子样本中客户集中与股利支付的关系更显著。（3）如果客户集中与股利支付显著负相关，那么客户集中真的是增加了公司的经营风险从而导致了较低的股利支付吗？客户集中度较高的公司真的增加了现金持有以提高预防风险的能力吗？资本市场是否能够意识到客户集中的风险效应？（4）拓展客户特征的影响，主要考察客户创新能否对企业创新产生溢出效应？以进一步考察客户其他特征的具体效应，并结合研究结论提出相应的政策建议。

　　受笔者水平所限，书中难免存在疏漏之处，恳请读者批评指正。

焦小静　张鹏伟
2024 年 6 月

目　录

第一章

理论基础与文献综述

第一节 股利政策理论

股利政策是公司股东大会或董事会就公司是否发放股利、发放多少股利以及何时发放等方面作出的相关决策，其中是否发放及发放水平是核心内容。自1956年林特纳对股利开创性的研究以来，股利政策一直是财务理论界研究领域的热点之一，研究内容主要是对股利理论基础的检验以及股利对公司价值的影响，但至今也并未得到一致的研究结论，也使得股利成为了颇受争议的研究领域。

一、股利支付形式

"股利政策"通常是指公司是否支付现金股利、支付多少、支付频率以及何时发放的决策（Megginson，1997）。但近些年来，股利政策内容和形式更为丰富，从发放形式上不仅仅包括现金股利，而且还包括股票股利和股票回购等形式①。三者之间存在区别与联系。

现金股利，又称派现，是公司以现金的方式支付给股东的股利，也是最常见的方式，这种方式直接减少了公司的自由现金流，所有者权益会减少。

股票股利，是以增发股票的方式支付给股东的股利，在我国主要包括送红股（bonus shares）和转增股。其中，送红股主要指公司将未分配利润以股票的方式分配给股东，利润没有流出公司，而是将未分配利润转化为了股本，所有者权益

---

① 股利支付的形式还包括财产股利、负债股利，但实务中不常见。

总额没变化，但内部结构会发生变化，股本增多而留存收益中的未分配利润减少；转增股是指公司将资本公积金转化为股本，同样没有改变股东权益总额，仅仅内部结构项目发生变化，股本增多但资本公积金减少。

股票回购（stock repurchase），是指公司以现金等方式，从股票市场上回购股票的行为，从而使股东得到资本利得形式的股利。因为不像现金股利具有稳健性，被管理层认为是一种特殊形式的股利，具有一定的财务灵活性（Brav et al.，2005，2008）。股票回购在我国比较少见①，《中华人民共和国公司法》明确规定公司不得回购股票，下列情况除外：（1）减少注册资本；（2）与持有本公司股份的其他公司合并；（3）将股份奖励给本公司职工；（4）股东因对股东大会作出的公司合并、分立决议持异议，要求公司收购其股份的。

二、股利支付相关理论

股利理论的研究经历了三个研究阶段，第一阶段：20 世纪六七十年代的传统理论，主要关注股利政策是否会对股票价值产生影响，包括一鸟在手理论、MM 股利无关论和税差理论。第二阶段：20 世纪 70 年代以来的现代理论，主要是由于信息经济学的兴起，将信息不对称理论融入股利政策，产生了两大主流理论——信号传递理论和代理成本理论。第三阶段：20 世纪 90 年代以来的行为理论，将投资者对股利的需求融入股利政策中，根据投资者偏好发放股利，产生了股利迎合理论；随后又产生了生命周期理论，将"企业的生命周期——建立、快速成长、成熟、死亡"融入股利政策，认为企业在不同的生命周期阶段，面临的业务风险、盈利能力、资产构成、税收状况、股权结构、融资难易程度等都会不同，从而影响公司的股利政策。

鉴于本书的研究目的，本章将详细阐述 MM 股利无关论、股利信号传递理论、代理成本理论、生命周期理论。

（一）MM 股利无关论

著名的 MM 股利无关论是由美国芝加哥大学财务学家米勒和莫迪格利安尼在 1961 年发表文章《股利政策、增长与股票价值》时提出的，他们认为，在完美

---

① 因各国有关股票回购的规定的不一致，英国、美国和加拿大等一些国家相对宽松，在附带条件的情况下是允许的，而日本和新加坡则严格禁止，股票回购西方研究较多，而我国则研究较少（Jiang et al.，2016）。

的资本市场中，即"完全信息、无市场摩擦、无交易费用"，公司的股票价格与股利政策无关，而仅仅取决于投资决策和营运能力，理性的投资者不会因为盈余在现金股利和留存之间分配的比例而影响对公司的评价，投资者可以在完美的资本市场上"自制股利"，对股利和资本利得并无偏好。当公司不支付股利或支付较少而将留存收益用于再投资时，投资者在需要现金时，可以获得较高的股票价格以换取现金，相反，当公司发放了较多的股利，投资者可以再次以现金买入股票以扩大投资，公司价值与公司的利润分配政策无关。

MM 股利无关论是建立在一系列完美资本市场假设基础之上的，具体如下：

第一，完美资本市场假设（perfect capital markets）：证券买卖双方都是价格的接受者，没有一方能够通过交易对股票价格产生明显影响；交易双方拥有相同的信息；无交易费用、转让税和其他交易成本；股利与资本利得无税赋差异。

第二，理性投资者假设（rational behavior）：每个投资者都是财富最大化的追求者，只关心财富增长本身而不关心是股利形式还是资本利得形式。

第三，完全确定性假设（perfect certainty）：每个投资者都能完全确定公司未来的投资计划和利润，公司在资金来源分析时，股票和债券融资无差异。

早期的研究证据对该理论的检验并未得出一致的研究结论。有学者研究支持该理论（Black and Scholes，1974；Miller and Scholes，1978；Miller，1986），例如，布莱克和斯科尔斯（Black and Scholes，1974）通过研究股利收益率对股票收益的影响，发现，无法判断股利政策的改变会对公司股价产生什么影响；米勒和斯科尔斯（Miller and Scholes，1978）研究也表明，应税投资者对股息漠不关心，尽管税收差异有利于资本利得；但是也有学者研究质疑该理论，如贝克等（Baker et al.，1985）调查了 562 个公司的 CFO，认为，减少股利或不发股利会造成股价严重下跌，因为股利会向股东传递公司盈利信息；希利和帕勒普（Healy and Palepu，1988）研究发现，当公司首次发放现金股利或者提高现金股利水平时股票价格会上涨（Asqith et al.，1983；Grullon et al.，2002）；甚至还有学者发现，股利会减少股东的财富（Litzenberger and Ramaswamy，1979）。由于 MM 股利无关论的假设条件非常苛刻，在以后的研究中，学者们逐渐放松了假设中的条件，也因此而产生了股利相关论的诸多理论。

（二）股利信号传递理论

股利的信号传递理论依赖于信息不对称理论。信息不对称理论是由三位美国经济学家——约瑟夫·斯蒂格利茨、乔治·阿克尔洛夫和迈克尔·斯彭斯（Joseph Eugene Stiglitz, George A. Akerlof and A. Michael Spence）提出的。该理论是指：在市场经济活动中，各类人员对有关信息的了解是有差异的；掌握信息比较充分的人员往往处于比较有利的地位，而信息贫乏的人员则处于比较不利的地位。具体到公司中，外部股东与管理层对公司未来的预期收益和投资风险情况处于不同的信息优劣地位，管理层拥有非常详细的信息，处于信息优势地位，而外部股东则处于被动地位，只能通过其他信息渠道来估计收益和风险情况，粗略的评估公司价值。由于信息不对称的存在，使得投资者很难准确辨认资本市场上的"柠檬问题"，从而会给予均衡定价，可能会导致优质公司会被低估，而劣质公司会被高估，致使优质公司的管理层有动机也有能力通过股利分配向投资者传递"好公司"的信号。因此，股利的信号传递理论认为管理层会通过现金股利的调整来传递公司的盈利能力信息（Bhattacharya, 1979；Miller and Rock, 1985；John and Williams, 1985）。

该模型有以下含义：（1）市场反应应该与股利变动正相关，当股利预期外上升（下降）时，股票价格也应该有相应的上升（下降）；（2）股利的变动应该与经营业绩的变动方向一致，当经营业绩增加（减少）时，股利也应当有相应的变动；（3）股利是传递公司未来盈利能力的信息，现金股利被认为是可靠的，支付现金股利的成本很高，是一种"烧钱"行为，这种成本只有盈利能力较高的公司才能承担得起，业绩较差的公司很难模仿，一旦模仿就会带来高昂的外部融资交易成本（Bhattacharya, 1979）、错过盈利能力较高的投资项目、偏离最优投资决策（Miller and Rock, 1985）或使股东承担比资本利得较高的股利税（John and Williams, 1985）。

学者们对该理论的检验主要是通过对股利公告的市场反应来进行的。首先，学者就股利是否具有信息含量展开研究。虽然米勒（Miller, 1986）和莫迪格利安尼（Modigliani, 1961）没有明确地将信息不对称引入模型，但他们也注意到股价能够对股利公告作出反应。正如米勒和莫迪格利安尼（1961）研究表明，市场会反应新信息，投资者可能将股利的变动解释为管理层对公司预期盈利的变动；佩蒂特（Pettit, 1972）研究认为，股利公告能够传递有价值的信息，当公司增加股利时，股票价格上涨，反之则下跌；沃茨（Watts, 1973）、戈尔恩特（Gonedes, 1978）则得出相反的结论，认为，预期外的股利变化不会超过同期其他变量（例如，收益）传递的信息；劳布（Laub，1976）、佩蒂特（1976）质疑了沃茨的研究结论。然而这些研究主要是基于月股票回报进行研究，得出了不一致的研究结论。也有学者以日股票回报率进行了研究，查尔斯特（Charest，1978）发现股利增加的公告可以带来1%的超额回报，但是该研究没有剔除同期盈余公告的影响；阿哈龙尼和斯瓦瑞（Aharony and Swary，1980）则完善了查尔斯特的研究，在分离盈余公告的影响后，股利公告仍有显著的信息含量；哈坎森（Hakansson，1982）研究认为，当投资者具有异质性或资本市场不完全时，股利的信息性可以提高效率，尽管股利支付也带来较高的成本；米勒和洛克（Miller and Rock，1982）也指出，股东与管理层之间的信息不对称，股利变化会引起股票价格的反应；布洛克等（Brook et al.，1998）研究也发现，股利变化能够传递未来现金流变化的信号；鲁宾和史密斯（Rubin and Smith，2009）研究表明，股利对机构投资者有信号传递作用，对支付股利的股票而言，换手率与机构投资者持股显著正相关，在股利宣告日，这种正相关关系更显著。其次，就股利的信息传递作用是否重要，学者们也有不同的看法：米勒和莫迪格利安尼（1961）、佩蒂特（1972）、布莱克（1976）和斯特恩（Stern，1979）则认为，管理者可以通过其他同样有效且成本更低的其他替代渠道传递信息；而阿哈龙尼和斯瓦瑞（1980）、阿斯奎斯和穆林斯（Asqith and Mullins，1983）则认为，股利公告传递了其他公告所没有包含的信息，并且与其他公告强调细节不同，股利可以作为一种简单的、全面的信号，可以传递公司最近业绩和未来前景的信息，而且相比其他公告，股利传递的信息可信度较高，因此，股利的信号传递作用很重要。

股利的信号作用主要取决于各国信息不对称的程度，正如前文所述，英美法系国家的投资者较为分散，外部股东与管理层存在较为严重的信息不对称，而在股权较集中、裙带关系较复杂的亚洲国家，信息不对称问题可能较弱，因此，股利信号传递的作用发挥得也不尽相同。德温特和瓦尔泰（Dewenter and Warther，1998）研究了日本公司削减股息的市场反应，发现，股价反应要比美国弱，主要是因为日本公司大都是企业集团，通常采用交叉持股的形式，有利于交流沟通，存在较少的信息不对称和代理问题，因此，投资者不太讨厌削减股息。阿加沃尔等（Aggarwal et al.，2012）认为，美国上市公司信息不对称变异程度较小，不能提供足够的证据进行股利信号模型的统计检验，因此，笔者采用 ADRs① 研究股利的信号作用，结论表明，来自信息不对称问题较高国家的 ADRs，股利变动才会有信息含量，在增加股利支付后，公司的收益会增加，系统风险会降低；乔利埃特和穆勒（Joliet and Muller，2015）则以跨国公司为样本，检验不同地区的股利变动与当期收益变动之间的关系，研究发现，来自新兴市场和亚太发达市场的公司，管理层主要通过增加股利来传递盈利增加的信号，相反在北美和西欧，这种关系比较弱，这就说明新兴市场的收益信息不对称程度要大于发达市场。

我国学者也利用上市公司数据检验股利信号理论在我国的适应性，但也未得出一致的研究结论。魏刚和蒋义宏（2001）通过分析股利问卷调查，结果表明，上市公司分配现金股利主要是向市场表明公司财务状况良好、现金流充足，分配股票股利主要是管理层对公司的未来前景看好，通过股票股利向市场传递这个好消息；孔小文和于笑坤（2003）从股利宣告的市场反应和股利信息内涵两个方面检验我国上市公司股利的信号传递效应，发现，我国股市中存在股利的信号传递效应，分配股利的上市公司的未来盈利情况好于不分配股利的上市公司；祝继高和王春飞（2013）基于特定事件"金融危机"研究对现金股利政策的影响，结果发现，如果公司在金融危机期间发放现金股利，会有正向的市场反应，支持了股利的信号理论。相反，俞乔和程滢（2001）研究认为，无论是首次分红还是一般的年度分红，现金股利引起的股价异常收益显著小于股票股利和混合股利，现金股利作为首次分红支付方式并不受市场欢迎；吕长江和许静静（2010）考察股利变更公告的市场反应，研究发现，我国上市公司的现金股利发放并没有信号传递效应，而股票股利发放只是传递了关于公司当期净利润的信息，并没有传递关于公司未来盈余的信息；肖珉（2010）研究了以前年度的连续股利支付或较多的派现并不能缓解现金流短缺导致的投资不足问题，反而会强化这种关系，与股利的信号模型的预期相反。

（三）股利代理成本理论

现代公司的主要特征是所有权和控制权的分离（Berle and Means，1932；Bosland，1949），这种特征是专业化分工的结果。所有者因为时间、精力和专业知

---

① ADR 指的是美国存托凭证，在美国证券市场流通的代表其他国家公司有价证券的可转让凭证，即在美国上市的外国有价证券，来自不同国家，所以存在不同程度的信息不对称性，变异性较高。

识的不足而不能行使公司的经营权，与此同时，专业化分工也产生了一批具有专业知识、能力和精力的职业经理人。由于职业经理人经营公司的"专业特长"，股东将经营权让渡给职业经理人，而保留了剩余索取权，于是经理人成为股东的代理人，代表委托人的利益行使决策权，而股东成为委托人，代理关系随之产生。但是根据理性经济人假说，委托人与代理人的效用函数不一样，职业经理作为股东的代理人不会按照股东利益最大化行事（Easterbrook，1984；Jensen，1986），而是追求自身工资收入、舒适生活、奢侈消费和闲暇时间的最大化，这必然会导致股东与经理人的利益冲突，在无效的制度安排下，代理人的行为很可能损害委托人的利益，产生了无谓的代理成本（Jensen and Meckling，1976）。委托代理理论（principal-agent theory）随之也成为了现代公司治理的逻辑起点。

代理成本产生的原因是：所有者和经理人之间存在严重的信息不对称，经理人的行为不能被股东观察到，股东无法对其实施监督，因此，经理人就会出现偷懒懈怠，甚至损害股东的利益。根据詹森和麦克林（Jensen and Meckling，1976）的定义，代理成本是指委托人为了防止受托人（即代理人）损害自己的利益，通过尽可能严密的契约关系以及严格的监督以限制代理人的行为而付出的代价。

企业的代理成本种类可以分为以下几种类型①：

第一，股东与管理者之间的代理成本；

第二，大股东和中小股东之间的代理成本；

第三，股东与债权人之间的代理成本；

第四，股东与非投资者的利益关系人之间的代理成本。

在股利政策中就第一类代理成本而言，管理层和股东的效用函数不一样，使得两者之间的利益出现冲突，于是现金股利被认为是缓解公司代理冲突、降低代理成本的一种治理机制（Rozeff，1982；Easterbrook，1984）。1986年詹森等发表的《自由现金流的代理成本、公司财务与收购》阐述了代理成本与自由现金流的关系。他们认为：正是由于经理人手中有大量的自由现金流才会产生代理问题，管理层会为了个人利益而消遣浪费现金或为了建造"商业帝国"投资于净现值为负的项目，从而损害外部投资者的利益。而股利支付就是要减少自由现金流，并迫使管理层进行外部融资，将其置于外部监管之下，从而减少代理冲突

---

① 西方国家一般股权分散，以第一类代理成本为主，而我国特殊的经济体制造成第一类和第二类代理成本同时存在。

问题。

相关实证研究结果也支持了股利的代理理论。拉波塔、洛配兹·西拉内斯、安德烈·施莱弗（La Porta, Lopez-de-Silanes, Andrei Shleifer, 2000）认为，在内部人和外部人有代理冲突的情况下，通过股利向投资者返回公司收益，能够限制管理层自利行为的能力。克尼亚泽娃（Knyazeva, 2008）认为，在代理问题较严重的企业，理性的投资者会担心代理冲突带来投资效率损失，而股利承诺会缓解这种担忧。卡尔波夫和威蒂（Karpoff and Wittry, 2014）使用公司层面的反收购条款、别布丘克等（Bebchuk et al., 2005）和冈珀斯（Gompers et al., 2003）使用公司治理、格林斯泰因和迈克尔（Grinstein and Michaelly, 2005）使用机构投资者等衡量对投资者的保护程度，研究发现，公司治理较弱、股东保护较弱、股权较分散的公司更可能使用现金股利或者同时使用股利与债务作为预先承诺机制，缓解外部投资者的担忧，减少代理冲突。我国学者也做了类似的研究，杨熠和沈艺峰（2004）通过对上市公司现金股利公告效应的研究，结果表明，在自由现金流较多的上市公司，现金股利能够减少代理成本，发挥监督治理作用。罗宏和黄文华（2008）则从高管人员在职消费的角度验证了国企分红能够抑制在职消费，降低代理成本。邓建平等（2007）发现，现金股利和直接资金占用之间有很强的替补关系，说明现金股利能够限制内部人的自利行为。谢军（2006）发现，上市公司第一大股东具有发放现金股利的显著动机，但投资机会会弱化该动机，据此笔者认为，股利发放是第一大股东迫使公司降低多余的自由现金流而不是"掏空"上市公司的表现。

在股利政策中就第二类代理成本而言，即大股东控制问题，大股东拥有公司的控制权，可能会发生行为偏斜，利用自身的控股地位侵占公司资源和损害其他中小股东的利益，于是就出现了大股东和小股东之间的代理成本，大股东可以通过关联交易（柳建华等，2008）以及占用上市公司资金（叶康涛等，2007）等手段掏空上市公司。而这时现金股利的作用就备受争议，一种观点认为，现金股利是一种来自所有权的共享收益，发放现金股利能够使公司财富按照持股比例在所有股东之间进行分配，避免了控股股东掌握过多的自由现金流而侵害公司及中小股东的利益，因此，发放现金股利是限制控股股东滥用控制权的一种有效手段。拉波塔、洛配兹·西拉内斯、安德烈·施莱弗（2000）的研究首次提出并证实了上述观点。这种观点认为，控股股东是不愿意发放现金股利的，相比之下，他们更愿意操纵上市公司的关联交易达到转移利益的目的。很多学者的后续研究也都体现了这一思想，如段亚林（2000）等。但另外一种观点则认为，股利政策恰好是代理问题没有得到解决的产物，控股股东将现金股利作为掏空上市公司的方式（陈信元等，2003）[①]。

（四）股利生命周期理论

公司经历着——建立、快速成长、成熟、死亡的生命周期。在不同的阶段，公司的业务风险、盈利能力、资产构成、税收状况、股权结构、融资难易程度都不同，这主要是所有权和控制权的分离、创建人的重要性、职业经理的介入和外部融资等方面都会随着公司生命周期的变化而变化（Myers，1999）。在公司成立初期和成长期，公司需要大量的资金投入，运营风险较大，外部融资成本较高，公司可能倾向于保留较多的盈余，从而支付的较低的股利或不支付股利；随着公司进入成熟期，自身积累增多，投资机会较少，会有大量的内部自由现金流，为了减少自由现金流问题，塑造"优待股东"的形象，公司会支付较高的现金股利。因此，不同阶段的公司特征会导致股利政策随着企业生命周期的变化而变化。

学者们也进行了实证研究检验这一思想。在考察企业生命周期特征时，许多学者采取了间接方式——企业特征来衡量企业的生命周期和年龄。法玛和法兰奇（Fama and French，2001）研究了变化的公司特征能否解释短暂的股利变化政策[②]，研究发现，当公司的盈利能力越强、规模越大、投资机会越少，发放股利的可能性和水平就会增加；除此之外，还有学者采用了直接方式——以所有者权益的构成来衡量企业的生命周期，期初的所有者权益大部分都是由实收资本构成，在公司建设初期容易发生亏损，累计留存收益/实收资本通常是负数，但随着运营成功和盈利能力的提高，这个比例会为正数。对那些规模大的、年龄长的稳定公司，累计留存收益是所有者权益的主要组成部分，而那些规模小的不成熟的公司累计留存收益较少甚至为负数，因此，可以采用累计留存收益（cumulative retained earnings，CRE）的比例来衡量公司的生命周期和年龄。迪安杰洛等（DeAngelo et al.，2006）认为，CRE 也是决定股利支付的重要因素，研究发现，

---

① 原红旗（2001）、肖珉（2005）、唐跃军（2006）也有类似的观点。

② Fama and French（2001）研究的公司特征主要包括盈利能力、投资机会和公司规模，这些特征在一定程度上都能代替公司的年龄。

在控制了盈利能力、成长性、规模、总权益和现金余额后，较高的 CRE 与股利支付正相关，而且负留存收益公司的增长迅速（从 1978 年的 12% 增加到 2002 年的 50%），刚好与支付股利的公司数目下降相吻合。丹尼斯等（Denis et al.，2008）分别研究了 1989～2002 年英国、日本、德国、法国、加拿大 5 个发达国家的股利政策，并以美国作为控制组，研究发现，与美国一样，CRE 较多、规模较大、盈利能力较强的公司更有可能支付股利。但也有学者不支持股利的生命周期理论，冯等（Von et al.，2008）以 2004 年 5 月前欧洲联盟 15 个成员国为样本研究股利政策，与迪安杰洛等（2006）和丹尼斯等（2008）的研究结论相反，研究发现，CRE 没有显著影响支付股利的可能性。由此可见，股利的生命周期理论未有一致的研究结论，至今仍存在争议。

就我国的研究而言，该理论的研究成果相对较少，宋福铁和屈文洲（2010）以 2000～2008 年沪市 528 家 A 股公司为样本，研究发现，支付股利的意愿支持股利的生命周期理论，而支付股利的水平并不支持该理论。杨汉明（2008）以 2003～2005 年沪深两市 A 股上市公司为样本，研究表明，公司支付股利的意愿与企业的生命周期相关，企业可以根据留存收益占权益的比例来决定是否支付股利。符安平（2011）发现，留存收益/股权越高，企业更倾向于发放股利；罗琦和李辉（2015）以 2004～2013 年沪深 A 股上市公司为样本，支持了上述股利生命周期理论，成熟型公司相对于成长型公司更倾向于支付股利。

三、客户供应商相关理论

（一）利益相关者理论

利益相关者理论是弗里曼（Freeman）1984 年在《战略管理：利益相关者方法》一书中明确提出的，该理论从公司战略管理和企业伦理的角度对利益相关者作出了较详细的分析，认为，任何组织的发展都离不开各利益相关者的投入和参与，利益相关者与公司的存在和发展紧密相关，公司除了考虑股东的利益之外，还要综合考虑其他利益相关者的潜在影响，利益相关者问题事关公司和谐（唐跃军和李维安，2008），公司应当实现多方利益相关者协调（李维安和唐跃军，2005），将利益相关者的整体利益最大化作为经营目标。

弗里曼（1984）将利益相关者定义为"能够影响一个组织目标的实现或者受到一个组织实现其目标过程影响的所有个体和群体"。主要包括：股东、员工、客户、供应商、债权人、消费群体、竞争者、政府、社区等。克拉克森（Clarkson，1995）认为，这些利益相关者在企业中投入了实物资本、人力资本、财务资本或其他有价值的东西，并因此而承担了相应的风险，例如，就产品市场的利益相关者而言，客户供应商承担了公司的经营风险，一旦公司出现财务危机，供应商的应收账款可能得不到偿还，客户的产品需求得不到满足，因此，公司的经营活动要考虑利益相关的影响。

客户作为企业主要的非财务利益相关者（Arora and Alam，2005），为公司提供了大部分的收入来源，会直接影响到公司的采购计划、生产计划、存货管理、销售活动、应收账款回收等各种经营活动，关系到公司现金流的稳定性，已经成为企业组织战略的重要组成部分，因此，公司的经营决策要充分考虑客户的影响。

（二）战略竞争理论

20 世纪 80 年代初，哈佛大学商学院波特（Porter）教授的战略竞争理论在企业战略管理中占据了主导地位。他认为，公司战略的核心就是获取竞争优势，而竞争优势又会受到市场地位的影响，相对较高的市场力量是公司利润的重要来源，因此，企业要根据面临的产业环境，改善并提高相对市场势利，获得竞争优势。当公司面对强势供应商和客户时利润必然下降。同样，公司要想在市场环境中准确预测盈利能力、定位市场，也必须要了解市场环境中存在哪些竞争力量。波特教授在著作《竞争策略》中明确提出并具体分析了五力模型：新加入者的威胁、客户的议价能力、供应商的议价能力、替代品的威胁以及现有竞争者的对抗态势，并明确指出，客户和供应商的议价能力直接影响着公司的盈利能力。迈克尔·波特的行业竞争优势理论在实务中也得到了普遍认同，成为了企业在做外部环境战略分析时应用最广泛的模型。

具体到客户关系而言，客户集中意味着公司的销售收入依赖于少数几个客户，交易双方依存程度的不对称性使得客户获得了相对的竞争优势，具有较高的议价能力，而企业的本质具有逐利性质，有行业竞争优势的客户会取得交易的控制权，迫使公司提供质量较高的产品、降低采购价格（Schumacher，1991）、提供较长的信用期限（Giannetti et al.，2011；李任斯和刘红霞，2016），蚕食供应商的利润，从而保持自身可持续的竞争优势（Porter，1980），相反，公司为了留住大客户会在谈判中让步，不得不遭受大客户的侵占，因而会影响公司的运行效率、盈利能力和利润的实现。

（三）供应链管理理论

供应链管理（supply chain management，SCM）是开思·奥立夫（Keith Oliver）在 20 世纪 70 年代晚期，通过和斯凯孚（Skf）、海尼根（Heineken）、赫司特（Hoechst）、吉百利—史威士（Cadbury-Schweppes）、飞利浦（Philips）等客户接触的过程中逐渐形成的观点，1985 年由波特提出，这是一种集成的管理思想，通过改善上下游的供应商—客户关系，整合和优化供应链中的信息流、物流和资金流，以获得企业的竞争优势。具体而言，通过整合和优化企业间的"三流"，能够优化供应链上的业务流程，帮助公司制订较为精确的采购计划，生产数量准确、符合客户质量要求的产品，降低存货管理成本和减值损失的可能性，减少供应链上的交易摩擦，实现供应链价值的最大化，供应链管理的核心是信息资源的共享和供应链上的共赢。在客户关系中，供销双方通常需要专有化投资扩大联系，较高的整合度可增强公司服务客户的能力，改善销售生产效率，降低预测偏误，促进双方会计业绩的提升。

这些理论从不同的视角表明大客户作为公司产品市场的需求者，会对公司的经营活动产生影响，能够影响到公司的盈利能力，可能会降低公司的运营成本与风险，提高运营效率，也可能会掠夺侵占公司的资源，增加经营风险。

第二节　股利文献综述

一、股利支付的影响因素

（一）微观影响因素

在过去的几十年内，研究者重点关注了公司层面的特征对股利支付的影响，主要包括以下几个方面：

1. 经营特征方面

该方面主要从财务基本面和风险方面展开研究。就财务基本面而言，林特纳（Lintner，1956）的经典研究认为，盈余收入的主要变化是公司股利政策的主要决定因素，管理层倾向于股利平滑，避免经常波动；法玛和巴比亚克（Fama and

Babiak，1968）支持了林特纳的观点，认为，只有当管理层合理确认能够将股利支付长久维持在较高水平时，才会提高股利支付；法玛和法兰奇（Fama and French，2001）研究发现，当公司的盈利能力越强、规模越大、投资机会越少，发放股利的可能性和水平就会增加；贝克等（Baker et al.，1985）、布雷夫等（Brav et al.，2005）也得出类似的结论。就风险而言，蔡伊和苏（Chay and Suh，2009）利用国家层面的数据研究了现金流的不确定性对股利政策的影响，研究发现，现金流的不确定性是股利政策变化的主要决定因素之一，现金流不确定会降低现金股利，而且这种效应要强于累计资本收益（earnings-to-total equity ratio，ER）、代理成本和投资机会；罗瑟夫（Rozeff，1982）研究表明，股票收益的波动率贝塔值与股利支付显著负相关；伊兹（Eades，1982）研究表明，较低的风险与较高的股利支付显著相关；霍伯格和普拉巴（Hoberg and Prabhal，2009）以1963～2004年美国上市公司为样本，研究表明，风险（异质风险和系统风险）是决定股利支付的意向的重要决定因素，能够解释近40%的股利消失之谜。

2. 股权结构

少数股东的类型及控股股东的作用对股利的重要影响也得到了学术界的认可，正如法西奥等（Faccio et al.，2001）指出："在东亚和西欧，家族控制股权并担任CEO，其主要代理问题是控股股东的掠夺，但是各地区的掠夺程度和其他股东的制衡作用可能不同。"他以5个西欧国家和9个东亚国家的公司为样本，研究发现，西欧的集团附属企业①会支付较高的股利，而且当有多个大股东时，西欧公司会支付更高的股利，而东亚的公司则会降低，表明在西欧其他股东有制衡作用，而在东亚则可能与大股东合谋掠夺中小股东。也有学者研究了控股股东特征是否会对股利产生影响。卡恩（Khan，2006）以美国公司为样本，研究发现，股利与个人股权集中度负相关，而与保险公司持股比例正相关；弗思等（Firth et al.，2016）研究也发现，在中国共同基金持股会促使企业发放较高的股利，但是企业的机构投资者则没有影响。

国内学者针对我国的上市公司也做出了类似的研究，魏刚和蒋义宏（2001）发现，国家股和法人股比例越高，现金股利的支付水平越高；流通股比例越高，

---

① 施莱弗和维什尼（1997）、伯德祖克等（1998）、克莱森斯等（1999）和沃尔芬森（1999）认为，集团附属企业更容易出现代理问题，因为受同一股东控制，大股东更容易通过公司间的销售、资产转移等方式掠夺外部股东，所以法乔等的研究表明在西欧国家，其他股东的制衡作用更有效。

现金股利的支付水平越低；王化成等（2007）研究了控股股东的性质对股利分配的影响，研究发现，当控股股东是国有控股股东、所有权与控制权分离较高、具有集团控制性质时，公司分配现金股利的意愿和力度较小；刘孟晖（2011）将内部控制权分为股东控制和经理人控制，研究表明，股东控制类公司具有较高的现金股利支付意愿和水平，而经营者控制的公司有较低的现金股利支付意愿和水平；魏志华等（2012）研究表明，相比非家族上市公司，家族控制的上市公司派现的意愿和水平要低35%及以上，主要因为第一类代理问题比较严重。

（二）中观影响因素

1. 市场环境

市场竞争能够影响公司的经营风险，因为市场势力会影响到公司预防负向冲击的能力（Irvine and Pontiff, 2009）。微观经济理论表明公司的市场势力会影响其经营风险，而在一定意义上，财务风险是潜在经营风险的放大，因此，公司本身或行业竞争地位的变动能促使财务政策的变化（Booth and Zhou, 2015）；同时，股利支付决策具有谨慎性和黏性（Baker et al., 1985），只有当公司盈利水平持续稳定增长且不可逆转时，公司才会适当提高股利水平，因此，较高的经营风险会降低公司发放股利的动机和水平。因此，学者们开始研究"市场竞争"对股利政策的影响。

格鲁伦和迈克利（Grullon and Michaely, 2007）以1972~2001年2747个公司的54318个公司—年度为样本，从代理的视角研究市场竞争对股利政策的影响，研究表明，行业竞争激烈的公司与股利支付显著正相关，竞争能够降低管理层过度消费、减少投资决策偏误，避免公司浪费资源。这支持了拉波塔、洛配兹·西拉内斯、安德烈·施莱弗（2000）的结果模型，即市场竞争越高，则有较好的外部公司治理作用，支付的股利水平越高。但也有不一致的研究结果，霍堡等（Hoberg et al., 2014）认为，激烈的竞争会带来经营风险，而处于行业集中度较高的企业有较稳定的现金流，因此，更有可能支付股利（Peress, 2010）；布斯和周（Booth and Zhou, 2015）也得出类似的研究结论，以1976~2006年制造企业48546个公司—年度为样本，研究发现，有较高市场势力的公司更倾向于支付股利，并且支付水平也较高，主要原因是：拥有较高市场势力的公司未来的经营风险较低，有较高的盈利能力和较稳定的经营现金流；与研究现有产品市场竞争不同的是，霍伯格（Hoberg et al., 2014）研究了潜在的市场威胁对股利政策的影响，结果表明，潜在的市场威胁降低了公司的股利支付意向，增加了现金留存，特别是在融资约束较高的公司。

就我国的研究而言，权小锋等（2010）研究了行业因素对上市公司现金股利政策的影响，研究发现，公司的股利支付意愿和水平与行业前期的现金股利正相关，与行业竞争度、行业自信水平负相关，行业股利偏好与行业生命周期并不影响公司的现金股利政策；曹裕（2014）研究表明，行业集中度高的公司，支付股利的意愿和水平越低，主要是因为，较低的行业竞争削弱了外部同行的治理效应；杨兴全等（2014）考察了市场化进程对现金股利的影响及其路径，研究发现，在市场化进程较高的地区会有较高的现金股利，主要是市场化进程缓解了融资约束，提高了股利政策的支付意愿和水平。

2. 地域环境

约翰（John，2011）以1992～2006年美国上市公司为样本，基于代理成本的视角，研究地域因素对股利支付的影响，研究表明，偏远地区的公司面临较高的代理成本，公司支付较高的现金股利以降低代理成本，支持拉波塔、洛配兹·西拉内斯、安德烈·施莱弗（2000）的"替代模型"，进一步分析表明，当公司的自由现金流问题比较严重时，这种关系更显著，而且偏远地区的公司更倾向于发放常规的现金股利而不是特殊股利或股票回购；我国学者张讳婷和王志强（2015）在约翰（2011）研究的基础上，也借用拉波塔、洛配兹·西拉内斯、安德烈·施莱弗（2000）的"替代模型"和"结果模型"考察地域因素对股利政策的影响，研究结果支持"结果模型"，即地处边远地区的公司由于面临较大的信息不对称性，较多地依赖债务融资，导致其剩余举债能力不足、债务灵活性的边际价值较高，因此，为了保留更大的财务灵活性，会减少股利的发放。

（三）宏观影响因素

1. 法律环境

拉波塔、洛配兹·西拉内斯、安德烈·施莱弗（2000）首次将法律保护引入股利支付，他们提出了"结果模型"和"替代模型"，其中"结果模型"认为，较强的股东保护能够使得中小投资者迫使公司吐出现金，作为股利发放给股东。因此，现金股利是中小投资者被保护的结果，当中小投资者被保护的程度较高时，公司会支付较多的现金股利；而"替代模型"认为，股利支付是中小投资者保护较弱的替代方式，当投资者保护程度越低，支付的现金股利越多；拉波塔、洛配兹·西拉内斯、安德烈·施莱弗以 33 个国家 4103 个公司研究为样本，研究大陆法系国家（civil law countries）和英美法系国家（common law countries）的股利支付行为，结果支持"结果模型"，英美法系国家相对于大陆法系国家能够更好地保护中小投资者的利益，并且支付了较多的现金股利；但是另一方面也有学者得出相反的结论，费里斯等（Ferris et al.，2009）以 1994 ~ 2007 年 9 个英美法系国家和 16 个大陆法系国家的 4000 多个公司为样本研究股利支付行为的差异，结果支持"替代模型"，股利支付金额和支付比例在大陆法系国家比较高；布罗克曼（Brockman et al.，2014）采用 24 个国家的 32503 个公司—年度样本，研究发现，在限制较少、内幕交易法保护较弱的国家倾向于使用大而稳定的股利支付建立"优待外部股东"的声誉。这些证据都一致支持了股利的"替代模型"。海尔等（Hail et al.，2014）以 1993 ~ 2008 年 49 个国家的 222766 个公司—年度为样本研究信息对股利政策的影响，并以国际财务报准则和新的内部交易法的实施为外生事件①，研究发现，在这两个事件后，公司不倾向于支付或增加股利，而是倾向于减少或停放股利，而且这种变化仅仅存在于受到事件影响的国家和公司，并在代理问题较严重或信息环境冲击较大的国家更显著，支持"替代模型"：当外部投资者有较多信息时，公司不需要采用股利支付这种昂贵的承诺机制。

2. 文化政治环境

布斯等（Booth et al.，2001）的"公司所在国的特征会对资本结构产生影响"的论断引起了学者对国家特质性的关注。其中文化和政治对股利影响的主要研究如下。

（1）文化方面：文化通常被定义为一套规范、信念、共同价值观，并在生活中指导人们的预期行为（Schwartz，1994），民族文化影响着人们对财务弹性的主观认识，进而影响国家层面的股利政策。邵等（Shao et al.，2010）以 1995 ~ 2007 年 21 个国家的 227462 个公司—年度为样本，以施瓦茨（Schwartz，1994）提出的"保守性和控制性（conservatism and mastery）"为视角研究文化对股利支付的影响，研究发现保守性和控制性会影响公司的股利支付，保守性越高国家的

---

① 2000 年实施的国际财务报准则（IFRS）和一个国家首次实施新的内部交易法（insider trading laws，IT）外生事件都能够改善国家层面的信息环境和公司的治理结构，改善管理层和投资者之间的信息不对称，降低代理问题。

公司倾向于支付较高的股利，但是控制性越高国家的公司则有较低的股利；巴贝等（Bae et al.，2012）以1993～2004年33个国家112000个公司—年度层面的数据为样本，以霍夫斯泰德（Hofstede，1991）提出"风险规避、阳刚之气和长期取向"（uncertainty avoidance，masculinity and long-term orientation）三个维度研究国家文化对股利支付的影响，结果发现在控制了公司治理后，这些文化仍然能够解释不同国家股利政策的不同，并且这种关系会随着公司治理水平的不同而变化，进一步研究发现，文化因素和投资者保护相互影响股利政策。

（2）政治风险：政治事件会引起市场的不确定性，从而影响到管理层对业务环境和未来收益的感知，进而能够影响股利政策。黄等（Huang et al.，2015）以1990～2008年35个国家为样本研究了政治风险对股利政策的影响，研究发现，政治风险较高时，以前发放股利的公司倾向于停止发放以囤积现金，以前不发放股利的公司更不太可能发放，这说明管理层的对政治风险的预防动机；进一步研究表明，跨国公司会强化两者之间的关系，而政治稳定和投资者保护较好的国家会缓解两者之间的关系。盖达米等（Guedhami et al.，2017）以1991～2010年50个国家229636个公司—年度为样本，研究发现，较低的政治自由与股利支付显著正相关，较低的政治自由意味着较少的政府责任、较低的产权、人权以及较少的言论自由权，这将挫伤公司的投资前景从而增加股利支付；进一步研究表明，这种政治自由的影响要大于经济自由、经济增长、法律保护和金融市场发展等国家层面的制度因素，并且在政治自由较低的国家支付的现金股利较高，但是当国家的政治自由改善时会减少股利支付，恶化时会进一步削减未来的投资从而支付更多的现金股利。雷光勇等（2015）考察了市委书记变更导致的政治不确定环境对企业现金股利政策的影响，研究发现，政治不确定性会导致现金股利政策的稳健性调整，使得以前发放股利的企业减少发放，以前不发放股利的企业更加不愿意发放，且在国有组更显著，但是市场给予这种稳健性的股利调整正向回应。

3. 经济周期和货币政策

原红旗（2001）研究了国家宏观经济周期对股利政策的影响，在1994年和1995年经济收缩时期，公司融资环境差，较高负债制约了现金股利的发放，而在1996年和1997年，经济处于宽松时期，负债对股利发放几乎无制约作用，这表明，国家的宏观经济对股利政策会产生重要影响；全怡等（2016）以1999～

2012 年沪深 A 股上市公司为样本研究货币政策对现金股利的影响，结果发现，货币紧缩政策会减少公司股利支付，融资约束会进一步强化两者之间的关系，而银企关系则会缓解融资约束进而弱化两者之间的关系。

（四）其他方面影响因素

李小荣和罗进辉（2015）研究发现，媒体关注的有效监督可以显著提高公司的未来股利支付意愿和支付水平，减少"铁公鸡"和"微股利"公司的比例。覃家琦等（2016）基于政府干预视角研究了交叉上市与股利政策的关系，研究发现，H + A 股交叉上市的公司有较低的发展水平、较低的股利支付意愿和水平，政府的干预导致了投资过度、降低了高管的薪酬—业绩敏感性和高管变更—业绩敏感性，政府干预导致了经营扭曲。

另外，近些年来我国学者也检验了半强制分红政策对现金股利的影响。魏志华、李茂良和李常青（2014）以 1990～2011 年 A 股上市公司为样本，研究表明，半强制分红政策（2001 年、2004 年、2006 年和 2008 年）的各个阶段都显著提高了上市公司的派现意愿和水平，虽然强监管期（2006 年和 2008 年）的政策效应显著弱于弱监管期（2001 年和 2004 年）；陈云玲（2014）研究也有类似结论，但也同时指出公司一般会在融资前大幅派现，因此，半强制分红政策的合理性值得怀疑。

二、股利支付的经济后果

法玛和法兰奇（1998）以 1965～1992 年为样本期间，以公司市值和账面价值差额为被解释变量，研究股利支付对公司价值的影响，发现股利与公司价值显著正相关，股利包含公司未来经营前景的信息；平可维兹（Pinkowitz et al.，2006）也得出类似的结论，但其主要原因是股利支付减少自由现金流产生的代理问题；而吉姆（Kim et al.，2016）的研究发现，股利支付与企业价值呈"J"型非单调关系，即股利支付水平较高的公司价值要大于其他公司，但不支付股利的公司价值要大于支付较低水平的公司。罗宏和黄文华（2008）探讨国企分红与在职消费以及在职消费与公司业绩的关系，研究发现，国企的高管人员在职消费与公司业绩负相关，而支付现金股利可以显著降低在职消费程度，从而提高公司业绩；同样李彬和张俊瑞（2013）也发现，上市公司的现金股利分配有助于公司业绩水平的提升。更进一步，有学者研究表明，现金股利可以通过盈余管理（刘衡等，2013）、投资效率（王小泳等，2014）和降低代理成本（徐寿福和徐龙炳，2015）等途径影响公司价值。顾小龙、李天钮和辛宇（2015）研究了上市公司现金股利与股价崩溃风险的关系，结果表明，过度支付现金股利会显著增加上市公司的股价崩溃风险；进一步分析表明，实际控制股东控制权与现金流权的分离程度会加剧两者之间的关系。刘孟晖和高友才（2015）又进一步将异常股利派现行为分为异常高派现和异常低派现，并指出属于非理性的派现行为，都会减少公司价值，只有正常派现才能增加公司价值。罗琦和李辉（2015）研究表明，股利政策对投资效率的影响，发现，成长性公司不支付现金股利而将利润留作再投资有助于缓解投资不足，而成熟型公司发放现金股利则有利于约束过度投资。

三、对股利支付文献的评述

归纳现有的股利文献，可以发现，除了对各种股利理论进行经验检验外，主要是从不同角度围绕信息不对称和代理成本展开研究的。

从微观层面来看，已有文献主要研究公司特征对股利支付的影响，主要包括营运能力（Lintner，1956；Brav et al.，2005）、风险（Chay and Suh，2009；Hoberg and Prabhal，2009）、股权结构（Khan，2006；Firth et al.，2016；魏刚和蒋义宏，2001；王化成等，2007）等方面；一般认为，营运能力越高、风险越小、公司支付股利越多，但针对股权结构及其控股股东的类型并没有得出一致的研究结论。

从中观和宏观层面来看，已有文献从不同角度研究影响股利支付的因素，主要包括法律环境（La Porta et al.，2000；Brockman et al.，2014；Hail et al.，2014）、市场环境（Grullon and Michaely，2007；Hoberg et al.，2014；Booth and Zhou，2015；杨兴全等，2014）、文化政治因素（Shao et al.，2010；Bae et al.，2012；Guedhami et al.，2017；雷光勇等，2015）、地域因素（John，2011；张讳婷和王志强，2015）、外部宏观环境（原红旗，2001，全怡等，2016）等方面，这些因素分别可以从信息不对称或代理成本方面影响到股利政策。另外，媒体监督（李小荣和罗进辉，2015）以及实施的半强制分红政策都提高了股利支付意愿和水平（魏志华等，2014；陈云玲，2014）。

就股利支付的经济后果来看，已有研究主要包括股利支付对公司业绩（Fama and French，1998；Pinkowitz et al.，2006；罗宏等，2008；)、市场表现（雷光勇等，2015；徐寿福和徐龙炳，2015）、股价崩盘风险（顾小龙、李天钮和辛宇，2015）和投资效率（罗琦和李辉，2015）的影响。

从已有文献可以看出，对于股利的研究视野已经从公司内部特征转向了公司外部环境因素，但是外部因素主要集中在宏观经济、法律、行业竞争、地域因素、媒体、机构投资者等方面，相对忽略了产品市场上最主要的非财务利益相关者——主要客户对公司股利政策的影响。本书认为，客户能够影响企业的股利政策。科内尔和夏皮罗（Cornell and Shapiro，1987）认为，除了股东、管理者之外的客户、供应商、员工等非投资利益相关者也会对公司的财务活动产生影响；克拉克森（1995）也认为，利益相关者与企业有紧密的联系，对企业的生存和发展有直接的影响；利益相关者能够对公司的业绩（唐跃军和李维安，2008；王世权和王丽敏，2008)）、会计信息生产行为（王竹泉，2003）、社会责任承担（贾兴平等，2016）、缓解融资约束（王鹏程和李建标，2014）等多方面产生重要影响。而大客户作为主要的非财务利益相关者，直接影响着收入的实现及其稳定性，能影响企业经营活动的方方面面，进而能对股利决策产生影响。大客户会带来"收益"和"风险"两种截然不同的效应。当收益效应占优时，客户集中会提高公司的业绩，增加现金流量，降低经营风险，在其他条件既定的情况下，公司可能会提高股利支付意愿和水平；相反，当风险效应占优时，客户集中会增加公司的经营风险，加大外部投资者和金融机构的风险预期，增加外部融资成本，在其他条件既定的情况下，公司可能会降低股利支付意愿和水平。本书拟以客户为切入点，较全面地分析其对公司股利分配决策的影响。

第三节　客户文献综述

一、客户与企业行为

（一）客户与经营活动

客户是公司经营活动中的主要利益相关者，对其的销售情况直接影响到公司的存货、商业信用、创新活动和经营业绩等方方面面。

1. 经营业绩

大客户本身就是一种"组织资本"，能够带来较高的利润和持续的盈利能力（Gosman，2004）。当公司依赖少数客户时，能够及时获得有关需求者的反馈信息，帮助公司实现更好的存货管理、提高应收账款的预测性、减少销售和管理费用，并能促进与客户联合投资（Kalwani and Narayandas，1995），有助于稳定供应链，增强收益的稳定（Marty et al.，2004），并且客户信息对股票定价具有增量信息，能够预测公司未来的盈利能力（Bonacchi，2015）。该观点得到了部分经验证据的支持。

派特卡斯（Patatoukas，2012）研究表明，供应链上存在合作与协同效率，能降低销售和管理费用，减少存货持有量，提高资产周转率（Ak and Patatoukas，2015），缩短现金回收期，带来较高的会计业绩。库尔普（Kulp，2002）认为，零售商可以通过 VMI 系统将其库存决策和内部信息传递给生产商，生产商可以据此选择最优的订单和生产数量，提高存货管理的效率，增加供应链的利润。戈斯曼和科尔贝克（Gosman and Kohlbeck，2009）以沃尔玛为例，研究表明，公司能够分享客户的先进管理经验和创新技术，改善毛利，提高企业的管理效率；而且客户能够通过财务信息紧密地监督公司，较强的客户供应商关系能够替代资本市场作为治理机制（Cremers，2008），因此，大客户可以作为鉴定主体减少公司 IPO 环境的不确定性，减少市场摩擦和 IPO 定价的负面影响，并带来较高的发行价格和长期的业绩表现（Johnson，2010）。

但也有文献表明客户会侵蚀公司的业绩。舒马赫（Schumacher，1991）以美国制造行业的公司为样本研究公司业绩与买方市场结构的关系，结果发现，集中度较高的买方有较强的市场力量，从而损害公司的盈利能力。戈斯曼（Gosman，2004）也认为，大客户有买方权利，可以从供应商处获得优惠的条款。卢斯特加尔滕（Lustgarten，1975）、加尔布雷斯（Galbraith，1952）认为，大客户有较高的议价能力重新谈判合同条款，即使供应商通过改善销售效率或其他规模经济增加了利润也不一定会实现，当客户意识到供应商节约成本时（例如采用 JIT），客户就会要求折让，阻止供应商盈利得到改善。具体到我国研究，唐跃军（2009）以 2005~2007 年度制造业上市公司为样本，检验客户的议价能力对公司业绩的影响，研究表明，客户的议价能力与公司业绩成反比，议价能力越高，公司的业绩越低。

艾尔文（Irvine，2015）在以前文献研究的基础上改变研究视角试图解释不一致的研究结论，艾尔文基于动态的客户关系生命周期考察客户集中与绩效之间的关系，研究发现，在关系初期客户集中与盈利能力显著负相关，因为，早期需要投入较多的专用资产，而且经营失败的风险较大；但是随着关系的持续，客户集中会带来技术共享、规模经济、协同效率等无形收益，使得客户集中与盈利能力显著正相关。

2. 创新活动

供应链上私有信息的流动会促进公司的创新活动。朱（Chu，2018）基于1976～2009年的数据并以客户总部搬迁为外生事件，研究发现，供应链上的知识溢出效应促进了供应商的创新数量、质量和创新效率。当客户本身创新能力比较强、双方的技术比较接近时，创新知识的溢出效应会更强。许等（Hsu et al.，2015）以美国高科技行业公司为样本也发现，客户的知识流入能够提高供应商的创新能力和创新绩效，从而提高盈利能力。江伟等（2019）有研究表明，较高的客户集中度，便于形成稳定的客户，更能够提供创新知识，参与创新过程，因此，公司有较高的创新水平和能力，特别是突破性创新行为。此外，基于组织行为理论也表明，供应链中的博弈行为也能够显著增加创新知识的螺旋性上升和创新链价值的形成（徐可等，2015）。

3. 商业信用

达斯和凯尔（Dass and Kale（2011）认为，商业信用是一种承诺工具，供应商需要投入高质量的专用资产以生产符合客户预期的产品，但是专用资产的质量不能被明显判断，因此，供应商以商业信用作为承诺手段来传递专用资产高质量的信息。谢诺伊和威廉姆斯（Shenoy and Williams，2017）以1994年的州际银行和分行效率法案（IBBEA）为外生事件，研究发现，供应商的银行授信额度与提供的商业信用正相关，而且商业信用较多时，供应链关系生存的可能性更高。

4. 管理层薪酬契约

刘等（Liu et al.，2021）基于制造行业样本，以制造业降低进口关税作为外生冲击事件，制造行业进口关税的降低，国外竞争者进入市场，降低了客户的转换成本，增加了客户的议价能力；与没有大客户的公司相比，拥有大客户的企业在CEO期权薪酬和冒险激励方面的降幅更大。与此同时，陈等（Chen et al.，

2022）也得出类似结论，基于代理理论框架研究了客户集中的风险对管理层薪酬合约设计的影响，研究表明，客户集中度带来的较高的经营风险，降低了CEO自身承担风险的意愿，因此，在设计管理层薪酬合约时会提高 CEO 薪酬—风险的敏感性，激发管理层承担一定的风险；而且当管理层愿意承担风险时、公司有较多的投资机会时、公司更容易失去大客户时，这种效应更明显。该类文献结论表明，客户集中这一特征已成为公司制定管理层薪酬契约的重要考虑因素。

（二）客户与财务活动

1. 资本结构

当公司生产独特产品时，客户会投入较多的专有化投资（Grinblatt and Titman，2002），一旦公司破产供应链断裂，客户就会面临较高的转换成本。这些成本将会影响到公司最优资本结构的选择。公司为了承诺较低的破产风险会保持较低的财务杠杆，诱使客户投资专用资产（Timan，1984；Titman and Wessels，1988）。班纳吉（Banerjee，2008）在蒂曼和韦塞尔斯（Timan and Wessels，1988）研究的基础上提出了不同观点，由于企业面临少数几个大客户，可能存在客户流失的风险，因此，公司保持较低财务杠杆以减少财务风险，并认为，公司更应该关心专有化投资的重新再利用问题，而不是诱使客户的专用化投资。因此，这两篇文章认为公司保持较低杠杆的动机不同。凯尔和沙赫布尔（Kale and Shahrur，2007）进一步验证了蒂曼和韦塞尔斯（1988）的结果，分别采用 R&D、战略联盟与合资企业代表专用资产投资，研究发现，无论是在行业层面还是在公司层面，公司确实保持较低的杠杆诱使客户和供应商承担专用资产投资，但客户有较高的议价能力时，公司会保持较高的财务杠杆。另外，艾琳德米尔（Irem Demirci，2015）研究发现，供应链上存在风险传染效应，客户的风险会传递给公司，因此，当客户的风险较高时，公司会保持较低的杠杆，增加财务灵活性，应对现金流断裂的风险，而且公司会倾向于权益融资。

而议价能力理论则对公司资本结构做出了不同的预测。该理论认为，债务是提高议价能力的一种手段，在决定资本结构时要考虑议价能力的影响。奥利维拉（Oliveira，2017）研究表明，在客户提出破产申请前两年，供应商会增加了财务杠杆以增加议价能力，但在客户重组成功后，供应商减低了财务杠杆，恢复到正常水平，这表明，供应商会策略性调整财务杠杆以应对危机客户。

2. 融资成本

达里沃等（Dhaliwal et al.，2016）研究了客户集中与资本成本之间的关系，结果发现，客户集中会增加公司的权益资本成本，客户集中增加了公司的风险，同时，客户集中也提高了债务成本。坎佩洛和高（Campello and Gao，2017）采用联列方程模型，用3SLS和GMM估计的方法，研究表明，客户集中增加了利率和限制性条款的数量，减少了借款的期限和贷款数量，缩短了银企关系的持续时间。刘等（Liu et al.，2018）研究也表明，客户集中的风险阻碍了公司通过应收账款证券化外部融资的能力。

但也有学者得出相反的观点，杰恩（Cen，2015）研究表明，大客户在银行借款中有监督和治理作用，有长期客户关系的公司会被银行认为是"安全"的公司，有较低的利率和较宽松的条款。陈峻等（2015）认为，大客户有利于促进供应链整合，改善企业经营状况，降低企业风险，并向市场传递积极信号，从而能降低企业的权益资本成本。

3. 股东收益

王（Wang，2012）认为，客户关系可能通过两条途径影响股利：专用投资的财务危机和大客户的鉴证作用，研究表明，依存性公司倾向于支付较低的股利，这种负相关关系是由专用投资的危机成本导致的，专用投资越多，两者的负向关系越显著。

4. 现金持有

客户集中的公司会面临较大的客户流失风险，出于预防动机，公司会持有更多的现金，同时持有的现金量会随着对客户销售占比的增加而增加（Itzkowitz，2013），但当公司的客户是政府时会持有较少的现金，主要因为，政府客户带来的未来盈余波动风险较小，因此，预防动机的现金需求较小（Cohen，2016；Dhaliwal，2016）。

（三）客户与会计信息

供应链中客户的隐性权益取决于公司的发展前景，因此，他们需要公司的会计业绩信息来评估公司的未来状况，因此，会对公司的会计信息质量产生影响。

1. 盈余管理

利益相关者的隐性权益会使得公司选择收益增加的会计方法（Bowen，1995）。拉曼和沙赫布尔（Raman and Shahrur，2008）进一步证实了上述结论，为了使客户和供应商进行更多的专用投资，公司有动机操纵盈余管理以影响他们对公司前景的感知，但是这种盈余管理具有机会主义性质，使得供应商—客户关系存续时间缩短。杜（Dou，2013）采用 1992～2004 年 39 个国家的数据也研究了盈余管理在客户供应商关系中的作用，与拉曼和沙赫布尔（2008）不同的是，他认为，盈余管理起到了信号传递的作用，因为客户供应商的不完全契约，交易双方有动机通过盈余管理来传递未来盈利能力的信息，表明能够履约、具有维持长期交易关系的能力。林钟高等（2014）以 2005～2012 年的制造业企业为研究对象，也发现，关系交易使企业进行了向上的盈余管理，是管理层的机会主义行为，增加了投资者的解读成本，降低了盈余反应系数。方红星等（2016）研究也表明，关系交易增加了预期的盈余管理。

2. 会计稳健性

客户—供应商与公司之间是长期关系交易，基于不完全契约理论，客户—供应商需要了解公司潜在的经济业绩，以评估公司是否能够履行交易的义务，因此，会要求公司提高会计稳健性（Hui，2012）。王雄元和刘芳（2014）研究也表明，客户—供应商的专有化投资会要求公司较高的会计稳健性，而且公司也愿意保持较高的会计稳健性以保证交易的顺利进行。

3. 信息披露

当公司有大客户时，管理层有动机披露未来的盈利，传递公司能够履行隐性契约的能力。当公司的专有资产投入较高时，会发布更及时更频繁的盈余公告（Cao，2013）。克劳福德（Crawford et al.，2016）则得出了完全相反的结论，认为，客户可以通过日常业务与公司保持关系，能够以较低的成本获得公司的私有信息，以至于对公开信息的需求减少。但当公司会被第三方起诉时，公司为了避免关系中断，会策略性地披露或有损失，及时披露好消息而延迟披露坏消息，特别当客户面临的置换成本较低时，策略性披露更明显（Cen，2014）。

（四）客户与商业战略行为

1. 反收购预防

收购被认为是降低代理问题的有效方式，但是收购的威胁可能会增加客户关系的事前成本。杰恩（Cen，2010）利用 1985 年～1991 年美国 30 个州通过的商业合并法案（Business Combination Laws）为外生事件，发现，当收购的威胁减少时，能够增加公司吸引新客户的能力，并加强与现有客户的关系，从而改善经营业绩。约翰逊（Johnson，2015）检验了反收购措施的绑定假设，当IPO公司有重要的客户关系时，会采用较多的反收购措施，从而延长客户关系，提升IPO定价及之后的经营业绩；但也有学者持有不同观点，张（Chang，2015）研究表明，大客户能够改善公司治理，减少公司的反并购条款，而且增加新客户会改善未来三年的公司治理，特别是当供应链上的代理问题比较严重时，双方会采用内部交叉持股改善公司治理水平。

2. 避税行为

杰恩（Cen，2016）考察了供应链上的公司能否更好地实施避税策略，研究表明，关系依存性企业相比其他企业会实施较多的避税策略，其更可能利用供应链上的合作与信息共享降低避税成本，将利润转移到"避税天堂"。黄（Huang，2016）也研究表明，客户集中与避税存在正相关关系，但动机与杰恩（2016）不同，主要是客户较集中的公司需要持有较多的现金，盈余管理的动机也较强，而避税能够增加现金流和会计收益，且这种关系在市场份额较小的公司、多元化程度较低的公司、实际盈余管理较低的公司更显著。

（五）客户与信息溢出

供应链意味着公司间存在着紧密的经济联系，特别是当上下游企业投入专有资产时，经济联系更为密切，一方的信息会对另一方的信息产生影响，这种溢出效应①会反应在股票价格、信息中介和破产风险中。

1. 对股价的溢出效应

理性的投资者应该意识到客户—供应商之间的经济联系，但是有限理性使得投资者不会对另一方的事件作出迅速反应，导致股价的滞后反应。科恩和弗拉齐尼（Cohen and Frazzini，2008）研究表明，客户的股价可以预测供应商下个月的股票收益。门泽尔和厄兹巴伊（Menzly and Ozbas，2010）立足于行业的经济联系检验信息逐渐扩散假说，研究发现，客户行业的股价能够预测供应商行业的股票回报，反之亦然；但是当有分析师跟踪时，这种预测能力会降低。黄和凯尔（Huang and Kale，2013）研究发现，优秀的共同基金经理会在与主投资行业相关的其他行业进行投资，经济关联的行业能够降低信息获取成本。布朗等（Brown

---

① 溢出效应，类似于经济学中的外部性，主要指一个组织所进行的活动，不仅仅会对自身产生影响，而且还会对组织外的其他人或组织产生影响。客户的溢出效应主要来源于信息的溢出效应。

et al.，2009）研究了客户进行杠杆收购对供应商的影响，结果发现，客户发布杠杆收购公告时，供应商会产生异常负的股票回报，并且当对客户的依存较高时这种负向效应更显著，随后供应商的经营利润会下降，主要原因是客户杠杆收购使得客户在供应链中有更强的议价能力。约翰逊（Johnson，2011）研究发现，供应商的 SEO 公告释放了负面的信号，使得客户产生负的超额累计回报。潘迪特（Pandit，2011）的研究也发现，客户的盈余公告会使得供应商未来的盈利和现金流水平得到修正，因为，客户的盈余公告降低了供应商未来盈余和现金流的不确定性。

2. 对信息中介的溢出效应

供应链上存在着信息的互补性，供应商的收入与客户的销售成本密切相关，跟踪客户对供应商的盈利预测有帮助；另一方供应链上的企业会面临着共同的因素影响，如价格、需求或科技创新等，跟踪客户会更好地利用供应链上的垂直信息流，发挥信息互补的优势。古安（Guan et al.，2015）研究表明，供应链的经济联系越强，分析师同时跟踪客户—供应商的可能性越高；相比没有跟踪客户的分析师而言，跟踪客户的分析师会对公司能够作出更准确的盈余预测。

陈（Chen，2014）利用 2003～2009 年的数据研究了供应链上的信息溢出效应对审计收费的影响，研究发现，供应链上的信息溢出效应改善了审计效率，降低了审计成本；同时克里希南等（Krishnan et al.，2016）也发现，供应链信息降低了审计的复杂性，减少了错报。就我国研究成果来看，王雄元等（2014）认为，在我国大客户的存在有利于供应链整合，向市场传递了有利的信号，客户集中降低了审计费用。但是也有文献得出了相反的结论。对客户依存较强的公司会面临失去大客户的风险，增加了非持续经营的审计意见，并且有较大的错报风险（Dhaliwal，2015）；我国学者也得出了类似的结论，方红星和张勇（2016）研究表明，关系交易产生了预期的盈余管理，并使发表非标准审计意见的概率上升，审计收费增多。

3. 破产风险的溢出效应

当一方经历财务危机或申请破产时，这种风险会沿着供应链波及客户和供应商。赫茨尔等（Hertzel et al.，2008）研究当客户提出破产申请公告时，供应商会有负累计异常回报，特别是在客户行业都被传染时，这种传染效应更严重。科莱等（Kolay et al.，2015）研究发现，当公司出现财务危机并且重组成功的可能性较大时，供应商会产生较小的溢出成本，相反，当公司出现经济危机，供应商会出现较大的损失，与赫茨尔等（2008）不同的是。科莱等（2015）发现，公司的破产申请也会对客户有溢出效应，并进一步表明溢出效应主要是由置换客户的成本引起的，随之供应商有较高的 SG&A 和较低的利润。

二、客户文献评述

已有文献表明，客户对公司的经营活动、财务活动、信息生产行为等都会产生影响。良好的客户关系是有价值的无形资产，能够提高公司的创新能力（Hsu et al.，2015），改善营运能力、提高公司业绩（Patatoukas，2012），增加收益的稳定性（Marty et al.，2004）等；但强势客户也可能延期支付货款，蚕食公司利润（Gosman et al.，2004），重新谈判攫取公司的创新租金（Hsu et al.，2015），降低公司的业绩（唐跃军，2009；张胜，2013），同时客户集中也会加大客户流失风险（Maksimovic and Titman，1991）对公司产生风险溢出效应（Kolay et al.，2016）等。虽然已有研究成果颇为丰富，但还存在以下研究不足：第一，与西方相比，我国有关客户的研究成果比较匮乏。另外，我国的市场环境与西方不同，美国产品市场相对市场化，而我国产品市场竞争不充分，相对较垄断，属于关系导向，因此，在同样的客户关系中，双方的相对市场力量表现不尽相同，可能导致针对同一问题的研究出现不一致的结果；第二，关于客户对股利政策的研究比较匮乏，除了王（2012），国内文献几乎空白。王（2012）以美国上市公司为样本研究了客户—供应商关系对股东收益的影响，并认为，专用资产引发的财务危机以及大客户的认证效应都可能导致公司降低股利支付，结果发现，专用资产的危机成本越高，公司支付的股利越低，支持了危机假说；但客户影响公司股利支付是否还存在其他路径还值得进一步探讨，除了专用资产的财务危机，公司与客户之间的交易更多地体现为经营风险；而本书立足于客户集中的收益效应和风险效应，提出了两个对立假说，结论支持了客户集中风险效应[①]，并通过调节机制和中介效应证实了客户集中的风险效应，还进一步验证了客户集中度较高的公司确实持有了较多的现金以提高预防风险的能力，同时，还借助于市场反应证实了投资者也感知到了这一风险。本书不仅仅横向丰富了相关文献，而且还进一步完

[①] 本书的风险效应主要指经营风险，因为交易关系会直接影响公司的经营活动。

善了客户影响公司股利支付的逻辑。

基于以上分析，现有文献主要从客户对资本结构、权益资本成本、投资效率、竞争优势、研发投资、商业信用、崩盘风险、盈余预测等方面进行研究。本书拟横向拓展相关研究，以客户为切入点，研究这一主要产品市场利益相关者是否会影响我国上市公司的股利政策？两种效应究竟孰占优？客户集中与股利支付之间的关系是否会受到客户关系的影响？在不同特征的公司中这种关系又如何？如果客户集中与股利支付显著负相关，那么，是因为客户集中增加了经营风险进而导致了较低的股利支付吗？依存性公司降低股利支付后，真的增加了现金持有量以提高预防风险的能力吗？资本市场是否能够感知到客户集中的风险效应？

本章小结

企业作为一个契约安排的集合体，离不开契约各方的投入和参与。股东、债权人、员工、客户、供应商、竞争对手等利益相关者的行为都能影响到组织目标的实现，因此，利益相关者关系管理会影响到企业的方方面面，已经成为了企业战略管理的焦点。

现有股利文献关注了公司内部特征、外部环境以及部分利益相关者对股利的影响，而忽略了产品市场上的主要非财务利益相关者——客户可能存在的影响，根据客户相关文献，大客户能够影响到公司的经营活动和财务活动，而且针对我国的研究相对较少，因此，本书拟将客户对企业行为的影响拓展至股利政策，以完善客户对企业行为影响方面的文献，也丰富股利影响因素方面的文献，为研究股利支付提供了新的视角。

第二章

制度背景与实践特征

第一章综述了股利和客户的相关理论及研究现状。现有文献对股利影响因素的研究已经从微观层面扩展到了中观和宏观层面，而客户对企业活动的影响主要体现在经营活动、财务活动、信息环境等方面。近些年，国家对于股利支付的规范多次出台了相关规定，这些规定无疑会影响到公司支付股利的行为；同时，也加强了对客户信息披露制度的规范，分别体现在不同的准则和报告要求中。本部分拟全面梳理客户和股利的相关制度背景，帮助我们较好地理解企业的股利支付行为和正确解读大客户的效应。

第一节 股利分配制度与实践特征

股利被认为是回报股东、培养投资者信念的重要方式，不仅能够增强资本市场的吸引力和活力，而且还能维护资本市场的稳定，特别是在我国资本市场不够成熟、相关法律不太完善的制度环境中。然而，我国上市公司普遍存在分红较少、股利支付率较低等现象。近些年，媒体对上市公司"铁公鸡"的热议引起了监管机构的关注。自2001年以来，中国证监会为了改善上市公司的分红现状，保护投资者的利益，屡次颁布半强制的分红政策，将股利与再融资挂钩。本节拟梳理近年我国股利支付制度的相关规范，了解股利支付的制度背景。

一、股利支付的相关规定

（一）股利支付的法规规定

证监会有关股利支付制度的规定主要包括2001年、2004年、2006年和2008

年四次半强制分红政策①，相关的股利支付政策的演进过程为：

2001 年 3 月证监会发布的《上市公司新股发行管理办法》中规定，上市公司申请再融资，如其最近三年未有分红派息且董事会对于不分配的理由未作出合理解释的，担任主承销商的证券公司应当对此重点关注并在尽职调查报告中予以说明。

2004 年 12 月出台了《关于加强社会公众股东权益保护的若干规定》，要求上市公司将其利润分配办法载明于公司章程；规定上市公司应实施积极的利润分配方法，重视对投资者的合理回报；上市公司董事会未作出现金利润分配预案的，应当在定期报告中披露原因，独立董事应当对此发表独立意见；上市公司最近三年未进行现金利润分配的，不得向社会公众增发新股、发行可转换公司债券或向原有股东配售股份；并强调公司应该建立和完善社会公众股东对重大事项的表决制度，召开股东大会时，鼓励公司向股东提供网络形式的投票平台，并说明参加表决的社会公众股股东人数、所持股份总数、占公司社会公众股股份的比例和表决结果，并披露参加表决的前十大社会公众股股东的持股和表决情况。

2006 年 5 月发布的《上市公司证券发行管理办法》规定，上市公司发行新股须符合"最近三年以现金或股票方式累计分配的利润不少于最近三年实现的年均可分配利润的 20%"。

2008 年 10 月发布的《关于修改上市公司现金分红若干规定的决定》将"最近三年以现金或股票方式累计分配的利润不少于最近三年实现的年均可分配利润的百分之二十"修改为："最近三年以现金方式累计分配的利润不少于最近三年实现的年均可分配利润的百分之三十"；并将《上市公司章程指引》（2006 年修订）第一百五十五条增加一款"公司应当在章程中明确现金分红政策，利润分配政策应保持连续性和稳定性"；并在《关于加强社会公众股股东权益保护的若干规定》的第四条利润分配办法中的第（一）项增加规定："上市公司可以进行中期现金分红"。

2012 年 5 月中国证券监督管理委员会关于《进一步落实上市公司现金分红有关事项》，就现金股利政策的制定、内容、执行及披露等相关事项又做了进一

---

① 我国的股利约束政策是半强制分红政策，将融资资格与股利挂钩，位于强制政策和无干预政策之间。相对于强制性而言，具有一定的软约束力，其中 2001 年和 2004 年的政策为弱监管政策，而 2006 年和 2008 年为强监管政策（魏志华等，2014）。

步的规范。

2023 年 12 月证监会修订了《上市公司监管指引第 3 号——上市公司现金分红》，明确规定，上市公司董事会应当综合考虑所处行业特点、发展阶段、自身经营模式、盈利水平、债务偿还能力、是否有重大资金支出安排和投资者回报等因素，区分情形，并按照公司章程规定的程序，继续坚持差异化的现金分红政策，公司处于成熟期且无重大资金支出安排的、处于成熟期且有重大资金安排的、处于成长期且有重大资金安排的，现金分红时占本次利润最低分别达到 80%、40% 和 20%。此外，相比于 2013 版的指引，本次修订主要有三个方面：（1）进一步明确鼓励现金分红导向，推动提高分红水平。对不分红的公司加强披露要求等制度约束督促分红。对财务投资较多但分红水平偏低的公司进行重点监管关注，督促提高分红水平，专注主业。（2）简化中期分红程序，推动进一步优化分红方式和节奏。鼓励公司在条件允许的情况下增加分红频次，结合监管实践，允许上市公司在召开年度股东大会审议年度利润分配方案时，在一定额度内审议批准下一年中期现金分红条件和上限，便利公司进一步提升分红频次，让投资者更好规划资金安排，更早分享企业成长红利。（3）加强对异常高比例分红企业的约束，引导合理分红。强调上市公司制定现金分红政策时，应综合考虑自身盈利水平、资金支出安排和债务偿还能力，兼顾投资者回报和公司发展。对资产负债率较高且经营活动现金流量不佳，存在大比例现金分红情形的公司保持重点关注，防止对企业生产经营、偿债能力产生不利影响。

另外，2023 年修订的《中华人民共和国公司法》第八十九条规定，有限责任公司连续五年不向股东分配利润，而公司该五年内连续盈利，并且符合本法规定的分配利润条件的，对股东会该项决议投反对票的股东可以请求公司按照合理的价格收购其股权①。

2023 年 10 月证监会为了健全上市公司常态化分红机制，颁布了《上市公司监管指引第 3 号——上市公司现金分红》（2023 年修订），同时废止 2013 年相关文件。本次修订主要思路是在坚持公司自治的基础上，鼓励公司在章程中制定明

---

① 2016 年 4 月 12 日，最高人民法院发布了《最高人民法院关于适用〈中华人民共和国公司法〉若干问题的规定（四）（征求意见稿）》第二十一条中也规定"有限责任公司虽未通过股东会决议的方式产生分配利润方案，但公司章程明确规定了具体分配利润的条件和方式，且公司有盈利并符合法律和公司章程规定的分配利润条件，股东起诉请求公司依照公司章程规定向股东分配利润的，人民法院应予支持"。

确的分红政策，稳定投资者分红预期，对不分红、财务投资规模较大但分红比例不高的公司，通过强化披露要求督促分红；便利公司中期分红实施程序，鼓励公司增加现金分红频次；加强对异常高比例分红企业的约束，引导合理分红。

2023 年 12 月证监会修改了《关于〈上市公司章程指引〉的决定》，同时废止《上市公司章程指引》。明文规定，现金股利政策目标为稳定增长股利、固定股利支付率、固定股利、剩余股利、低正常股利加额外股利；当公司最近一年审计报告为非无保留意见或带与持续经营相关的重大不确定性段落的无保留意见、资产负债率高于一定具体比例、经营性现金流低于一定具体水平时可以不进行利润分配。相关变更主要包括：（1）鼓励上市公司增加现金分红频次，引导形成中期分红习惯，稳定投资者分红预期。同时，增加对中期分红的完成时限要求。（2）督促公司在章程中细化分红政策，明确现金分红的目标，更好地稳定投资者预期。同时，引导公司在章程中制定分红约束条款，防范企业在利润不真实等情形下实施分红。

（二）股利披露制度的规定

对社会公众投资者的保护不仅体现在各种法律法规的制定中，还体现在财务报告对现金股利分配预案、执行或调整情况的及时披露要求中，便于中小投资者了解自身利益是否得到保护，其中，《公开发行证券的公司信息披露内容与格式准则》的有关规定主要体现在招股说明书、财务报告及发行公告中，具体如下：

《公开发行证券的公司信息披露内容与格式准则第 1 号——招股说明书（2015 年修订）》第一百二十条规定"发行人应披露最近三年股利分配政策、实际股利分配情况以及发行后的股利分配政策"；第一百二十一条规定"发行人应披露本次发行完成前滚存利润的分配安排和已履行的决策程序"。

《公开发行证券的公司信息披露内容与格式准则第 2 号——年度报告的内容与格式》（2021 年修订）第三十六条规定"公司应当披露报告期内利润分配政策，特别是现金分红政策的制定、执行或调整情况，说明利润分配政策是否符合公司章程及审议程序的规定，是否充分保护中小投资者的合法权益，是否由独立董事发表意见，是否有明确的分红标准和分红比例；以及利润分配政策调整或变更的条件和程序是否合规、透明；公司应当披露报告期内现金分红政策的制定及执行情况，并就主要事项进行专项说明；对于报告期内盈利且母公司可供股东分配利润为正但未提出现金利润分配方案预案的公司，应当详细说明原因，同时说明公司未分配利润的用途和使用计划"。

《公开发行证券的公司信息披露内容与格式准则第 28 号——创业板公司招股说明书》（2020 年修订）第七十八条（二）第八十八条规定"报告期股利分配的具体实施情况"以及"发行人应披露发行后的股利分配政策和决策程序，以及本次发行前后股利分配政策的差异情况"。

《公开发行证券的公司信息披露内容与格式准则第 30 号——创业板上市公司年度报告的内容与格式》（2012 年修订）第二十七条规定"公司应披露利润分配政策以及近 3 年（包括本报告期）的股利分配方案（预案）、资本公积金转增股本方案（预案）和现金红利分配情况。对于报告期内盈利但未提出现金利润分配方案预案的公司，应详细说明原因，同时说明公司未分配利润的用途和使用计划"。

《公开发行证券的公司信息披露内容与格式准则第 31 号——创业板上市公司半年度报告的内容与格式》（2013 年修订）第二十八条规定"公司应当披露以前期间拟定、在报告期实施的利润分配方案、公积金转增股本方案的执行情况，以及现金分红政策的执行情况"。

《公开发行证券的公司信息披露内容与格式准则第 35 号——创业板上市公司向不特定对象发行证券募集说明书》（2020 年修订）第三十四条规定"发行人应披露报告期内的分红情况，说明其现 金分红能力、影响分红的因素，以及实际分红情况与公司章程及资本支出需求的匹配性"。

《公开发行证券的公司信息披露内容与格式准则第 36 号——创业板上市公司非公开发行股票预案和发行情况报告书》第十七条规定"发行人应说明本次发行前后发行人的股利分配政策是否存在重大变化，包括最近三年现金分红情况、母公司及重要子公司的现金分红政策、发行人股东依法享有的未分配利润等"。

这些相关法规的出台，表明我国现金股利政策已经引起了监管部门的高度重视，仍是实务界关注的焦点，这将会进一步继续推动理论界对股利政策的研究。

二、股利支付的实践特征

本部分以 2007～2021 年为样本区间①，研究我国上市公司的股利支付特征，

---

① 样本期间从 2007 年开始主要是为了与披露客户的年份相匹配。

主要从总体支付和现金股利两个角度进行描述，主要包括是否分配、分配多少、分配形式、分配的连续性及群聚性等几个方面。数据来源于 CSMAR 数据库，初始数据包含了样本期间内我国沪深 A 股上市公司 4685 家公司的 42876 个公司—年度样本，并在此基础上删除了 ST、*S、SS 和 S* 家公司的 1471 个样本，删除金融类保险类样本中的 725 个，最终得到 4608 家公司的 40680 个样本，具体如表 2 - 1 所示。

表 2 - 1　　　　　　　　　　上市公司年度分布数量　　　　　　　　　单位：个

项目	2007 年	2008 年	2009 年	2010 年	2011 年	2012 年	2013 年	2014 年
公司数量	1334	1429	1576	1918	2161	2307	2420	2558
项目	2015 年	2016 年	2017 年	2018 年	2019 年	2020 年	2021 年	合计
公司数量	2743	3013	3378	3497	3685	4053	4608	40680

（一）支付股利的意愿

股利决策的第一步就是是否支付股利。"重投资，轻回报"是我国上市公司分红的一大现状。据统计，自 2001 年的 20 年来，每年坚持分红的有十几家公司，而 10 年来连续没有分红的公司多达 100 多家[1]，也因此出现了"铁公鸡"之类的热议，但是随着证监会多次出台分红政策的加强，这种状况是否有所改善？

1. 年度单项股利支付形式

表 2 - 2 列报了样本期间内，支付单项股利政策的公司及占比，具体如下。

表 2 - 2　　　　　　　上市公司年度单项股利支付形式

送红股							
项目	2007 年	2008 年	2009 年	2010 年	2011 年	2012 年	2013 年	2014 年
公司（个）	139	70	111	126	71	53	60	88
占比（%）	10.41	4.9	7.04	6.57	3.29	2.3	2.48	3.44
项目	2015 年	2016 年	2017 年	2018 年	2019 年	2020 年	2021 年	合计
公司（个）	67	50	45	42	47	53	56	1078
占比（%）	2.44	1.66	1.33	1.20	1.28	1.31	1.22	2.65

---

① 资料来源：http://stock.eastmoney.com/news/1406，20120220192273592.html。

转增股							
项目	2007 年	2008 年	2009 年	2010 年	2011 年	2012 年	2013 年	2014 年
公司（个）	299	181	274	487	485	380	400	521
占比（%）	22. 42	12. 67	17. 39	25. 39	22. 44	16. 47	16. 53	20. 37
项目	2015 年	2016 年	2017 年	2018 年	2019 年	2020 年	2021 年	合计
公司（个）	495	408	412	442	486	506	567	6343
占比（%）	18. 05	13. 54	12. 19	12. 64	13. 19	12. 49	12. 3	15. 59

现金股利									
项目	2007 年	2008 年	2009 年	2010 年	2011 年	2012 年	2013 年	2014 年	2015 年	2016 年
公司（个）	751	794	948	1251	1536	1714	1803	1871	1920	2325
占比（%）	56. 29	55. 56	60. 15	65. 22	71. 08	75. 84	74. 50	73. 14	70. 00	77. 17
项目	2015 年	2016 年	2017 年	2018 年	2019 年	2020 年	2021 年	合计
公司（个）	1920	2325	2438	2776	2608	3003	3170	33153
占比（%）	70. 00	77. 17	72. 17	79. 38	70. 77	74. 10	69. 00	81. 15

第一，送红股股利形式①。就样本期间平均而言，876 家公司的 1078 个样本采用了送红股形式的股利政策，占总样本的 2.65%。就各年具体来看，在金融危机前后，送红股的公司比较多，2007 年 139 家公司采用了送红股的形式，2009 年和 2010 年分别为 111 家和 126 家，随后逐渐下降，2016 年只有 50 家公司，占比从 2007 的 10.41% 下降为 2016 年的 1.66%，2017 年以后最高也不超过 56 家。这种现象表明在金融危机前后，公司可能由于缺乏现金流，较多的公司采用了送红股政策，在公司财务状况恢复后，则减少了这种方式。

第二，转增股股利形式。就样本期间平均而言，2576 家公司的 6343 个样本采用了转增股形式的股利政策，占总体样本的 15.59%。就年度分布来看，2007 年有 22.42% 的公司采用了转增股的股利形式，2008 年金融危机时有所下降，2009 年开始回升，2010 年达到 25.39%，之后逐渐下降到 12.50% 左右；相对于送红股而言，这种形式的股利占比较高。

第三，现金股利形式。现金股利是主要的分红形式，特别是证监会多次出台相关政策强调现金分红的重要性。在样本期间内，3897 家公司的 33153 个样本支付了现金股利，除了 2007～2009 年的现金分红的公司不超过 1000 家外，以后每

---

① 此处的送红股包括混合股利政策中的各项股利支付形式，全书含义相同。

年逐渐增加，从 2007 年的 751 家公司增长到 2016 年的 2325 家公司，之后又增加到 2021 年的 3170 家公司，几乎翻倍增长；就样本占比平均而言，现金分红的样本占总样本的 81.15%，分年度而言，从 2007 年的 56.29% 增长到 2016 年的 77.17%，之后维持在 75% 左右，这表明，我国现金分红的上市公司日益增多，这些充分说明证监会近些年内出台的一系列现金分红政策确实起到了保护中小投资者的作用。

通过对比分析可知，现金股利是上市公司采取的主要股利政策，占比远远大于送红股和转增股的方式，这与屡次出台的上市公司现金分红监管政策密切相关。因此，后面章节在研究股利政策时，主要以现金股利为主进行研究。

2. 年度混合股利支付形式

公司管理层在进行股利政策决策时，往往根据公司发展的不同需要选择混合的股利政策，同时采用现金股利和股票股利的形式，比如，当公司有较好的投资项目时，不想支付较多的现金股利但又要避免削减股利，或者为了保持一定的目标资本结构或股利支付率等，因此，混合股利政策在实务界也较为常见。表 2 - 3 列报了样本期间内我国上市公司采用混合股利政策的年度分布情况。

表 2 - 3　　　　　　　　上市公司年度混合股利支付形式

项目	2007 年	2008 年	2009 年	2010 年	2011 年	2012 年	2013 年	2014 年
送红股和转增股（个）	88	37	52	63	30	24	33	53
占比（%）	6.60	2.60	3.30	3.28	1.39	1.04	1.36	2.07
送红股和现金股（个）	126	68	102	125	71	53	60	88
占比（%）	9.45	4.76	6.47	6.51	3.29	2.30	2.48	3.44
转增股和现金股（个）	211	147	225	423	447	355	371	469
占比（%）	15.83	10.29	14.28	22.05	20.68	15.39	15.33	18.33
三方式混合股（个）	83	36	49	63	30	24	33	53
占比（%）	6.22	2.52	3.11	3.28	1.39	1.04	1.36	2.07

项目	2015 年	2016 年	2017 年	2018 年	2019 年	2020 年	2021 年	合计
送红股和转增股（个）	44	20	58	78	65	72	80	797
占比（%）	1.61	0.67	1.7	2.2	1.7	1.04	1.77	2.21
送红股和现金股（个）	67	49	79	85	78	107	135	1293
占比（%）	2.45	1.63	2.34	2.43	2.17	2.64	3.00	3.18
转增股和现金股（个）	448	380	421	509	611	734	776	6527
占比（%）	16.33	12.62	12.47	14.56	16.58	18.11	16.84	16.04
三方式混合股（个）	44	19	52	63	75	85	78	787
占比（%）	1.61	0.63	1.54	1.80	2.04	2.10	1.69	1.94

第一，送红股与转增股的混合。样本期间内采用这种组合方式[1]的上市公司较少，包含 797 个样本，仅仅占总样本的 2.21%，而且逐年呈现下降的趋势，从 2007 年的 88 家公司下降为 2016 年的 20 家公司，2017 年以来又略微有所回升。就各年的样本占比而言，由 2007 年的 6.60% 下降为 2016 年的 0.67%，之后维持在 2% 左右。

第二，送红股和现金股利的混合。包含样本期间的 1293 个样本，占总样本的 3.18%，变化趋势与第一种混合方式类似，呈现逐渐递减的趋势，从 2007 年的 9.45% 下降为 2016 年的 1.63%，之后维持在 2%~3%。

第三，转增股和现金股利的混合。在样本期间内，包含样本期间的 6527 个样本，占总样本的 16.04%，相对于前两种混合形式而言，占比较大较稳定。平均而言，在金融危机后，每年有四百左右家公司的股利政策中包含这种组合，占比均维持在 16% 左右。

第四，送红股、转增股和现金股利的混合。在样本期间内，同时采用这三种方式的上市公司更少，包含 787 个样本，平均占比为 1.94%，与第一种混合样本相当，表明，采用送红股与转增股时，大部分公司都还会同时支付现金股利。从各年度的样本占比来看，也呈逐渐下降的趋势。

3. 中期股利支付形式

样本期间内也有上市公司进行期中分派股利，以向市场传递公司业绩特别优秀的信号，增加投资者对公司前景的信心。样本期间内，仅仅 1205 家公司采用了不同的股利支付方式。如表 2-4 所示，中期股利较多的采用转增股和现金股利的方式或者两者的结合，送股的样本为 83 个、转增的样本为 575 个、支付现金股利的样本为 1015 个，转增和现金股利组合的样本有 162 个，而三种方式组合的样本仅为 49 个。因此，中期股利在上市公司中还比较少，后面章节中的股利主要采用年度股利进行研究。

表 2-4　　　　　　　　　上市公司中期股利支付形式　　　　　　单位：个

项目	2007 年	2008 年	2009 年	2010 年	2011 年	2012 年	2013 年	2014 年
送股	8	10	4	12	4	3	4	1
转增	34	27	13	33	48	30	27	42
现金	15	30	24	49	51	92	43	38

---

[1] 此处也包括支付现金股利的情况，下同。

续表

项目	2007 年	2008 年	2009 年	2010 年	2011 年	2012 年	2013 年	2014 年
送股转增	6	5	2	7	2	2	1	1
送股现金	7	10	4	12	4	2	4	1
转增现金	8	9	5	18	15	11	8	9
三种方式	5	5	2	7	2	1	1	1
项目	2015 年	2016 年	2017 年	2018 年	2019 年	2020 年	2021 年	合计
送股	19	2	1	12	2	1	0	83
转增	170	55	34	22	18	9	13	575
现金	72	61	72	98	93	135	142	1015
送股转增	18	2	0	0	1	0	0	47
送股现金	16	2	0	1	0	0	4	67
转增现金	37	12	12	9	3	3	3	162
三种方式	16	2	1	1	2	2	1	49

（二）支付股利的水平

管理层在决定支付股利后，应该决定股利的支付水平。可以从每股的股利支付水平和现金股利分派率两个方面进行考察。其中，每股股利支付水平包括每股现金股利、每股送红比和每股转增比；而现金股利分派率主要考察现金股利占净利润（营业利润或净资本）的比率。

1. 每股支付水平

表 2-5 中前三列分年度列示了每年样本的平均每股支付水平。第（1）列表明，税前每股现金股利支付水平总体略微有些波动，就样本期间整体而言，平均每股派现为 0.16 元，比 1993~2009 年平均每股派现 0.15 元[①]略微有所增长；从时间变化的趋势分析可知，2008 年当年和 2014 年前后两年相对较低，每股分别支付 0.15 元和 0.145 元，而在 2010 年每股现金股利则有较大幅度的提升，平均每股支付 0.194 元，相比 2009 年增长了 22.01%，2016 年比 2015 年也有较明显的增加，每股现金股利增加了 0.013 元，增幅为 9.09%，这与 2016 年的经济好转密切相关，2017 年以来更是大幅增加，这与近些年我国投资者保护政策有关。第（2）列每股送股比也呈现阶段性的变化，从时间趋势总体来看，增加相对较快，送股比从 2007 年的 0.285 增加到 2016 年的 0.356，之后也相对较为稳定。分年度而言，在 2008 年略微下降后，2009~2010 年增加较快，平均而言，从每

---

① 朱南苗. 我国上市公司股利政策研究 [D]. 成都：西南财经大学，2011.

10 股送 2.68 股增加到 2010 年的每 10 股送 3.55 股,2011 年和 2012 年相对平稳,随后几年则明显增长,送股比从 0.31 增长到 0.37,最高达到 0.41。第(3)列每股转增比也呈现出与送股比类似的变化阶段。从时间趋势看,除了 2008 年略微降低外,总体呈现上升的趋势,其中也出现明显的拐点,2010 年相对于 2009 年的增幅为 23.58%,2014 年相对于 2013 年的增幅为 24.28%,2015 年最高,几乎每 1 股转增 1 股,2017 年以后略微有所下降,转增比维持在 0.5 左右。

表 2-5　　　　　　　　　　现金股利支付水平与比率[①]

年份	税前每股现金(元)(1)	每股送股比(股)(2)	每股转增比(股)(3)	税前每股现金股利/每股营业利润(4)	税前每股现金股利/每股净资产(5)	税前每股现金股利/每股收益(6)	税前每股现金股利/每股收益(7)
2007	0.159	0.285	0.524	0.289	0.037	0.355	0.204
2008	0.150	0.268	0.469	0.341	0.036	0.406	0.234
2009	0.164	0.331	0.513	0.330	0.035	0.377	0.234
2010	0.194	0.355	0.634	0.316	0.034	0.344	0.233
2011	0.185	0.301	0.647	0.319	0.032	0.347	0.252
2012	0.161	0.309	0.642	0.347	0.029	0.392	0.296
2013	0.145	0.341	0.667	0.326	0.027	0.35	0.280
2014	0.145	0.358	0.829	0.314	0.026	0.350	0.258
2015	0.143	0.411	0.983	0.320	0.026	0.352	0.252
2016	0.156	0.356	0.866	0.311	0.028	0.345	0.264
2017	0.185	0.351	0.568	0.324	0.029	0.351	0.274
2018	0.203	0.333	0.467	0.341	0.027	0.353	0.287
2019	0.219	0.294	0.459	0.402	0.030	0.348	0.281
2020	0.263	0.371	0.476	0.417	0.034	0.352	0.310
2021	0.308	0.264	0456	0.419	0.041	0.408	0.338
平均	0.163	0.329	0.613	0.322	0.029	0.362	0.266

2. 现金股利支付率

表 2-5 中后四列列示了样本期间我国上市公司的现金股利支付率,主要包括税前每股现金股利占每股收益、每股营业利润和每股净资产的比例,其中第

[①] 注:第(1)~(6)列以支付股利的公司为样本计,第(7)列以所有公司为样本,并且删除了每股收益小于 0 的样本 1511 个,2007~2021 年间分别为 72 个、176 个、118 个、65 个、90 个、174 个、175 个、312 个、268 个、160 个、175 个、142 个、212 个、168 个和 243 个。

（4）列、第（5）列和第（6）列以发放股利的公司为样本计算的每年均值，第（7）列则以全样本计算的每年均值①。结果显示：样本期间内就支付股利的公司而言，每股税前现金股利占每股营业利润的32.2%、占每股净资产的2.9%、占每股收益的36.2%，但是就全部公司而言，现金股利仅仅占净利润的26.6%，主要是因为部分上市公司不支付股利以及支付水平存在较大的差异。从时间趋势来看，支付率几乎都在2012年达到最大值，随后几年略微有所下降并维持在均值左右。

（三）现金股利的稳定性

股利的稳定性也是管理层面临的主要决策。林特纳（1956）认为，管理层更喜欢稳定的股利政策，因而股利会被平滑避免经常波动；贝克等（Baker et al.，1985）通过调查CFO，也得出了与林特纳类似的结论，认为，股利政策具有"黏性"，只有在极端的情况下才会变动，其他学者也得出了类似的结论。那么我国近十年的股利政策又如何呢？主要通过考察在样本期间内每年度连续支付股利的公司、支付股利的次数以及连续支付股利的次数。通过前面分析可知，在样本期间内，现金股利是股利政策的主要形式，送股和转股占比较小、持续性较差，因此，该部分主要分析现金股利的稳定性。

1. 连续支付现金股利的公司

以2007年为起点，在样本期间内分析公司下年是否支付股利。由表2-6可知，连续支付公司的数量日益增加，从2008年的594家公司增加到2021年的2845家，增长了近5倍，而且每年都呈现上升的趋势，平均每年以19.34%的速度增长。就连续支付公司的占比而言，从时间变化动态来看几乎也呈现上升趋势，2010年之前较为平缓，占比约为42%，从2011年开始至2013年则迅速增长，最高达到2013年的64.92%，2014～2018年略微有所下降，维持在60%左右，2019年以来又略微超过60%，这表明连续支付现金股利的公司日益增多。

---

① 主要因为后面章节主检验是以税前每股现金股利/每股收益作为被解释变量，所以此处仅仅列示了该指标的分年度均值。

表 2 - 6　　　　　　　　　连续支付现金股利的公司分布①

项目	2007 年	2008 年	2009 年	2010 年	2011 年	2012 年	2013 年	2014 年
连续支付的公司（家）	—	594	656	802	1066	1364	1571	1576
占比（%）	—	41.56	41.62	41.81	49.32	59.12	64.92	61.61

项目	2015 年	2016 年	2017 年	2018 年	2019 年	2020 年	2021 年
连续支付的公司（家）	1608	1743	1925	2034	2254	2548	2845
占比（%）	58.62	57.85	56.99	58.16	61.17	62.87	61.74

2. 股利支付的次数

股利支付的次数也可以在一定程度上反映公司支付股利的连续性，支付的次数越多，则连续性就可能越大。2012~2021 年 10 年内的股利支付次数如表 2 - 7 所示：有 204 家公司在样本期间 10 年内没有支付过一次股利，421 家支付了 1 次，371 家公司了支付 6 次，同时也有 309 家公司连续 10 年支付了现金股利。从占总公司的累计百分比看，支付次数大于 4 的样本约为总样本的 54%。总体来看，样本期间内较多公司多次支付了现金股利，但也有部分公司支付次数较少，甚至不支付。

表 2 - 7　　　　　　　　　公司支付股利的次数分布②

项目	支付次数										
	0	1	2	3	4	5	6	7	8	9	10
公司数量（家）	204	421	278	285	194	269	371	320	220	187	309
累计占比（%）	6.67	20.44	29.53	38.85	45.19	54	66.12	76.59	83.78	90	100

3. 连续支付现金股利的次数

表 2 - 8 列示了 2012~2021 年 10 年内公司连续支付现金股利的次数，如果公司在 10 年的样本期间内，公司每年都支付股利，则连续支付次数为 9 次，当公司间断支付股利时，则选取几段内连续支付次数最多的。经过手工整理可知，735 家公司没有连续支付股利，大约占总公司数量的 24.04%，连续支付 1 次的

---

① 此处的连续定义为上年支付现金股利，今年仍继续支付。
② 此处的次数可以不连续。

公司数目有 383 家公司，约占公司数量的 12.52%，但连续支付 9 次的公司有 309 家公司，约占总公司数量的 10%；从累计占比来看，连续支付不少于 5 次的大概占 54.81%，连续支付小于等于 2 次的达到 46.24%，接近一半公司数量。结合表 2 - 7 支付现金股利的次数分布可知，虽然较多的上市公司支付了较多次数的现金股利，但是这些支付并不连续，致使连续支付 2 次以下的公司接近一半，股利的稳定性较差；但也有少数公司执行了稳定的股利政策，10 年内能连续支付 5 次以上，约占总公司数量的 37%，两极分化现象比较严重。

表 2 - 8 公司连续支付股利的次数分布

项目	连续支付次数									
	0	1	2	3	4	5	6	7	8	9
公司数量（家）	735	383	296	232	295	327	254	143	84	309
累计占比（%）	24.04	36.56	46.24	53.82	63.47	74.07	82.37	87.05	89.8	100

（四）股利支付的群聚现象

1. 总体的群聚现象

我国上市公司股利支付水平存在一定的"群聚"现象[①]，在 1993 ~ 2006 年期间 83% 的公司税前每股股利在 0.2 元以下，近 99% 的公司在 0.5 元以下（黄娟娟，2009），因此，本部分拟在 2007 ~ 2021 年期间内分析这种"群聚"现象是否还存在，以及群聚的范围是否有变化。表 2 - 9 列示了样本期间内每股税前和税后现金股利的集中分布情况，结果显示：每股现金股利低于 0.1 元的，税前的频数占比为 57.27%，税后频数占比为 57.89%；每股现金股利低于 0.2 元，税前累计百分比为 79.74%，税后累计百分比为 80.24%；每股现金股利低于 0.5 元的，税前累计百分比为 96.33%，税后累计百分比为 96.49%，表明股利支付仍存在群聚现象，近 2/3 的公司每股派现都低于 0.1 元，约 80% 的公司每股现金股利在 0.2 元以下，群聚程度有所下降，但仍然存在，与已有文献几乎一致。

表 2 - 9 股利支付水平的总体群聚现象

区间	税前每股现金股利		税后每股现金股利	
	分布百分比	累计分布百分比	分布百分比	累计分布百分比
0 - 0.1	57.27	57.27	57.89	57.89

---

① 股利群聚主要指每股股利支付水平分布的聚集程度，采用分布百分比和累计分布百分比衡量。

区间	税前每股现金股利		税后每股现金股利	
	分布百分比	累计分布百分比	分布百分比	累计分布百分比
0.1–0.2	22.47	79.74	22.35	80.24
0.2–0.3	9.61	89.35	9.42	89.66
0.3–0.4	3.72	93.07	3.59	93.25
0.4–0.5	3.26	96.33	3.24	96.49
0.5–0.6	1.29	97.62	1.19	97.68
0.6–0.7	0.57	98.19	0.58	98.26
0.7–0.8	0.65	98.84	0.62	98.88
0.8–0.9	0.13	98.97	0.34	99.22
0.9–1	0.57	99.54	0.34	99.56
>1	0.46	100	0.44	100.00

2. 主要行业的群聚现象

在上述总体样本群聚的基础上，进一步分析主要行业的群聚现象，考察主要行业的每股支付水平的集中程度是否存在差异。如表2-10所示：（1）就各范围段内的分布百分比来看，除了采矿业税前每股现金股利在（0，0.1］的分布百分比为46.94%外，其他几个主要行业均超过50%，而且在农、林、牧、渔业、建筑业和交通运输、仓储和邮政业均超过了60%；在（0.1，0.2］的范围内，仅有农、林、牧、渔业和交通运输、仓储和邮政业的分布百分比略小于20%，其他行业都位于25%左右，而电力、热力、燃气及水生产和供应业则为30%；（2）就累计分布百分比而言，在（0，0.2］范围内，农、林、牧、渔业、电力、热力、燃气及水生产和供应业、批发和零售业和信息传输、软件和信息技术服务业均在80%左右，而采矿业集中程度较低为71.94%，建筑业集中程度最高达到92.45%。同时结合百分比分布和累计百分比分布可知，在（0，0.2］范围内，建筑业集中程度最高，而采矿业相对较低，而其他行业则居中，这几乎与已有文献研究一致。

表2-10　　　　　　　　　　　主要行业的群聚现象　　　　　　　　　　单位：%

区间	农、林、牧、渔业		采矿业		制造业		电力、热力、燃气及水生产和供应业	
	（1）	（2）	（1）	（2）	（1）	（2）	（1）	（2）
0–0.1	65.95	65.95	46.94	46.94	56.23	56.23	52.34	52.34
0.1–0.2	17.29	83.24	25	71.94	21.76	77.99	30.08	82.42

区间	农、林、牧、渔业		采矿业		制造业		电力、热力、燃气及水生产和供应业	
	(1)	(2)	(1)	(2)	(1)	(2)	(1)	(2)
0.2 - 0.3	7.57	90.81	10.28	82.22	10.12	88.11	12.89	95.31
0.3 - 0.4	3.24	94.05	4.17	86.39	3.83	91.94	3.13	98.44
0.4 - 0.5	3.25	97.3	5.83	92.22	3.67	95.61	1.17	99.61
0.5 - 0.6	0.54	97.84	2.5	94.72	1.52	97.13	0	99.61
0.6 - 0.7	0.54	98.38	0.56	95.28	0.73	97.86	0	99.61
0.7 - 0.8	0	98.38	1.66	96.94	0.75	98.61	0.39	100
0.8 - 0.9	0	98.38	0.84	97.78	0.12	98.73	0	100
0.9 - 1	1.62	100	1.39	99.17	0.66	99.39	0	100
>1	0	100	0.83	100	0.61	100	0	100

区间	建筑业		批发和零售业		交通运输、仓储和邮政业		信息传输、软件和信息技术服务业	
	(1)	(2)	(1)	(2)	(1)	(2)	(1)	(2)
0 - 0.1	67.28	67.28	56.91	56.91	62.25	62.25	57.36	57.36
0.1 - 0.2	25.17	92.45	22.66	79.57	19.29	81.54	24.52	81.88
0.2 - 0.3	4.35	96.8	8.98	88.55	8.73	90.27	10.12	92
0.3 - 0.4	2.06	98.86	5.31	93.86	5.37	95.64	2.24	94.24
0.4 - 0.5	0.22	99.08	3.19	97.05	2.68	98.32	2.46	96.7
0.5 - 0.6	0.69	99.77	1.06	98.11	0.67	98.99	1.06	97.76
0.6 - 0.7	0	99.77	0.59	98.7	0.34	99.33	0.32	98.08
0.7 - 0.8	0.23	100	0.12	98.82	0.33	99.66	0.75	98.83
0.8 - 0.9	0	100	0.24	99.06	0	99.66	0.1	98.93
0.9 - 1	0	100	0.47	99.53	0.17	99.83	0.86	99.79
>1	0	100	0.47	100	0.17	100	0.21	100

注：第（1）列表示分布百分比，第（2）列表示累计分布百分比。

第二节　客户披露制度与实践特征

一、客户披露制度的规范

就主要客户的认定制度而言，我国证监会将其界定为"销售占比前五的客

户",并没有界定具体的门槛;而美国规定则不同,1997 年颁布的 SFAS No. 131
(取代了 SFAS No. 14 和 SFAS No. 30)① 和 SEC 制定的 S - K 第 101 条条款将主要
客户界定为"超过 10% 的销售收入来自于单独的主要客户,包括联邦政府、州
政府、当地政府或外国政府"。主要客户的不同界定可能给投资者带来不同的感
知。比较而言,我国对于主要客户的界定比较客观,没有门槛限制,而美国更强
调是否超过 10% ,更多地揭示公司潜在的经营风险。

就主要客户的披露制度而言,则主要体现在我国证监会出台的《公开发行证
券的公司信息披露内容与格式准则》中。具体而言,《公开发行证券的公司信息
披露内容与格式准则》包括 39 项具体准则,现行准则有 35 项,有 3 项已废止 1
项已失效② (详见表 2 - 11),在 35 项具体准则中共有 13 项准则涉及了与客户有
关的相关规定,足以说明客户这一利益相关者对公司的影响至关重要,公司管理
层、外部投资者、债权人及其他利益相关者都应该注意到公司存在的客户效应。
以现行准则为例,在这 13 项准则中不同的准则就客户的不同方面作出了不同的
规定,具体如表 2 - 11 所示。

表 2 - 11   现行《公开发行证券的公司信息披露内容与格式准则》

序号	准则名称	颁布/修订年份
第 1 号	招股说明书	2015
第 2 号	年度报告的内容与格式	2021
第 3 号	半年度报告的内容与格式	2021
第 4 号	配股说明书的内容与格式	1999
第 5 号	公司股份变动报告的内容与格式	2022
第 6 号	法律意见书的内容与格式	1999
第 7 号	股票上市公告书	2001
第 8 号	验证笔录的内容与格式（试行）	失效
第 9 号	首次公开发行股票并上市申请文件	2006

① 1976 年 FASB 发布的 Statement of Financial Accounting Standards No 14（SFAS 14）第 39 条首次规范了主要客户及其制度。如果对某一客户的销售超过总销售收入的 10%，则该客户为主要客户，应当披露该事实、对每个客户的销售金额以及该销售部门的名称。类似，对国内政府或国外政府的销售合计超过 10%的，也应当披露该事实和销售收入金额。随后 1979 年颁布的 SFAS No. 30 对其进行了修订，认为对国内政府和国外政府销售合计的披露不符合投资者的决策有用性，所以将主要客户的披露要求运用于政府客户，即对单一的国内政府或外国政府销售超过 10%的，要披露该事实和对单一政府的销售金额。

② 资料来源：http：//www. csrc. gov. cn/pub/shenzhen/xxfw/tzzsyd/ssgs/ssxxpl/ssplfz/index_ 3. html。

序号	准则名称	颁布/修订年份
第 10 号	上市公司公开发行证券申请文件	2006
第 11 号	上市公司公开发行证券募集说明书	2006
第 12 号	上市公司发行可转换公司债券申请文件	已废止
第 13 号	可转换公司债券募集说明书	已废止
第 14 号	可转换公司债券上市公告书	已废止
第 15 号	权益变动报告书	2014
第 16 号	上市公司收购报告书	2014
第 17 号	要约收购报告书	2014
第 18 号	被收购公司董事会报告书	2006
第 19 号	豁免要约收购申请文件	2006
第 20 号	证券公司发行债券申请文件	2003
第 21 号	证券公司公开发行债券募集说明书	2003
第 22 号	证券公司债券上市公告书	2003
第 23 号	公开发行公司债券募集说明	2015
第 24 号	公开发行公司债券申请文件	2015
第 25 号	上市公司非公开发行股票预案和发行情况报告书	2007
第 26 号	上市公司重大资产重组	2022
第 27 号	发行保荐书和发行保荐工作报告	2009
第 28 号	创业板公司招股说明书	2020
第 29 号	首次公开发行股票并在创业板上市申请文件	2020
第 30 号	创业板上市公司年度报告的内容与格式	2012
第 31 号	创业板上市公司半年度报告的内容与格式	2013
第 32 号	发行优先股申请文件	2014
第 33 号	发行优先股预案和发行情况报告书	2014
第 34 号	发行优先股募集说明书	2014
第 35 号	创业板上市公司向不特定对象发行证券募集说明书	2020
第 36 号	创业板上市公司非公开发行股票预案和发行情况报告书	2014
第 37 号	创业板上市公司发行证券申请文件	2020
第 38 号	公司债券年度报告的内容与格式	2016
第 39 号	公司债券半年度报告的内容与格式	2016

具体分析各项准则可知，对客户制度的规范分别体现在：

（1）《公开发行证券的公司信息披露内容与格式准则第 1 号——招股说明书》第四十四条在（四）中规定"报告期内向前五名客户合计的销售额占当期销售总额的百分比，如向单个客户的销售比例超过总额的 50%或严重依赖于少数客户的，应披露其名称及销售比例，如该客户为发行人的关联方，则应披露产品最终实现销售的情况。受同一实际控制人控制的销售客户，应合并计算销售额"；第（六）中规定"发行人应披露董事、监事、高级管理人员和核心技术人员，主要关联方或持有发行人 5%以上股份的股东在客户中所占的权益。若无，亦应说明"。

（2）《公开发行证券的公司信息披露内容与格式准则第 2 号——年度报告的内容与格式》第四节经营情况讨论与分析中第二十五条主要经营业务中规定"公司应当披露主要销售客户的情况，以汇总方式披露公司向前 5 名客户销售额占年度销售总额的比例，以及前 5 名客户销售额中关联方销售额占年度销售总额的比例。鼓励公司分别披露前 5 名客户名称和销售额，以及其是否与上市公司存在关联关系，若报告期内向单个客户的销售比例超过总额的 50%、前 5 名客户中存在新增客户的或严重依赖于少数客户，应披露其名称和销售额；属于同一控制人控制的客户视为同一客户合并列示，受同一国有资产管理机构实际控制的除外。"第二十六条中的可能面对的风险中应当披露"单一客户依赖风险"。与第 1 号不同的是，在年度报告中不仅仅要披露前五客户的销售占比，在销售占比没有超过 50%或不严重依赖少数客户的情况下，也鼓励披露前 5 名客户的名称和销售额；而且还多了"单一客户依赖风险"的披露，可见在年度报告中披露的有关信息较为详细。

（3）《公开发行证券的公司信息披露内容与格式准则第 11 号——上市公司公开发行证券募集说明书》第二十二条的（四）（五）（六）中规定同第 1 号准则。

（4）《公开发行证券的公司信息披露内容与格式准则第 21 号——证券公司公开发行债券募集说明书》第六节发行人的资信状况中第五十五条规定应当披露"近三年与主要客户发生业务往来时，是否有严重违约现象"。

（5）《公开发行证券的公司信息披露内容与格式准则第 23 号——公开发行公司债券募集说明》第四节发行人及本期债券的资信状况第二十一条应当披露

"近三年与主要客户发生业务往来时,是否有严重违约现象";第三十九条应当披露"报告期内主要产品或服务上下游产业链情况,如原材料、能源及供应情况,产品或服务的主要客户情况等"。

(6)《公开发行证券的公司信息披露内容与格式准则第 26 号——上市公司重大资产重组》第二十一条款中(五)规定"报告期各期向前五名客户合计的销售额占当期销售总额的百分比,向单个客户的销售比例超过总额的百分之五十或严重依赖于少数客户的,应当披露其名称及销售比例。如该客户为交易对方及其关联方,则应当披露产品最终实现销售的情况。受同一实际控制人控制的销售客户,应当合并计算销售额。"

(7)《公开发行证券的公司信息披露内容与格式准则第 27 号——发行保荐书和发行保荐工作报告》第二十一条规定"保荐机构应结合发行人行业地位、……、主要客户、……等影响持续盈利能力的因素,详细说明发行人存在的主要风险"。

(8)《公开发行证券的公司信息披露内容与格式准则第 28 号——创业板公司招股说明书》第五十一条款除了同第 1 号准则中第四十四条(四)中规定外,还增加了"前五名客户中新增客户的或严重依赖于少数客户的,应披露其名称或姓名、销售比例"。可见在该项准则中要求披露的与客户有关的信息更为详细,不仅仅要求披露客户的存在状况,还要求披露与客户有关的风险和财务状况。

(9)《公开发行证券的公司信息披露内容与格式准则第 30 号——创业板上市公司年度报告的内容与格式》第二十一条风险因素的描述中应当披露"对大客户的依赖风险";第二十四条主营业务中应当"介绍公司向前 5 名客户合计的销售额占公司年度销售总额的比例,向单一客户销售比例超过 30% 的,还应说明该客户销售金额及所占比例,报告期内公司与其之间的销售金额和比例相比以前年度是否发生较大变化;属于同一控制人控制的客户应合并列示";第二十五条中可能面对的风险中披露"单一客户依赖风险"。该项准则是创业板上市公司年报的披露要求,与主板与中小板相比,"单一客户销售比例由 50% 下降为30%",而且要披露销售金额和比例是否发生较大变化,这可能是因为创业板公司本身风险比较高。

(10)《公开发行证券的公司信息披露内容与格式准则第 31 号——创业板上市公司半年度报告的内容与格式》第二十三条董事会报告公司的财务状况和经营

成果时，应当重点分析"报告期内前 5 大供应商或客户发生变化的，公司应说明变化的具体情况并分析对公司未来经营的影响"。

（11）《公开发行证券的公司信息披露内容与格式准则第 35 号——创业板上市公司向不特定对象发行证券募集说明书》第二十一条款（二）经营风险需要披露以来单一客户风险以及第二十八条款中（三）规定应客观披露"向前五大客户的销售金额及占比"。

（12）《公开发行证券的公司信息披露内容与格式准则第 38 号——公司债券年度报告的内容与格式》第三十四条公司应当披露"报告期内与主要客户发生业务往来时，是否有严重违约事项；如有，应当披露相关基本情况、涉及金额、是否形成预计负债等，以及对公司经营情况和偿债能力的影响"。

（13）《公开发行证券的公司信息披露内容与格式准则第 39 号——公司债券半年度报告的内容与格式》第三十四条规定同第 38 号准则第三十四条。

由上述分析可知，证监会针对不同的市场板块并根据不同的客户销售占比作出了不同的规定。对于主板和中小板而言，一般情况下要求公司应当汇总披露前五客户销售占比，鼓励公司披露客户的具体信息；但是当对单个客户的销售超过 50% 或属于严重依赖性客户时，则要求披露其具体名称及销售额；对于创业板而言，将严重依赖性定义为销售占比为 30%，而且还需要披露销售金额和比例以及是否发生较大变化；除此之外，证监会还对与主要客户有关的应收账款风险、以及与主要客户变化有关的经营风险作出了相应的披露规定；而美国也有类似的规定，SFAS No. 131、SEC 制定的 S－K 第 101 条条款规则和 accounting standards codification（ASC）的 280－10 分部报告附注都要求披露每个客户的销售总额和名称，此外，如果失去客户对公司有重大不利影响的，也应当披露该客户的名称。由此可见，中美客户制度的最大不同在于对客户的认定是否有最低门槛限制，而在披露制度上我国正在与美国趋同。

二、客户的实践特征

本部分以 2007～2021 年为样本区间，研究我国上市公司大客户的实践特征。主要考察披露大客户的公司数量、行业分布、销售金额及稳定性等。样本期间从 2007 年开始，主要是因为从 2007 年公司被要求全面披露客户信息，同时也可以排除新旧准则制度规范差异的影响。初始样本包括我国沪深 A 股上市的 4685 家公司的 42876 个公司—年度样本，并在此基础上删除了 ST、*S、SS 和 S*的 1471 个样本，删除金融类保险类样本 725 个，最终得到 4608 家公司的 40680 个样本，在此基础上再删除没有披露前五客户合计的 3001 个样本，最终得到 4532 个公司的 37679 个样本。

表 2-12 列示了样本期间各年度的样本数量。整体而言，包括 4608 家公司的 40680 个样本，从时间趋势上看，上市公司数量呈逐年递增的趋势，从 2007 年的 1194 个增加到 2016 年的 2907 个，增长了约 2.4 倍。从每年占 A 股上市公司的比例来看，我国上市公司中平均有 92.62% 的上市公司披露了大客户，同时，也表明大多数上市公司有大客户并且按照信息披露准则的要求披露了有关客户的基本信息。

表 2-12　　　　　　　　披露前五销售合计的样本年度分布及占比

项目	2007 年	2008 年	2009 年	2010 年	2011 年	2012 年	2013 年	2014 年
样本（个）	1194	1234	1237	1520	1795	2173	2295	2365
公司总数（家）	1334	1429	1576	1918	2161	2307	2420	2558
占比（%）	89.50	86.35	78.49	79.25	83.06	94.19	94.84	92.46
项目	2015 年	2016 年	2017 年	2018 年	2019 年	2020 年	2021 年	合计
样本（个）	2165	2907	3287	3392	3595	3997	4523	37679
公司总数（家）	2743	3013	3378	3497	3685	4053	4608	40680
占比（%）	78.93	96.48	97.31	97.01	97.56	98.61	98.16	92.62

（一）样本的行业分布

表 2-13 列示了样本的行业分布特征，其中制造业的样本为 25844 个，占总样本的比例约 68.59%，位居第一，主要是因为制造行业往往涉及专有资产投资，生产定制式的产品，存在较多较持久的客户关系；第二是信息传输、软件和信息技术服务业，样本为 2313 个，占比为 6.14%；第三为批发零售业和房地产业，样本分别为 1432 个和 1164 个，占比分别为 3.8% 和 3.09%。这与我国制造业的战略地位、高新科技行业的政策支持以及产业结构的转型密切相关。样本分布基本与行业分布预期一致，同时也表明在回归分析中要加入行业虚拟变量，控制行业之间的差异。

表 2 - 13   样本的行业分布

行业代码	行业名称	样本（个）	样本占比（%）
A	农、林、牧、渔业	787	2.09
B	采矿业	754	2.00
C	制造业	25844	68.59
D	电力、热力、燃气及水生产和供应业	1074	2.85
E	建筑业	919	2.44
F	批发和零售业	1432	3.80
G	交通运输、仓储和邮政业	957	2.54
H	住宿和餐饮业	139	0.37
I	信息传输、软件和信息技术服务业	2313	6.14
K	房地产业	1164	3.09
L	租赁和商务服务业	347	0.92
M	科学研究和技术服务业	230	0.61
N	水利、环境和公共设施管理业	211	0.56
O	居民服务、修理和其他服务业	192	0.51
P	教育	8	0.02
Q	卫生和社会工作	11	0.03
R	文化、体育和娱乐业	252	0.67
S	综合	1044	2.77
合计		37679	100

（二）销售金额占比分析

销售占比主要从前五客户的合计销售占比和第一大客户的销售占比两方面进行分析。销售占比主要指对前五或第一大客户的销售金额占公司总销售金额的比重，可以衡量客户对公司的重要性，占比越高表明客户对公司越重要，公司的客户集中程度较高。通过第二章客户制度的规定，信息披露准则规定公司应当披露前五客户的销售占比合计，属于准则的强制性规定，而鼓励披露每一客户的销售金额、销售占比及具体名称，属于自愿性披露信息。

表 2 - 14 分别列示了样本期间内我国上市公司披露的前五销售占比合计和第一大客户销售占比的样本、均值和中位数。通过对比可知，基于准则不同的要求，披露前五合计占比的样本为 37679 个，远远大于披露第一客户占比的样本

27266 个。就样本平均而言，前五销售合计约占公司销售总金额的 34.49%，而且各个年度均值较为平稳，但是每年的均值要远远大于中位数，表明我国上市公司前五客户销售占比分布不均匀；同时第一大客户销售占比平均约为 16.66%，从时间趋势来看，2007 年最高平均达到 15.60%，2008 年下降到 14.11%，以后期间在 13%~15% 之间波动，2019 年以来又有所上升；中位数也有类似的趋势。值得注意的是，第一大客户销售占比的均值也要远远大于中位数，这也进一步印证了我国上市公司对客户的依赖程度存在较大的差异。

表 2-14　　　　　　　　　　　销售占比的统计描述

年份	前五合计的占比			第一大客户占比		
	样本（个）	均值（%）	中位数（%）	样本（个）	均值（%）	中位数（%）
2007	1194	30.39	23.06	75	15.60	10.30
2008	1234	29.08	23.01	208	14.11	9.61
2009	1237	29.99	23.15	904	13.17	8.14
2010	1520	29.85	24.16	1233	12.94	8.64
2011	1795	30.06	23.73	1540	13.28	8.48
2012	2173	30.39	24.37	1978	13.95	8.53
2013	2295	30.56	24.21	2142	14.19	8.47
2014	2365	31.05	25.00	1469	15.41	8.97
2015	2165	30.70	25.46	1908	13.98	9.15
2016	2907	31.91	26.14	2065	14.09	9.08
2017	3287	33.01	26.69	2408	14.87	9.80
2018	3392	33.02	27.35	2380	15.36	10.3
2019	3595	35.96	30.36	2575	18.85	12.81
2020	3997	35.02	29.23	2957	16.83	11.19
2021	4523	35.43	30.22	3424	17.40	11.51
平均	37679	34.49	27.02	27266	16.66	10.30

（三）客户稳定性分析

以样本期间前后两年连续披露了前五客户具体名称的公司为样本，借鉴已有文献，将上年前五客户出现的个数/5 衡量客户稳定性（Li and Yang，2001；王雄元和彭旋，2016），稳定度取值为 0 时表示前后两年没有稳定客户，取值为 1 时表示连续两年的客户完全一致。表 2-15 Panels A 列示了连续披露样本和稳定样本的年度分布，在 2007～2021 年期间，前后两年连续披露前五客户具体名称的样本共计 7273 个，仅仅占披露前五销售占比样本的 19.32%，其中上年前五客户至少出现 1 个的样本为 6801，占连续样本的 93.51%，各年度分布也较为均匀，除 2009 年、2015 年和 2016 年以外，均维持在 92%～94% 之间，可能是 2008 年的金融危机和 2014 年度股灾导致了下年的客户关系断裂。就客户的稳定度而言，样本期间平均为 0.51，大约 2.57 个稳定客户，稳定度在 2009 年、2015 年和 2016 年略微偏低外，其他年度均维持在较稳定的水平。总体来看，客户稳定较低，平均每个公司约有一半的新客户。

表 2 - 15 Panels A 　　　　　　　　　　稳定样本年度分布

项目	2008 年	2009 年	2010 年	2011 年	2012 年	2013 年	2014 年
稳定样本（个）	49	125	484	664	758	873	442
连续样本（个）	51	136	521	711	811	936	471
占比（%）	96.08	91.91	92.90	93.39	93.46	93.27	93.84
稳定度	0.57	0.46	0.52	0.52	0.51	0.52	0.54

项目	2015 年	2016 年	2017 年	2018 年	2019 年	2020 年	2021 年	合计
稳定样本（个）	335	226	335	464	583	671	792	6801
连续样本（个）	374	248	361	507	625	723	849	7273
占比（%）	89.57	91.13	92.80	91.52	93.28	92.80	93.28	93.51
稳定度	0.50	0.49	0.59	0.64	0.62	0.59	0.67	—

表 2 - 15 Panels B 　　　　　　　　　　稳定样本行业分布

行业代码	行业名称	样本数量（个）	样本占比（%）	行业平均稳定度
A	农、林、牧、渔业	93	1.37	0.44
B	采矿业	279	4.10	0.57
C	制造业	4306	63.30	0.52
D	电力、热力、燃气及水生产和供应业	431	6.34	0.67
E	建筑业	205	3.01	0.37
F	批发和零售业	296	4.35	0.50
G	交通运输、仓储和邮政业	177	2.60	0.60
H	住宿和餐饮业	48	0.71	0.59
I	信息传输、软件和信息技术服务业	403	5.92	0.41

续表

行业代码	行业名称	样本数量（个）	样本占比（%）	行业平均稳定度
K	房地产业	205	3.01	0.43
L	租赁和商务服务业	50	0.73	0.61
M	科学研究和技术服务业	48	0.71	0.34
N	水利、环境和公共设施管理业	67	0.99	0.50
O	居民服务、修理和其他服务业	0	0.00	0.00
P	教育	0	0.00	0.00
Q	卫生和社会工作	3	0.05	0.23
R	文化、体育和娱乐业	62	0.91	0.35
S	S综合	129	1.90	0.46
合计		6802	100	0.51

表 2-15 Panels B 报告了稳定样本行业分布，可以发现稳定客户的行业分布几乎与总体样本的行业分布一致，制造业占稳定总样本的 63.32%，位居第一，第二是电力、热力、燃气及水生产和供应业，占比为 6.34%，第三是信息传输、软件和信息技术服务业，样本量为 403 个，占比为 5.92%，第四是批发和零售业、采矿业、房地产业和建筑业，占比分别为 4.35%、4.10%、3.01% 和 3.01%。但就行业稳定度而言，电力、热力、燃气及水生产和供应业稳定度最高，连续两年的平均稳定客户 3.35 个，稳定度为 0.67，其次是租赁和商务服务业，平均稳定客户为 3.05 个，稳定度为 0.61，再次是交通运输、仓储和邮政业和住宿和餐饮业，平均约 3 个稳定客户，稳定度约为 0.6，最后为制造业和采矿业，平均约 2.8 个稳定客户，稳定度分别为 0.52 和 0.57，这主要是因为这些行业需要较多的专用资产投入，有较为密切的客户关系。相对较低的为科学研究和技术服务业，约仅有 1.7 个稳定客户，稳定度为 0.34。总体而言上市公司的客户稳定度较低。

本章小结

为了充分了解我国特有的客户披露和股利支付的制度背景，本章主要梳理了有关法律法规，主要包括《中华人民共和国公司法》《中华人民共和国证券法》《公开发行证券的公司信息披露内容与格式准则》及证监会出台的其他规定。股利支付制度的规定则遍及上述三部法律法规及其他相关规定，而现行的《公开发行证券的公司信息披露内容与格式准则》35 项具体准则中有 13 项准则涉及了与客户披露有关的相关规定，这预示着客户和股利都是实务界重要的话题，这将会继续推动理论界对相关问题作出进一步的研究，为实践的发展提供一定的参考意义。

本章进一步统计分析了我国上市公司股利支付和客户的实践特征，股利政策主要分析了上市公司支付意愿、支付水平及支付的持续性等方面，结果发现：（1）近些年随着监管政策的不断出台，公司分配的意愿明显增加，分配的形式主要是现金股利，平均每股 0.16 元，约占净利润的 25.5%，每股现金股利支付水平呈现"群聚"现象，约 80% 的公司支付现金股利小于 0.2 元；就行业而言，在（0，0.2］范围内采矿业集中程度较低为 71.94%，建筑业集中程度最高达到 92.45%。（2）样本期间内，约 54% 的公司支付至少连续支付了 5 次的现金股利；客户特征主要分析了上市公司的年度行业分布、前五客户销售占比、客户稳定三个方面，结果发现，88% 的上市公司按照准则要求报告了前五大客户销售合计，主要分布在制造行业，占比为 68.59%，前五客户销售合计占比平均为 34.49%，第一大客户销售占比为 16.66%，平均客户稳定较低 0.51，平均约 2.55 个客户。

第三章

客户集中度对现金股利的影响

第一节　问题的提出

股利政策作为经典财务理论的四大决策之一，无论是在宏观的资本市场层面还是在微观的公司层面都有着重要作用。在宏观层面，股利支付是回报股东、培养资本市场投资理念、保护中小投资者的重要方式，能够提高资本市场的吸引力和活力，有利于维护资本市场的健康运转；在微观层面，股利支付能够影响到公司的市场价值（Kim et al.，2016；Pinkowitz et al.，2006）、自由现金流（Jensen，1986）以及投融资效率等方面（陈艳等，2015）。

一般认为，信息不对称和代理成本是现金股利存在的理论基础。现金股利具有信号功能，能够降低信息不对称，同时也具有治理功能，降低代理冲突（Jensen，1986）。大多数文献都是在该理论的基础上结合公司内外因素进行研究的，因此，将影响现金股利支付的因素分为了内外两个方面。目前较多的文献关注了公司内部的特征（Fama and French，2001）、公司治理（John et al.，2015）等方面，而外部的研究则刚处于起步阶段，主要包括：法律环境（La Porta et al.，2000）、市场环境（Hoberg et al.，2014；杨兴全等，2014）、文化（Shao et al.，2010）、政治（Huang et al.，2015）、地域因素（John，2011；张讳婷和王志强，2015）、货币政策（全怡等，2016）、媒体监督（李小荣和罗进辉，2015）等方面，这些研究结论一致表明，股利支付是内外部多种因素综合作用的结果。

现代契约理论认为，公司是各方契约的集合体，各契约方都是企业的利益相关者，他们为企业提供了各种物资、财力资源等，承担了企业的风险，会对企业的经营活动和财务活动产生影响。已有研究表明，股东为企业提供了资金，为了保护中小股东的利益，公司要发放现金股利（LLSV，2000）；同样，债权人作为企业营运资金的提供者，也需要保护其权益，在债权人保护较弱的国家有更多保护需求，例如，限制股利支付来降低债务代理成本（Brockman and Unlu，2009）。无论是股东还是债权人都是企业的财务利益相关者，能够影响到公司的财务分配决策，那么作为企业产品市场上的主要非投资利益相关者——主要客户是否也会对企业的利润分配产生影响呢？现有文献关注了股东和债权人财务利益相关者的影响，也关注了外部市场竞争环境的影响，但忽略了外部产品市场上大客户这一利益相关者对利润分配的可能影响。

已有文献研究表明，大客户具有收益效应，能够提高公司的营运效率，改善业绩（Patatoukas，2012），因此，会增加公司利润分配的基础；但是大客户也会有风险效应，大客户会增加公司的经营风险（Titman and Wessels，1988），进而增加外部投资者和金融机构的风险预期，加大外部融资成本，同时，也会加大公司陷入财务困境的概率，增加管理层的风险预期，为了应对不确定性，管理层会增加预防动机，从而降低负债水平（Banerjee et al.，2008；Kale and Shahrur，2007），保持较多的现金（Itzkowitz，2013；王勇和刘志远，2016）；降低股利支付（Wang，2012），这主要是因为，资本市场上存在信息不对称和代理问题，使得公司外部融资成本远远大于内源融资成本，特别当公司面临较大的风险、融资约束更为明显时。戈登（Gordon，1962）的研究也反映了这一思想，在存在外部融资约束的情况下，随着公司投资盈利能力的增强，股利支付就减少，因为公司不愿意发行新股；梅叶斯和梅吉拉夫（Myers and Majluf，1984）提出了"融资优先理论（pecking order theory）"也认为，公司管理层在融资决策时会采取内源融资—债务融资—权益融资的先后顺序，主要是外部融资成本较高，权益融资可能会向外部传递公司价值被高估的负面信号，会引起股利的下跌，以及发行股票所需的登记费、承销费、保荐费等各种交易成本；同样，债务融资不仅会增加财务风险，而且契约中各种条款限制和担保要求也会加大公司的成本，而内源融资的低成本，使得公司支付较少的股利从而保留较多的盈余以预防面临的风险。

本书拟利用2007~2021年我国A股上市公司为样本，检验客户集中是否会影响公司的股利支付？"收益效应"和"风险效应"究竟哪种效应占优。具体而言，本章主要研究客户集中是否会影响公司的现金股利支付意愿和水平？如果存在，若是收益效应占优，在其他条件既定的情况下，公司可能会增加股利支付的意愿和水平；相反，若是风险效应占优，在其他条件既定的情况下，公司可能会降低股利支付的意愿和水平。

第二节 理论分析与研究假设

利益相关者理论（Freeman，1984）认为，任何组织的发展都离不开各利益相关者的投入和参与，利益相关者与公司的存在和发展紧密相关。企业的资源观也认为，良好的利益相关者关系管理能够保证企业各种资源的可获得性，有效缓解公司面临的融资约束（王鹏程和李建标，2014），有助于公司的发展，不仅能影响到公司的盈利能力（唐跃军和李维安，2008），而且还关系到公司会计信息的生产行为（王竹泉，2003），利益相关者已经关系到公司的和谐问题；与此同时，利益相关者关系管理已经成为了企业战略的重要组成部分。

企业的产品市场直接关系到公司的生死存亡，而产品市场中的主要关系——大客户也因此而成为了公司的主要非投资关系的利益相关者（Arora and Alam，2005）。国内外已有研究表明，主要客户是一把"双刃剑"，能够对企业的经营活动产生截然不同的两个方面的影响：

一方面，客户集中的"收益效应"。良好的客户关系能够实现供应链上的信息共享，及时获得产品需求及优良改进方面的反馈信息，降低了需求不确定的风险，能够帮助企业制订较准确的采购和生产计划，提高存货管理效率。库尔普（2002）研究表明，供应链上的零售商可以通过 VMI 系统与公司进行产品需求信息的交流，减少了公司的存货管理成本，增加了供应链的利润；派特卡斯（2012）研究也证实了这一观点，研究表明，供应链上存在合作与协同效应，客户集中能够减少公司的酌量性费用，减少存货持有量，提高资产周转率，缩短现金回收期，提高公司的会计业绩，同时还有助于与客户进行联合投资（Kalwani and Narayandas，1995），强化供应链的稳定性，带来较高的会计收益，并增加收益的稳定性（Marty et al.，2004）；大客户这一组织资本还能够被投资者识别，对股票定价具有增量信息的作用（Bonacchi et al.，2015）；此外，许等（2015）的研究也表明，客户关系有利于加速供应链上知识流的流动，提高公司的创新能力和会计盈利能力；戈斯曼和科尔贝克（Gosman and Kohlbeck，2009）研究也表明，公司能够分享客户的先进管理经验和创新技能，改善毛利，提高企业的整体管理效率；并且在不确定性较低的环境下，客户集中能够向资本市场传递良好信号，降低权益资本成本（陈峻，2015）。我们称该正面效应为"收益效应"，在这种影响下，客户关系能够增加公司的盈利能力，进而为公司提供较多较稳定的利润和资金流，而股利是对利润的分配，必然受到公司财务状况的影响，如果客户集中给公司带来的收益效应占优，那么在其他条件不变的情况下，公司可能会提高股利支付的意愿和水平。

另一方面，客户集中也有"风险效应"。首先，客户集中意味着公司对客户的依存性较高，而埃默森（Emerson，1962）的资源依赖理论强调，组织间的资源依赖产生了特定组织对其他组织的外部控制，并影响到组织之间的权利安排，依赖方的组织运营会面临到被依赖方对其实施的外部限制，依赖方会失去权利而被依赖方也因此而得到权利。具体到公司与客户的关系中，当公司对大客户有较高的依存时，公司也因此而丧失权利，相反大客户会获得较强的议价能力，企业的逐利本质使得大客户会侵蚀公司的利润。相关研究也证实了这一观点，舒马赫（1991）研究表明，大客户往往处于买方市场，有较强的市场势力和有较高的议价能力，会损害公司的盈利能力；戈斯曼（2004）研究也表明，大客户往往会支付较低采购价格、争取更优惠的支付条款；即使公司通过改善销售效率或规模经济增加了利润，也不一定会实现，客户经常会通过重新谈判合同条款侵蚀公司的经营利润（Lustgarten et al.，1975；Galbraith et al.，1952）；同时，苏等（2015）的研究认为，虽然公司可以通过主要客户的知识溢出效应增加盈利能力，但强势的客户会榨取公司的创新利润。同时，我国研究成果也认为，客户的议价能力越高，公司的业绩越低（唐跃军，2009），客户集中能够降低公司的竞争优势（王俊秋和毕经纬，2016），对IPO公司的业绩也有负面影响（林钟高，2016）。其次，公司可能存在被"套牢"（hold-up problem）的风险。公司为了满足大客户所需的定制式产品经常会投入专用化资产，而这种投资的价值仅仅存在于专属的客户关系中，在特有的供应链关系外价值难以实现，并且转换成本较高（Titman，1984），因此，这会进一步增强客户的议价能力，加重大客户对企业各种资源的掠夺。再次，客户集中会加大公司的客户流失风险，大客户可能随时终止关系，与企业的竞争对手建立战略联盟关系（Maksimovic and Titman，1991），一旦某个大客户流失，企业的经营活动就会受到严重影响，严重时会引发财务危机（Gosman and Olsson，2004），因此，公司会降低财务杠杆（Banerjee et al.，2008），持有较多的现金（Itzkowitz，2013），减少股利支付（Wang，2012），避免客户关系破裂带来的负向冲击。最后，供应链的风险溢出效应会加大公司的风险。当大客户出现财务危机时，就会加大违约的概率，可能会延迟支付货款，从而影响公司的资金流。更为严重的是，当大客户提出破产申请时，理性的投资者会意识到客户—供应商之间紧密的经济联系，基于信息逐渐扩散假说，客户的危机会导致公司股票价格下跌，随之会有较高的销售管理费用、较低的利润（Kolay et al.，2016）。这些风险效应会增加外部投资者和金融机构的风险预期，进而增加公司的融资成本；另外，管理层也可能会感知到这种潜在的风险，从而可能会降低股利支付的意愿和水平，保留较多的资金在公司内部，这主要是因为减少股利是成本最低的融资来源方式，同时较职工薪酬一些刚性的支出，股利支付则具有较大的灵活性（雷光勇等，2015）；除此之外，股利支付相对具有一定的"黏性"，如果管理层没有足够的信心维持较高水平的股利，一般会避免支付较高的股利（Chay and Suh，2009）。因此，在其他条件既定的情况下，若客户集中的风险效应占优，公司可能会降低股利支付的意愿和水平，避免资金流出以缓解未来的不确定性。

基于上述分析，本章提出以下待检验对立假说：

H1a：其他条件既定的情况下，如果收益效应占优，客户集中会增加股利支付的意愿和水平。

H1b：其他条件既定的情况下，如果风险效应占优，客户集中会降低股利支付的意愿和水平。

第三节 研究设计

一、样本选择与数据处理

本书的样本期间为 2007~2021 年。从 2007 年开始，主要因为 2006 年证监会修订的《公开发行证券的公司信息披露内容与格式准则第 2 号——年度报告的内容与格式》在 2007 年执行,强制性要求企业披露客户基本信息,并鼓励自愿性披露明细信息,同时新准则也在 2007 年执行,可以排除新旧准则不同对研究结果可能存在的影响。

本章的初始样本来自 CSMAR 数据库中我国沪深 A 股 4685 家公司的 42876 个公司—年度样本,并在此基础上进行如下处理:(1)删除 ST、*S、S*、SS 及 PT 公司的 1471 个样本;(2)删除金融类保险类 725 个样本,最终得到 4608 家公司的 40680 个样本;(3)删除控制变量缺失和异常值 6138 个样本。最终得到 3753 家公司的 34542 个样本观察值,其中披露了前五客户销售合计的样本为 32207 个,披露了第一大客户销售占比的样本为 29660 个,分别披露了前五客户销售占比的样本为 29591 个[①]。同时为了消除离群值的影响,将所有连续变量进行了 1% 的 Winsorize 缩尾处理。财务数据来自于 CSMAR 数据库,客户数据来自数据库中的财务报表附注,并通过手工整理得到。

二、模型设计

由于现金股利支付率不可能小于零,并且许多公司不发放现金股利,因此,现金股利支付率在零处是截断的,这是典型的审查数据(censored data)。如果使用 OLS 回归可能无法得到一致的估计了,如果将股利支付比率为零的样本删除,就会造成样本的大量损失。本书参考邓建平等(2007)、蔡伊和苏(2009)和王(2012)等文献的做法采用了 Logit 和 Tobit 模型来分析客户集中度对股利支付的影响。本书分别构建模型(3-1)和模型(3-2)来检验客户集中度对公司股利支付意愿和支付水平的影响。

$$
\begin{aligned}
Logit(Dumdiv_{i,t}) = {} & \alpha_0 + \alpha_1 Customer_{i,t} + \alpha_2 Lnsize_{i,t} + \alpha_3 Lev_{i,t} + \alpha_4 Cash_{i,t} \\
& + \alpha_4 MB_{i,t} + \alpha_5 Roa_{i,t} + \alpha_6 Growth_{i,t} + \alpha_7 Retvol_{i,t} \\
& + \alpha_8 RE_{i,t} + \alpha_9 Lh10_{i,t} + \alpha_{10} Mshare_{i,t} + \alpha_{11} Big4_{i,t} \\
& + \alpha_{12} Lnage_{i,t} + \alpha_{13} Dual_{i,t} + \alpha_{14} Soe_{i,t} + \varepsilon_{i,t} \quad (3-1)
\end{aligned}
$$

$$
Tobit(Div_{i,t}) = \alpha_0 + \alpha_1 Customer_{i,t} + \alpha_2 Lnsize_{i,t} + \alpha_3 Lev_{i,t} + \alpha_4 Cash_{i,t}
$$

---

① 其中有 69 个样本没有完全披露前五客户销售占比,所以导致 top1 的样本比 CC 的样本多 69 个,为了保证样本的全面性,并没有删除这 69 个样本。

$$+ \alpha_4 MB_{i,t} + \alpha_5 Roa_{i,t} + \alpha_6 Growth_{i,t} + \alpha_7 Retvol_{i,t} + \alpha_8 RE_{i,t}$$
$$+ \alpha_9 Lh10_{i,t} + \alpha_{10} Mshare_{i,t} + \alpha_{11} Big4_{i,t} + \alpha_{12} Lnage_{i,t}$$
$$+ \alpha_{13} Dual_{i,t} + \alpha_{14} Soe_{i,t} + \varepsilon_{i,t} \qquad (3-2)$$

其中，模型（3-1）被解释变量 $Dumdiv_{i,t}$ 为股利支付意愿的二值虚拟变量，如果企业当年发放现金股利取值为 1，否则取值为 0；模型（3-2）的被解释变量 $Div_{i,t}$ 为股利支付水平，借鉴邓建平（2007）、弗思等（2016）以及蔡伊和苏（2009）等做法，采用"每股税前现金股利/每股收益"，稳健性检验中还分别采用了"每股税前现金股利/每股净利润""每股税前现金股利/每股净资产"衡量。解释变量为 $Customer_{i,t}$，衡量客户集中程度，借鉴班纳吉等（Banerjee et al.，2008）和王（2012）的研究，分别采用前五大客户销售占比的合计数 Top5，该比例越大表明客户越集中。借鉴派特卡斯（2012）的研究，客户集中的赫芬达尔指数 CC，即前五大客户的销售比例的平方和，取值位于 0 和 1 之间，当公司没有大客户时取值为 0，当客户完全依存一个客户时取值为 1，CC 值越大表明客户越集中，这种衡量方法的优点在于既考虑了客户的数量又考虑了每个客户对公司的相对重要性。借鉴王雄元和高开娟（2017）的研究，采用第一大客户销售占比 Top1，该比例越大表明客户越集中。若 α_1 显著为正，则假设 H1a 得到支持，客户集中的收益效应占优；若显著为负，则假设 H1b 得到支持，客户集中的风险效应占优。

另外，模型还控制了影响公司股利支付的其他因素。参照法玛和法兰奇（2001）、袁天荣和苏红亮（2004）的研究，控制了公司规模 Lnsize、投资机会 MB、盈利能力 Roa、财务杠杆 Lev、现金 Cash、销售增长率 Growth、公司年龄 Lnage、Lh10 前 10 大股东持股比例、董事长和经理人是否同一人 Dual，管理层持股比例 Mshare、是否四大审计 Big4、产权性质 SOE。除此之外，根据现代股利的生命周期理论，公司的股利政策会随着企业的生命周期变动而变动，并借鉴迪安基洛（DeAngelo et al.，2006）的研究将留存收益率 RE 作为企业生命周期的衡量；同时，蔡伊和苏（2009）的研究表明，现金流不确定性也是股利支付的重要影响因素，并且其影响要大于留存收益率、代理成本和投资机会，因此，本书借鉴蔡伊和苏（2009）的研究将前两年的月股票收益波动率 Retvol 加以控制。所有变量的具体定义及说明如表 3-1 所示。

表 3-1　　　　　　　　　　　　变量定义及说明

变量类型	变量	说明	计量方法
被解释变量	Dumdiv	是否发放股利	发放取 1，否则取 0
	Payratio	股利支付率	每股税前现金股利/每股盈余
	Payprofit	股利支付率	每股税前现金股利/每股营业利润
	Payequity	股利支付率	每股税前现金股利/每股净资产
解释变量	Top5	前五客户的销售比例合计	前五客户的销售占比之和
	Top1	第一大客户销售占比	第一大客户的销售收入占比
	CC	前五客户的赫芬达尔指数	$\sum (X_i/X)^2$，其中 X_i 分别表示对前五客户的销售收入，X 表示公司总的销售收入
控制变量	Lnsize	公司规模	公司总资产的对数
	Lev	财务杠杆	负债总额/资产总额
	Roa	盈利能力	总资产回报率
	Cash	现金水平	（货币资金＋交易性金融资产）/总资产
	MB	市账比	资产市值/资产账面价值
	Growth	销售收入增长率	（本年度销售收入－上年度销售收入）/上年销售收入
	Retvol	股票收益波动性	前两年月股票收益的标准差
	RE	留存收益比	留存收益/所有者权益
	Lnage	公司年龄	ln（处理年度－公司 IPO 年度）
	SOE	产权性质	国有控制取值 1，否则取 0
	Lh10	前十大股东持股比例	前十大股东持股数量/公司总股数
	Mshare	管理层持股比例	管理层持股数量/公司总股数
	Big4	是否四大审计	四大审计取 1，否则取 0
	Dual	是否二职合一	总经理董事长同一人取 1，否则取 0

第四节　实证分析

一、描述性统计

表 3-2 报告了主要变量的描述性统计，由结果分析可知：（1）在样本期间

内，大约 70.7% 的上市公司支付了现金股利，总体而言，股利支付水平的均值（中位数）大约占净利润的 25.3%（19.8%），占营业利润的 23.2%（16.1%），占净资产的 1.95%（1.4%），表明我国支付股利的公司较多，但是平均的股利支付水平较低。（2）前五客户销售占比合计 Top5 平均（中位数）占比 31.78%（25.88%），最大值为 97.58%，最小值为 1.02%，标准差为 21.82；第一大客户的平均销售占比 Top1 的均值（中位数）为 16.07%（8.83%），最大值为 79.8%，最小值为 0.37%，标准差为 14.80；前五客户的赫芬达尔指数 CC 的均值（中位数）为 0.0481（0.0145），最大值为 0.537，最小值几乎为 0，标准差为 0.0898。这表明我国上市公司客户集中的程度存在较大的差异，有的公司几乎完全依存一个大客户，有的则几乎不存在大客户。

表 3 - 2　　　　　　　　　　　主要变量的描述性统计

变量	样本量（个）	均值	标准差	中位数	最大值	最小值
Dumpay	34542	0.707	0.432	1	1	0
Payratio	34542	0.253	0.280	0.198	1.492	0
Payprofit	34542	0.232	0.322	0.161	1.865	-0.521
Payequity	34542	0.019	0.024	0.014	0.124	0
Top5	32207	31.78	21.82	25.88	97.58	1.020
Top1	29660	16.07	14.80	8.830	79.80	0.371
CC	29591	0.048	0.089	0.015	0.537	0
Lnsize	34542	21.99	1.236	21.81	25.80	19.55
Lev	34542	0.446	0.208	0.447	0.881	0.046
Cash	34542	0.168	0.132	0.130	0.717	0.011
MB	34542	2.229	1.957	1.663	11.59	0.213
Roa	34542	0.040	0.050	0.036	0.197	-0.147
Growth	34542	0.197	0.473	0.116	3.178	-0.557
Retvol	34542	0.155	0.063	0.142	0.548	0.066
RE	34542	0.043	0.429	0.022	31.66	0
Lh10	34542	0.246	0.337	0.285	0.752	-1.867
Mshare1	34542	56.78	15.59	57.54	97.07	22.13
Big4	34542	0.067	0.251	0	1	0
lnAge	34542	10.29	18.55	0.027	69.87	0
Dual	34542	0.0675	0.251	0	1	0
SOE	34542	1.955	0.887	2.197	3.136	0

表 3-3 在分别按照 Top5、Top1 和 CC 三个指标①的中位数将样本分为集中度高组和低组，并分别检验高低组间股利支付的均值和中位数的差异（T 值对应均值差异检验，Z 值对应中位数差异检验）。结果显示：在 Top5、Top1 和 CC 三种分组方式下，无论是均值还是中位数，股利支付意愿和水平在集中度较高的组别都显著低于集中度较低的组别，且差异都在 1% 的水平上显著，初步说明了客户集中与股利支付负相关，集中度越高，公司支付股利的意愿和水平越低。就公司的其他特征来看（未列出），在客户集中度较高的组别，公司的资产规模较小、财务杠杆较低、盈利能力较低、上市年龄较短、留存收益率较低，同时这类公司持有的现金流、投资机会较多，销售增加率较高，股票收益波动性较大，而且与集中度较低组的差异都至少在 10% 的水平上显著。这些特征基本上与已有文献一致。

表 3-3　　　　　　　　　　解释变量的分组差异性检验

Top5（N=32207）							
变量	集中度低		集中度高		差异检验			
	样本量（个）	均值	中位数	样本量（个）	均值	中位数	T 值	Z 值
Dumpay	16113	0.741	1	16094	0.675	1	8.769***	8.747***
Payratio	16113	0.270	0.217	16094	0.237	0.179	7.183***	9.149***
Payprofit	16113	0.235	0.175	16094	0.216	0.147	3.706***	6.735***
Payequity	16113	0.0220	0.015	16094	0.0173	0.011	12.067***	11.667***

Top1（N=29660）							
变量	集中度低		集中度高		差异检验			
	样本量（个）	均值	中位数	样本量（个）	均值	中位数	T 值	Z 值
Dumpay	14834	0.759	1	14826	0.691	1	8.045***	8.043***
Payratio	14834	0.282	0.224	14826	0.240	0.182	7.463***	8.935***
Payprofit	14834	0.251	0.184	14826	0.216	0.150	5.413***	7.652***
Payequity	14834	0.023	0.015	14826	0.017	0.011	11.674***	10.812***

---

① 在做分组检验时，分别将 top5、top1 和 CC 这三个指标对应的缺失值删除，算出的均值才能正确反映客户集中程度，所以 top5 指标分组的样本总量为 15306，top1 指标的分组的样本总量为 11083，CC 指标分组的样本总量为 11014。

变量	CC（N=29591）							
	集中度低		集中度高				差异检验	
	样本量（个）	均值	中位数	样本量（个）	均值	中位数	T值	Z值
Dumpay	14803	0.758	1	14788	0.694	1	7.429***	7.410***
Payratio	14803	0.279	0.208	14788	0.242	0.188	6.533***	7.462***
Payprofit	14803	0.251	0.175	14788	0.220	0.145	4.677***	6.072***
Payequity	14803	0.022	0.014	14788	0.018	0.012	10.057***	9.140***

注：*** 表示在1%的水平上显著。

表3-4列示了回归模型中变量的相关系数。根据分析可知：（1）客户集中衡量的 Top5、Top1 和 CC 三个指标与股利支付意愿和水平负相关，并且在1%的水平上显著，说明客户越集中，公司支付股利的意愿和水平越低，初步验证了假设 H1b，但是相关系数分析并没有控制其他变量，仍需多元回归进一步分析；（2）衡量股利支付意愿和水平的四个指标相关系数较大，并且在1%的水平上显著，说明这几个指标同时捕捉到了公司的股利支付行为，同时衡量客户集中的三个指标 Top5、Top1 和 CC 高度显著正相关，说明这三个指标也能够同时反映客户的集中程度；（3）其他控制变量的相关系数较小，说明回归方程不会存在严重的多重共线性问题。

二、基础回归

本书采用混合的 Logit 模型和 Tobit 模型，并采用了以公司聚类的稳健标准误，为了消除不同年度和行业的异质性，还同时控制了行业和年度的固定效应。表3-5 PanelA 报告了客户集中对股利支付意愿的回归结果。具体如下，第（1）列、第（2）列和第（3）列仅仅控制了行业和年度，而没有控制公司特征，第（4）列、第（5）列、第（6）列同时控制了公司特征和行业年度效应，结果显示，模型的 Wald chi^2 和 Pseudo R^2 有所提高，而且在控制了公司特征和行业年度效应后，Pseudo R^2 分别为 0.3486、0.3521 和 0.3529，P 值几乎都为 0，表明模型设定比较合理。而 Top5、Top1 和 CC 的回归系数在六列中都显著为负，虽然在第（4）列、第（5）列和第（6）列控制了公司特征后，Top5 系数从 -0.01 下降为 -0.003，显著性水平从1%下降到了10%，Top1 和 CC 系数也分别从 -0.015

表 3 - 4　相关系数分析

变量	Dumpay	Payratio	Payprofit	Payequity	Top5	Top1	CC	Lnsize	Lev	Cash
Dumpay	1									
Payratio	0.603***	1								
Payprofit	0.461***	0.683***	1							
Payequity	0.545***	0.597***	0.468***	1						
Top5	-0.078***	-0.051***	-0.038***	-0.087***	1					
Top1	-0.081***	-0.042***	-0.046***	-0.065***	0.895***	1				
CC	-0.066***	-0.038***	-0.045***	-0.039***	0.835***	0.960***	1			
Lnsize	0.175***	0.051***	-0.00700	0.112***	-0.133***	-0.031*	0.0110	1		
Lev	-0.207***	-0.191***	-0.193***	-0.184***	-0.085***	-0.0120	0.00400	0.475***	1	
Cash	0.166***	0.132***	0.132***	0.212***	0.0100	-0.00900	-0.00700	-0.234***	-0.435***	1
MB	-0.016**	-0.027***	0.0100	0.113***	0.120***	0.054***	0.034***	-0.475***	-0.462***	0.262***
Roa	0.415***	0.166***	0.135***	0.550***	-0.053***	-0.046***	-0.026***	-0.00300	-0.380***	0.295***
Growth	0.037***	-0.073***	-0.055***	0.030***	0.029***	0.029***	0.026***	0.061***	0.052***	0.021***
Retvol	-0.103***	-0.101***	-0.062***	-0.115***	0.062***	0.030***	0.0130	-0.166***	-0.0120	-0.017**
RE	0.430***	0.212***	0.156***	0.326***	-0.137***	-0.119***	-0.092***	0.259***	-0.164***	0.069***
Lh10	0.232***	0.157***	0.130***	0.249***	0.024***	0.031***	0.047***	0.174***	-0.114***	0.126***
Mshare1	0.168***	0.093***	0.118***	0.078***	0.0130	-0.037***	-0.044***	-0.274***	-0.346***	0.208***
Big4	0.076***	0.052***	0.023***	0.111***	-0.043***	0.012	0.029***	0.378***	0.098***	-0.063***
lnAge	-0.219***	-0.144***	-0.164***	-0.149***	-0.053***	0.022**	0.043***	0.320***	0.390***	-0.289***
Dual	0.039***	0.015*	0.038***	0.0100	0.00900	-0.026***	-0.029***	-0.154***	-0.153***	0.086***
SOE	-0.065***	-0.047***	-0.083***	-0.057***	0.00900	0.068***	0.070***	0.307***	0.303***	-0.133***

续表

	MB	Roa	Growth	Retvol	RE	Lh10	Mshare1	Big4	lnAge	Dual
MB	1									
Roa	0.285***	1								
Growth	0.063***	0.194***	1							
Retvol	0.328***	-0.047***	0.105***	1						
RE	-0.120***	0.430***	0.019**	-0.121***	1					
Lh10	0.051***	0.236***	0.123***	-0.016**	0.192***	1				
Mshare1	0.239***	0.148***	0.049***	0.074***	0.068***	0.222***	1			
Big4	-0.120***	0.040***	-0.023	-0.084***	0.094***	0.190***	-0.106***	1		
lnAge	-0.197***	-0.181***	-0.034**	-0.084***	-0.083***	-0.397***	-0.573***	0.066***	1	
Dual	0.135***	0.041***	0.015**	0.045***	-0.0110	0.025	0.249***	-0.065***	-0.217***	1
SOE	-0.265***	-0.119***	-0.064***	-0.100***	-0.00300	-0.051***	-0.483***	0.138***	0.403***	-0.280***

注：*** 表示在 1% 的水平上显著，** 表示在 5% 的水平上显著，* 表示在 10% 的水平上显著。

（－1.930）降低为－0.007（－1.164），显著性水平也从1%下降为5%，但仍然显著为负，表明客户集中程度越高，公司支付股利的意愿就会越低。表3－5 Panel B 报告了客户集中度对股利支付水平 Payratio 的影响，结果类似于表3－5 Panel A，Top5、Top1 和 CC 三个指标分别与股利支付水平负相关，并且至少在5%的水平上显著。总之，表3－5 稳健地支持了假设 H1b，即客户集中与股利支付意愿和水平负相关，表明客户越集中，公司支付股利的意愿和水平就越低。①

表3－5 Panel A　　　　　　　　客户集中与股利支付意愿

变量	(1) Dumpay	(2) Dumpay	(3) Dumpay	(4) Dumpay	(5) Dumpay	(6) Dumpay
Top5	－0.010 *** （－5.74）			－0.003 * （－1.67）		
Top1		－0.015 *** （－5.97）			－0.007 ** （－2.46）	
CC			－1.930 *** （－5.16）			－1.164 ** （－2.56）
Lnsize				0.408 *** （8.67）	0.425 *** （7.94）	0.421 *** （7.89）
Lev				－1.850 *** （－7.30）	－2.049 *** （－7.20）	－2.114 *** （－7.45）
Cash				1.289 *** （4.05）	1.297 *** （3.57）	1.326 *** （3.64）
MB				－0.182 *** （－7.11）	－0.192 *** （－6.54）	－0.199 *** （－6.77）
Roa				21.118 *** （17.38）	22.129 *** （15.38）	22.369 *** （15.56）
Growth				－0.176 *** （－3.08）	－0.231 *** （－3.31）	－0.238 *** （－3.46）
Retvol				－0.354 （－0.64）	－0.154 （－0.24）	－0.0350 （－0.05）

---

① Logit 模型估计股利支付意愿时，当解释变量为 top5 时，教育行业因为完全预测失败而导致 4 个观测值失效，所以样本为 32203 个；当解释变量为 top1 时，因为居民服务、修理服务和其他服务业完全预测成功导致 11 个观测值失效，教育业完全预测失败导致 2 个观测值失效，所以样本为 29647 个；当解释变量为 CC 时，因为居民服务、修理服务和其他服务业完全预测成功导致 10 个观测值失效，教育业完全预测失败导致 2 个观测值失效，所以样本观测值为 29579 个。

变量	(1) Dumpay	(2) Dumpay	(3) Dumpay	(4) Dumpay	(5) Dumpay	(6) Dumpay
RE				4.206 *** (17.00)	4.211 *** (14.64)	4.230 *** (15.15)
Lnage				-0.639 *** (-10.90)	-0.688 *** (-10.12)	-0.672 *** (-9.90)
Lh10				-0.001 (-0.55)	-0.002 (-0.75)	-0.002 (-0.77)
Mshare1				0.005 ** (2.13)	0.004 * (1.67)	0.004 * (1.66)
Big4				-0.152 (-0.86)	-0.143 (-0.63)	-0.132 (-0.58)
Dual				0.002 (0.03)	0.017 (0.21)	0.015 (0.18)
SOE				0.284 *** (3.24)	0.281 *** (2.78)	0.274 *** (2.72)
cons	0.715 *** (3.11)	0.835 *** (3.10)	0.747 *** (2.82)	-6.985 *** (-6.81)	-6.889 *** (-5.96)	-6.849 *** (-5.96)
行业/年度	YES	YES	YES	YES	YES	YES
N	32203	29647	29579	32203	29647	29579
Pseudo R^2	0.0355	0.0267	0.0250	0.3486	0.3521	0.3529

表 3 – 5 Panel B　　　　　　　　客户集中与股利支付水平

变量	(1) Payratio	(2) Payratio	(3) Payratio	(4) Payratio	(5) Payratio	(6) Payratio
Top5	-0.001 *** (-5.81)			-0.001 ** (-2.55)		
Top1		-0.002 *** (-4.81)			-0.001 *** (-2.66)	
CC			-0.261 *** (-3.58)			-0.136 ** (-2.36)
Lnsize				0.031 *** (5.30)	0.027 *** (4.15)	0.027 *** (4.17)

续表

变量	（1） Payratio	（2） Payratio	（3） Payratio	（4） Payratio	（5） Payratio	（6） Payratio
Lev				-0.351 *** （-10.17）	-0.367 *** （-9.73）	-0.375 *** （-9.93）
Cash				0.184 *** （4.97）	0.204 *** （4.91）	0.203 *** （4.87）
MB				-0.027 *** （-9.24）	-0.030 *** （-9.58）	-0.030 *** （-9.67）
Roa				0.761 *** （6.42）	0.675 *** （4.99）	0.684 *** （5.06）
Growth				-0.051 *** （-7.29）	-0.053 *** （-6.39）	-0.054 *** （-6.51）
Retvol				-0.174 *** （-2.61）	-0.159 ** （-2.14）	-0.147 ** （-1.98）
RE				0.436 *** （16.35）	0.431 *** （14.24）	0.434 *** （14.44）
Lnage				-0.052 *** （-7.73）	-0.051 *** （-6.97）	-0.050 *** （-6.75）
Lh10				0.001 *** （3.56）	0.001 *** （2.83）	0.001 *** （2.84）
Mshare1				0.000 （0.77）	0.000 （0.65）	0.000 （0.60）
Big4				-0.02 （-1.04）	-0.002 （-0.11）	-0.002 （-0.08）
Dual				-0.009 （-0.90）	-0.002 （-0.23）	-0.002 （-0.22）
SOE				0.005 （0.43）	-0.006 （-0.42）	-0.007 （-0.49）
cons	0.130 *** （2.78）	0.155 *** （2.85）	0.126 *** （2.59）	-0.375 *** （-2.85）	-0.268 （-1.59）	-0.248 * （-1.68）
行业/度度	YES	YES	YES	YES	YES	YES
N	32207	39660	29591	32207	39660	29591
Pseudo R^2	0.0243	0.0201	0.0184	0.2055	0.2059	0.2066

注：***表示在1%的水平上显著，**表示在5%的水平上显著，*表示在10%的水平上显著。括号内数值为t值。

表3-5中主要控制变量的影响分析如下：（1）公司规模Lnsize越大，支付

股利的意愿和水平越高，较大规模的公司通常情况下会产生规模效应，有较高的盈利能力；另外，在我国资本市场存在信息不对称的情况下，规模较大的公司面临的融资约束较低，因此，公司会提高股利支付的意愿和水平。（2）财务杠杆 Lev 与股利支付的意愿和水平显著负相关，公司的财务杠杆越高意味着财务风险就越大，公司为了应对可能的财务风险就会降低股利支付，保留较多的现金在公司内部应对风险。（3）公司的现金水平 Cash 与股利支付意愿和水平显著正相关，在其他条件不变的情况下，当公司的现金水平较高时，公司为了维护投资者关系和回报股东，就会提高股利支付的意愿和水平。（4）投资机会 MB 和销售增长率 Growth 与股利支付的意愿显著负相关，即公司的投资机会越多、销售增长率越高，支付股利可能性和水平都会降低。（5）公司的盈利能力 Roa 越强、留存收益越多，表明公司财务状况稳定，有较多的利润对股东进行分配，这与股利的生命周期理论相一致。（6）股票收益的波动性 Retvol 越大，公司股利支付水平会下降，当公司面临的不确定性越大时，外部的融资成本会大于内部融资成本，因此，公司会更多依赖内源融资，降低股利支付（Chay and Suh, 2009）。这些结论基本上与现有文献相吻合。

三、稳健性检验

表 3 – 5 Panel A 和表 3 – 5 Panel B 的结果表明，客户集中与股利支付的意愿和水平显著负相关。但是该结果仍可能不稳健，存在变量衡量偏误、内生性问题（反向因果、遗漏变量、样本自选择）的可能性，本部分拟从改变以下几个方面检验上述结果的稳健性。

（一）更换股利支付水平的指标、样本和模型

Payratio 仅仅是衡量股利支付水平的一种方式，是每股税前现金股利占每股净利润的比例。借鉴弗思等（2016）以及蔡伊和苏（2009）的研究，也可以将 Payprofit（每股税前现金股利/每股营业利润）和 Payequity（每股税前现金股利/每股净资产）作为衡量方式，分别从不同方面考察现金股利的支付水平，因此，本部分采用上述两个指标重复表 3 – 5 Panel B 中的回归。结果如表 3 – 6 所示：股利支付无论采用哪一种衡量方式，除了第（6）CC 存在不显著性外（但系数为负，且接近于显著），客户集中程度 Top5、Top1 和 CC 都与股利支付水平显著负相关，其他五列都在至少5%的水平上显著。就系数大小而言，与表 3 – 5 的系

数相比较，客户集中程度的系数有所下降，这主要是因为现金股利占营业利润和净资产的比例相对于净利润较小。总之，与表 3 - 5 的回归结果类似，进一步说明了客户集中能够降低企业的股利支付水平，并不受股利支付水平指标选取的影响。

已有文献在研究股利支付时，对净利润为负的样本有的剔除有的则保留（杨兴全等，2014；李小荣和罗进辉，2015）。表 3 - 5 中基本回归模型中没有删除净利润为负的样本量，为了进一步证实研究结论的稳健性，拟将净利润为负的样本 2416① 个剔除再次检验客户集中对股利支付意愿和水平的影响是否不变，模型同样控制了行业年度效应，标准误采用以公司为聚类的稳健标准误。具体结果如表 3 - 6 Panel B 所示：第（1）列、第（2）列和第（3）列报告了客户集中对股利支付意愿的影响，第（4）列、第（5）列和第（6）列报告了客户集中对股利支付水平的影响，可以发现：在剔除了净利润为负的样本后，与表 3 - 5 的系数和显著性水平相比，结果几乎保持一致，客户集中的三个变量都至少在 10% 的水平上显著，而且系数的大小也几乎不变，这表明不论是否包含该部分样本均不影响研究结论，结果具有一定的稳健性。

表 3 - 6 Panel A 　　　　　稳健性检验 1：改变股利支付水平衡量指标

变量	(1)	(2)	(3)	(4)	(5)	(6)
	Payratio	Payratio	Payratio	Payratio	Payratio	Payratio
Top5	- 0. 0008 ***			- 0. 0001 ***		
	(- 2. 94)			(- 2. 81)		
Top1		- 0. 0017 ***			- 0. 0001 **	
		(- 3. 26)			(- 2. 42)	
CC			- 0. 1888 ***			- 0. 0071
			(- 2. 98)			(- 1. 41)
Controls	YES	YES	YES	YES	YES	YES
cons	- 0. 3134 **	- 0. 192	- 0. 208	- 0. 0688 ***	- 0. 0627 ***	- 0. 0634 ***
	(- 2. 35)	(- 1. 30)	(- 1. 41)	(- 6. 66)	(- 5. 58)	(- 5. 65)
年度/行业	YES	YES	YES	YES	YES	YES
N	32207	29660	29591	32207	39660	29591
Pseudo R^2	0. 1617	0. 1545	0. 1537	0. 2641	0. 1649	0. 2523

---

① 2007 ~ 2021 年对应的样本分别为 55、160、113、63、95、182、167、193、253、159、178、204、175、214、205 个。

表 3 - 6 Panel B　　　　稳健性检验 1：剔除净利润为负的样本

变量	(1) Dumpay	(2) Dumpay	(3) Dumpay	(4) Payratio	(5) Payratio	(6) Payratio
Top5	- 0. 004 ** (- 1. 98)			- 0. 001 *** (- 2. 71)		
Top1		- 0. 008 *** (- 2. 64)			- 0. 002 *** (- 2. 59)	
CC			- 1. 293 *** (- 2. 87)			- 0. 115 * (- 1. 95)
Controls	YES	YES	YES	YES	YES	YES
cons	- 8. 299 *** (- 7. 10)	- 8. 134 *** (- 6. 23)	- 8. 015 *** (- 6. 25)	- 0. 471 *** (- 3. 50)	- 0. 312 ** (- 2. 21)	- 0. 326 ** (- 2. 31)
年度/行业	YES	YES	YES	YES	YES	YES
N	28960	28093	28025	28964	28098	28029
Pseudo R^2	0. 2792	0. 2819	0. 2817	0. 1821	0. 1908	0. 1900

表 3 - 6 Panel C　　　　稳健性检验 1：面板 Logit 和 Tobit 模型回归

变量	Xtlogit			Xttobit		
	Dumpay	Dumpay	Dumpay	Payratio	Payratio	Payratio
Top5	- 0. 003 * (- 1. 88)			- 0. 001 ** (- 2. 37)		
Top1		- 0. 008 ** (- 2. 23)			- 0. 001 ** (- 2. 31)	
CC			- 1. 3545 *** (- 2. 65)			- 0. 096 * (- 1. 89)
Controls	YES	YES	YES	YES	YES	YES
cons	- 18. 095 *** (- 17. 01)	- 17. 359 *** (- 13. 28)	- 17. 309 *** (- 13. 31)	- 0. 823 *** (- 8. 77)	- 0. 674 *** (- 6. 18)	- 0. 690 *** (- 6. 35)
N	32207	29660	29591	32207	29660	29591
Waldchi^2	1599. 18	1135. 98	1133. 41	1771. 27	1330. 47	1337. 76

注：*** 表示在 1% 的水平上显著，** 表示在 5% 的水平上显著，* 表示在 10% 的水平上显著，括号内数值为 t 值。

前面的基本回归主要采用混合的 Logit 和 Tobit 模型，忽略了个体的时间效应。本部分拟考虑不同截面在不同年度的个体效应，采用面板的 Logit 和 Tobit 模型进行回归，结果如表 3 - 6 Panel C 所示。数据显示：采用面板模型回归的结果基本与混合回归类似，股利支付意愿的经济显著性与统计显著性几乎不变，虽然 CC 对股利支付水平的经济影响略有下降，但统计显著性水平不变。总之，在考虑了面板的个体效应后，结果几乎不变，进一步稳健地支持了假设 H1b。

（二）控制滞后股利支付意愿和支付水平

经典的林特纳（1956）研究表明，管理层认为，投资者更喜欢稳定的股利政策，因此，公司倾向于向目标支付水平部分调整股利，而不是追求股利支付的突然变化，短期的股利支付会被平滑避免经常波动。布雷夫等（2005）也得出了与林特纳类似的结论，认为股利支付具有粘性和稳健性，支付股利的公司很难改变其行为。因此，我们认为，公司上期是否支付股利以及支付水平对当期的股利支付意愿和水平有持续影响。因此，本部分拟控制滞后一期的股利支付行为进一步考察客户集中对当期股利支付行为的影响，而且预计滞后一期的股利支付系数应当显著正相关。

表 3-7 列示了控制滞后一期股利支付变量后，客户集中程度对当期股利支付行为的影响。结果显示，上期的股利支付意愿 L. Dumpay 和水平 L. Payratio 对当期的股利支付行为显著正相关，印证了已有的研究结论，即股利政策具有黏性。与表 3-5 相比，表 3-7 中客户集中度的系数有所下降，显著性水平也有所降低，但是除了第（1）列不显著外（但也接近显著性水平），其他五列仍与股利支付行为显著负相关，排除了股利支付动态和粘性的影响，进一步稳健的支持了假设 H1b。

表 3-7 　　　　　　　　稳健性检验 2：控制滞后一期的股利支付

变量	（1）	（2）	（3）	（4）	（5）	（6）
	Dumpay	Dumpay	Dumpay	Payratio	Payratio	Payratio
Top5	-0.0025 (-1.63)			-0.0004** (-2.29)		
Top1		-0.0061** (-2.14)			-0.0009** (-2.49)	
CC			-0.9451** (-2.23)			-0.1262** (-2.17)
L. Dumpay	1.6221*** (23.79)	1.5836*** (20.51)	1.6768*** (21.23)			
L. Payratio				0.4165*** (22.65)	0.3804*** (18.48)	0.3810*** (18.45)

变量	（1）	（2）	（3）	（4）	（5）	（6）
	Dumpay	Dumpay	Dumpay	Payratio	Payratio	Payratio
Controls	YES	YES	YES	YES	YES	YES
cons	−5.8086 ***	−5.9521 ***	−5.8656 ***	−0.3108 ***	−0.2576 **	−0.2628 **
	（−6.21）	（−5.71）	（−5.65）	（−2.90）	（−2.11）	（−2.17）
年度/行业	YES	YES	YES	YES	YES	YES
N	29084	28092	28033	29084	28092	28033
Pseudo R^2	0.4012	0.3973	0.3981	0.2708	0.2610	0.2629

注：*** 表示在1%的水平上显著，** 表示在5%的水平上显著，括号内数值为 t 值。

（三）内生性问题

本部分主要关注反向因果、遗漏变量和样本自选择引起的内生性问题，拟采用解释变量和控制变量滞后一期解决反向因果的可能性、匹配倾向得分法解决可观测变量的遗漏变量问题、Heckman 两阶段解决样本自选择问题。具体如下：

1. 将解释变量和控制变量滞后一期

上述研究表明客户集中与公司股利支付意愿和水平显著负相关，但解释变量与被解释变量为同期数据，可能存在互为因果关系的内生性问题，从而使模型估计有偏，出现伪相关。为了消除该问题，本部分将解释变量和连续的控制变量滞后一期，重新回归表3-5中的模型。表3-8报告了前期的客户集中程度对当期股利支付意愿和水平的影响。结果显示：滞后一期的客户集中指标 Top5、Top1 和 CC 都显著地降低了当期的股利支付意愿和水平，相比表3-5中的 Panel A 和 Panel B 中的第（4）列、第（5）列和第（6）列而言，虽然整体模型的 Pseudo R^2 有所下降，但滞后一期的客户集中系数的经济重要性并没有下降，统计上也都在1%的水平上显著。因此，在缓解可能存在的反向因果产生的内生性问题后，客户集中仍与股利支付的意愿和水平显著负相关，稳健地支持了假设 H1b。

表3-8　　　稳健性检验3：将解释变量和连续控制变量滞后一期

变量	（1）	（2）	（3）	（4）	（5）	（6）
	Dumpay	Dumpay	Dumpay	Payratio	Payratio	Payratio
L. Top5	−0.005 ***			−0.001 **		
	（−3.43）			（−2.48）		
L. Top1		−0.012 ***			−0.001 ***	
		（−3.88）			（−3.11）	

续表

变量	(1)	(2)	(3)	(4)	(5)	(6)
	Dumpay	Dumpay	Dumpay	Payratio	Payratio	Payratio
L. CC			−1.623***			−0.172***
			(−3.86)			(−2.61)
Controls	YES	YES	YES	YES	YES	YES
Cons	−5.037***	−4.759***	−4.756***	−0.295**	−0.251*	−0.249*
	(−4.99)	(−4.11)	(−4.15)	(−2.21)	(−1.73)	(−1.72)
行业/年度	YES	YES	YES	YES	YES	YES
N	28982	27994	27925	28982	27994	27925
Pseudo R^2	0.2603	0.2600	0.2612	0.1617	0.1649	0.1646

注：*** 表示在1%的水平上显著，** 表示在5%的水平上显著，* 表示在10%的水平上显著，括号内数值为 t 值。

2. 倾向得分匹配法（PSM）

模型可能存在遗漏变量的内生性，而该遗漏变量可能同时与股利支付和客户集中度相关。具体而言，如果模型中的控制变量没有很好地捕捉到集中客户和分散客户的差异，那么客户集中的衡量指标将会出现非线性效应，可能会使得模型估计有偏，存在伪相关的可能性（Dhaliwal et al.，2016）。因此，本部分拟采用倾向得分匹配法来控制可能存在的可观测变量遗漏问题产生的内生性问题[①]。以Top5 为例，以企业当年的 Top5 是否大于样本中位数为标准来划分处理组和控制组[②]，采用 Logit 回归计算倾向得分，以股票收益波动率 Retvol、资产规模 Lnsize、盈利能力 Roa、财务杠杆 Lev、销售收入增长率 Growth、产权性质 SOE、公司年龄 Lnage、市账比 MB、是否较高的自由现金流 Mfcf、是否较多的投资机会 mq、行业赫芬达尔指数 HHI 为匹配变量，基于企业当年的数据进行倾向得分匹配（PSM）分析，采用模型最为常用的可放回的"最近邻匹配"（nearest neighbor matching）方法对处理组和控制组进行匹配，当处理变量为 Top5（Top1 和 CC）时，最终匹配上的样本为 26724（25447 和 25378）个。表 3−9 Panel A 列示了匹配前后样本特征的平衡假设检验，结果显示，除了 Lnage 和 SOE 外，其他所有变

---

① Dhaliwal et al.（2016）在文章"Customer Concentration Risk and the Cost of Equity Capital"中指出匹配倾向得分法可以解决遗漏可观测变量导致模型设定的非线性效应。

② 表 3−9 Panel A、Panel B 和图 3−1 仅列示了 Top5 结果，Top1 和 CC 几乎一致，而 Panel C 中则同时报告了客户集中三个变量的多元回归结果。

量匹配后在处理组和控制组之间没有显著差异（P 值都大于 10%），而且在匹配后各变量标准偏差的绝对值都控制 5% 在以内，且组间均值差异都不显著，基本上满足 PSM 的平衡假设（balance test）。

表 3 - 9 Panel A　　　　　　　　　PSM 的平衡假设检验

变量	样本	均值		% bias	% reduct bias	t-test	
		Treated	Control			t	p > t
Lnsize	Unmatched	21.779	22.1680	-31.9		-19.75	0.000
	Matched	21.779	21.7730	0.5	98.5	0.32	0.749
Lev	Unmatched	0.4245	0.4527	-13.6		-8.4	0.000
	Matched	0.4245	0.4258	-0.7	95.1	-0.4	0.686
MB	Unmatched	2.4414	2.0758	18.7		11.56	0.000
	Matched	2.4414	2.4226	1.0	94.9	0.56	0.575
Roa	Unmatched	0.0374	0.0436	-12.3		-7.64	0.000
	Matched	0.0374	0.0372	0.4	96.5	0.26	0.795
Growth	Unmatched	0.2119	0.1888	4.9		3.04	0.002
	Matched	0.2119	0.2105	0.3	93.7	0.18	0.855
Retvol	Unmatched	0.1603	0.1511	14.5		8.95	0.000
	Matched	0.1603	0.1613	-1.5	89.7	-0.85	0.395
Lnage	Unmatched	1.8598	1.9687	-12.2		-7.53	0.000
	Matched	1.8598	1.8317	3.2	74.1	1.89	0.059
SOE	Unmatched	0.4188	0.4434	-5.0		-3.07	0.002
	Matched	0.4188	0.4045	2.9	41.8	1.8	0.073
Mfcf	Unmatched	0.4705	0.5309	-12.1		-7.48	0.000
	Matched	0.4705	0.4772	-1.3	88.9	-0.83	0.408
mq	Unmatched	0.5604	0.4638	19.4		12.01	0.000
	Matched	0.5604	0.5615	-0.2	98.9	-0.13	0.896
hhiyr	Unmatched	0.1069	0.1072	-0.3		-0.2	0.845
	Matched	0.1147	0.1153	-0.5	94.3	-0.33	0.745

表 3 - 9 Panel B　　　　　　　　　PSM 的平均处理效应（ATT）

变量	样本	处理组	控制组	差异	标准误	T 值
Dumpay	Unmatched	0.6731	0.7379	-0.0648	0.0073	-8.82 ***
	ATT	0.6731	0.6917	-0.0185	0.0101	-1.84 *
Payratio	Unmatched	0.2375	0.2702	-0.0327	0.0045	-7.21 ***
	ATT	0.2375	0.2516	-0.0141	0.0062	-2.27 **

表 3 –9 Panel C   PSM 的多元回归分析

变量	(1) Dumpay	(2) Dumpay	(3) Dumpay	(4) Payratio	(5) Payratio	(6) Payratio
Top5	− 0.003 * (− 1.78)	− 0.001 ** (− 2.23)				
Top1			− 0.007 *** (− 2.69)	− 0.001 *** (− 2.62)		
CC					− 1.151 ** (− 2.38)	− 0.083 (− 1.45)
Control	YES	YES	YES	YES	YES	YES
行业/年度	YES	YES	YES	YES	YES	YES
N	26724	26724	25436	25447	25370	25378
Pseudo R²	0.3583	0.2153	0.3590	0.2114	0.3577	0.2151

注：*** 表示在1%的水平上显著，** 表示在5%的水平上显著，* 表示在10%的水平上显著，括号内数值为 t 值。

PSM 最终匹配的效果还需要考察是否满足共同支撑假设（common support），该假设要求完成匹配后，处理组和控制组的 PS 值的分布形态基本保持一致。图 3 –1a 和图 3 –1b 分别给出来处理组和控制组在配对前后的核密度函数分布图，可以看出，在匹配前处理组的 PS 值分布重心要高于控制组。而在匹配后，控制组的 PS 值的分布重心明显右移，分布形态与处理组已经非常接近。因此，我们认为 PSM 的共同支撑假设得到了满足。

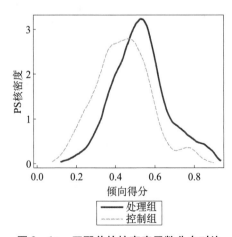

图 3 –1a 匹配前的核密度函数分布对比

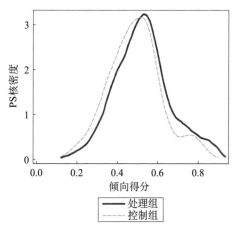

图 3 –1b　匹配后的核密度函数分布对比

表 3 –9 Panel B 报告了 PSM 的平均处理效应，匹配后的结果变量 Dumpay 在处理组和控制组的均值差异为 – 0.0185，T 值为 – 1.84，在 10% 的水平上显著，表明在控制了公司特征后，相比客户较分散的公司而言，客户较集中的公司更不愿意支付股利，并且通过了差异检验；匹配后结果变量 Payratio 在处理组和控制组间的均值差异为 – 0.0141，T 值为 – 2.27，表明在控制了公司特征后，相比客户较为分散的公司，客户相对集中的公司更可能支付较低的股利，而且这种差异在 10% 的显著性水平上通过检验。总之，PSM 平均处理效应也支持了假设 H1b。

表 3 –9 Panel C 报告了 PSM 的多元回归结果，以匹配上的 Treatment 和 Control 组为样本，同样控制了行业和年度效应，并采用稳健的聚类标准误。数据结果表明：在控制了公司可能存在的遗漏变量产生的内生性问题后，虽然系数和显著性水平略微有所下降，CC 系数（第 6 列）不显著但仍然为负，但是其他列 Top5、Top1 仍然与股利支付意愿和水平显著负相关。总之，PSM 检验进一步验证了假设 H1b。

3. Heckman 两阶段回归

具有某类公司特征的上市公司可能本身就具有较高的客户集中度，而具有该类特征的公司本身也有较低的股利支付意愿和水平，那么样本就会有自选择问题，可能存在伪相关。为了解决这种可能的自选择问题，本部分拟采用 Heckman 两阶段法，在第一阶段中，将变量 Top5、Top1 和 CC 按样本中位数划分，大于样本中位数取 1，否则取 0。借鉴达里沃等（2016）的做法，将 Top5、Top1 和 CC 的行业平均客户集中度的滞后两期作为外生变量，即 LindTop5、LindTop1 和 LindCC。行业平均客户集中度与公司的客户集中度相关，同行业公司之间的生产经营活动和产品特性具有类似性，同时又与公司的股利支付不相关，因此，符合外生变量的要求。在第一阶段得到预测值的基础上，计算出逆米尔斯比率（inverse mills ratio），并将其代入第二阶段中。第二阶段回归结果如表 3 - 10 所示，其中第（1）列和第（2）列报告了按照 Top5 中位数分组的情况，第（3）列和第（4）列报告了按照 Top1 的分组情况，第（5）列和第（6）列报告了按照 CC 的分组情况，分别对应 LindTop5、LindTop1 和 LindCC 作为外生变量。在第一阶段的回归结果中滞后两期的行业均值 LindTop5、LindTop1、LindCC 与 Top5、Top1 和 CC 的二值变量显著正相关，且在 1% 的水平上显著，并且销售增长率越高、盈利能力较低、资产规模较小的公司倾向于有较高的客户集中程度。在第二阶段中，逆米尔斯比率系数与股利支付意愿或水平在 10% 的水平上显著，表明样本确实存在一定的自选择问题。而在控制了逆米尔斯比率之后，Top5、Top1 和 CC 三个指标的系数仍然显著为负，并且至少在 5% 的水平上显著，结果表明在控制了自选择问题后，客户集中仍然与股利支付的水平显著负相关，稳健地支持假设 H1b。

表 3 -10　　　　　　　　　　Heckman 两阶段回归

变量	（1）Dumpay	（2）Payratio	（3）Dumpay	（4）Payratio	（5）Dumpay	（6）Payratio
Top5	- 0. 003 **（- 2. 32）	- 0. 001 ***（- 2. 82）				
Top1			- 0. 008 ***（- 2. 63）	- 0. 001 **（- 2. 48）		
CC					- 1. 245 ***（- 2. 89）	- 0. 162 **（- 2. 28）
Controls	YES	YES	YES	YES	YES	YES
Mills1	- 0. 299 *（- 1. 81）	- 0. 052 *（- 1. 88）				
Mills2			- 0. 321（- 1. 18）	- 0. 059 *（- 1. 66）		
Mills3					- 0. 407（- 1. 29）	- 0. 072（- 1. 48）
cons	- 6. 854 ***（- 5. 81）	- 0. 258 *（- 1. 72）	- 7. 233 ***（- 5. 47）	- 0. 225（- 1. 34）	- 7. 287 ***（- 5. 45）	- 0. 234（- 1. 37）
N	25066	25066	24847	24851	24841	24843
Pseudo R²	0. 3262	0. 1712	0. 3319	0. 1721	0. 3335	0. 1715

注： *** 表示在 1% 的水平上显著，** 表示在 5% 的水平上显著，* 表示在 10% 的水平上显著，括号内数值为 t 值。

四、进一步分析

（一）客户集中对股利支付动态调整的影响

已有研究结果表明，客户集中降低了公司股利支付的意愿和水平。本部分拟进一步动态检验前后两年公司发放股利的倾向是否会受到客户集中度的影响。将总体样本划分为上年发放股利和不发放股利两个子样本，进一步探讨（1）在上期不发放股利的子样本中，客户集中对本期发放股利可能性的影响①；（2）在上年度发放股利的子样本中，客户集中对本期停止发放股利可能性的影响。根据前面的分析，客户的掠夺效应会致使公司减少股利发放应对未来的不确定性，因此，我们预计在上年发放股利的子样本中，客户集中与公司当年不发放股利的可能性显著正相关；相反，在上年不发放股利的子样本中，客户集中与公司当年发放股利的显著负相关。为了检验上述问题，进行如下处理：（1）定义二值虚拟变量 a，在上年度不发放股利的子样本中，如果当年发放股利，a 值取 1，否则取 0；（2）定义二值虚拟变量 b，在上年发放股利的子样本中，如果当年停止发放股利，b 值取 1，否则取 0。

表 3-11 报告了客户集中对股利支付动态行为的影响，第（1）列、第（2）列和第（3）列样本为上年不发放股利的子样本，数据显示：Top5 虽然不显著，但为负，而 Top1 和 CC 都在 10% 的水平上显著为负，即在上年不发放股利的子样本中，客户集中会降低当年发放股利的可能性；第（4）列、第（5）列和第（6）列的样本为上年发放股利的子样本，数据结果显示：Top5（Top1 和 CC）分别在 10% 和 5% 的水平上显著为正，表明在上年发放股利的样本中，客户集中度越高，当年停止发放股利的可能性越大。总之，该部分结论与前面的主假设 H1b 相呼应，客户集中度不仅仅能够减少当期的股利支付意愿和水平，而且对公司前后两年是否支付股利的动态行为也有显著影响，同时也表明客户集中在一定程度上能够解释我国上市公司股利稳定性较差（股利支付次数不连续）这一现象。

---

① 此处关注上年不发放而当年发放的情况，而不是上年不发放当年也不发放，是因为后者观测不到前后两年之间的变动情况，所以关注前者。

表 3 – 11　　　　　　　　客户集中对股利支付的动态影响

变量	a	a	a	b	b	b
	（1）	（2）	（3）	（4）	（5）	（6）
Top5	-0.003			0.004 *		
	（-0.16）			（1.78）		
Top1		-0.005 *			0.006 **	
		（-1.72）			（2.34）	
CC			-1.126 *			1.225 **
			（-1.78）			（2.39）
Controls	YES	YES	YES	YES	YES	YES
cons	-5.709 ***	-5.990 ***	-5.796 ***	5.074 ***	4.767 ***	4.848 ***
	（-3.73）	（-3.51）	（-3.36）	（4.63）	（3.66）	（3.74）
行业/年度	YES	YES	YES	YES	YES	YES
N	7782	7385	7231	24425	22575	22361
Pseudo R^2	0.2522	0.2446	0.2465	0.3043	0.2881	0.2880

注：*** 表示在1%的水平上显著，** 表示在5%的水平上显著，* 表示在10%的水平上显著，括号内数值为 t 值。

（二）客户集中对股利平滑的影响

林特纳（1956）的经典研究认为，公司倾向于向目标支付水平部分调整股利，短期内管理层会平滑股利，从而避免股利的经常波动。后来的经验研究也支持了林特纳的结论。布雷夫等（2005）的研究也表明，管理层愿意筹集资金甚至放弃净现值为正的投资以避免削减股利；同时王（2012）采用1981～2006年的美国数据研究表明，客户关系会影响到公司股利的平滑。本部分拟借鉴其研究方法，考察其在我国上市公司的适用性。据前面分析可知，客户的掠夺效应降低了公司股利的支付意愿和水平，对现有股利政策是一种负面冲击，而股利平滑正是现有股利政策的继续和延伸，因此，预计当客户集中度较高时，对股利平滑的负面冲击较大；相反，当客户集中度较低时，对股利平滑的负面冲击较小。借鉴林特纳（1956）和王（2012）的研究，拟检验下列模型：

$$Payratio_{i,t} - Payratio_{i,t-1} = \alpha_0 + \alpha_1 Payratio_{i,t-1} + \sum_{i=2}^{k} \alpha_i Controls_{i,t} + \varepsilon_{i,t}$$

（3-3）

将样本按照 Top5、Top1 和 CC 的行业年度中位数划分为高低两组，采用混合 OLS 回归，并检验自变量 $Payratio_{i,t-1}$ 系数在两组之间的差异，以对比分析客户集中程度对股利平滑的影响。被解释变量为前后两期的股利支付水平差异，控制变量与前面一致。

表 3-12 的样本为样本期间内至少支付过一次现金股利的公司。第（1）列和第（2）列按照 Top5 分组，第（3）列和第（4）列按照 Top1 分组，第（5）列和第（6）列按照 CC 分组，第（1）列、第（3）列和第（5）列为客户集中指标（Top5、Top1 和 CC）小于样本中位数的样本，第（2）列、第（4）列和第（6）列为客户集中指标大于样本中位数的样本，虽然 L. Payratio 在各个分组变量中都显著为负，但是第（1）列和第（2）列的差异性检验 P = 0.0966（Bootstrap 重复抽样 1000 次），在 10% 水平上显著，而第（3）列和第（4）列差异检验 P = 0.0639 在 10% 的水平上显著，而第（5）列和第（6）列差异检验 P = 0.0086 在 5% 的水平上显著，因此，我们认为，相对于客户集中较低组，在客户集中较高组，股利平滑受到的负向冲击更大，进一步佐证了假设 H1b。

表 3-12　　　　　　　　　　　客户集中对股利平滑的影响

变量	Top5		Top1		CC	
	（1）低	（2）高	（3）低	（4）高	（5）低	（6）高
	D. Payratio	D. Payratio	D. Payratio	D. Payratio	D. Payratio	D. Payratio
L. Payratio	− 0.6132 ***	− 0.6908 ***	− 0.6125 ***	− 0.6834 ***	− 0.6103 ***	− 0.7214 ***
	（− 22.31）	（− 30.19）	（− 23.63）	（− 31.20）	（− 22.45）	（− 28.07）
Controls	YES	YES	YES	YES	YES	YES
cons	0.5236 ***	0.6046 ***	0.5381 ***	0.4518 ***	0.4985 ***	0.5105 ***
	（4.38）	（4.84）	（4.30）	（4.11）	（3.48）	（3.03）
行业/年度	YES	YES	YES	YES	YES	YES
N	11698	11813	10689	10963	10725	10876
Adjusted R^2	0.339	0.376	0.332	0.382	0.323	0.389
F	24.64	32.93	24.56	32.95	17.28	30.76

注：*** 表示在 1% 的水平上显著，括号内数值为 t 值。

（三）客户集中对异常低派现的影响

我国上市公司长期存在着不分红或象征性分红的异常低派现现象（伍利娜等，2003）。根据表 3-2 可知，虽然约 70% 的上市公司支付了股利，但是股利支付率仍很低，仅仅占净利润的 25.3%，表明在我国证监会一系列政策出台后，虽然"铁公鸡"公司有所下降[①]，但是股利支付率仍旧较低。已有文献重点关注了

_____

[①]　2008 ~ 2012 年 A 股分红上市公司的比例分别为 53.16%、55.38%、61.81%、67.8% 和 62%（李小荣和罗进辉，2015）。

公司治理等对异常低派现的影响（刘孟晖，2011）。由前面研究结论可知，客户集中的掠夺风险降低了公司的股利支付，那么其是否也能进一步解释上市公司的微股利现象？本部分拟拓展已有研究，从产品市场上探讨客户集中的经营风险能否解释微股利现象。采用两种方式界定异常低派现 ALD：（1）借鉴伍利娜等（2003）和刘孟晖（2011）的研究将异常低派现定义为：每股派现额小于 0.1 或为 0，并且满足股利分派率小于 100%（ALD1）；（2）借鉴魏志华、李茂良和李常青（2014）的研究，也同时采用了股利支付率小于 0.1 或者每股税前现金股利小于 0.05 的衡量方式（ALD2）。并采用二值变量衡量 ALD，如果满足异常低派现取 1，否则取 0。

表 3 – 13 报告了客户集中对异常低派现的影响。具体而言：第（1）列、第（2）列和第（3）列的被解释变量为 ALD1，第（4）列、第（5）列和第（6）列的被解释变量为 ALD2，无论采用哪种方式衡量被解释变量，客户集中的三个指标与异常低派现显著正相关，表明客户集中越高，公司支付异常低股利的可能性越大，支持客户集中的掠夺风险效应。另外，为了缓解反向因果，将自变量及控制变量滞后一期，结果仍然保持不变。该结论进一步佐证了假设 H1b。

表 3 – 13　　　　　　　　客户集中对异常低派现的影响

变量	(1) ALD1	(2) ALD1	(3) ALD1	(4) ALD2	(5) ALD2	(6) ALD2
Top5	0.004 *** (3.56)			0.006 *** (3.23)		
Top1		0.005 ** (2.51)			0.005 ** (2.29)	
CC			0.833 ** (2.38)			0.787 ** (2.28)
Controls	YES	YES	YES	YES	YES	YES
行业/年度	YES	YES	YES	YES	YES	YES
cons	10.967 *** (11.28)	10.602 *** (9.89)	10.732 *** (9.99)	7.757 *** (8.51)	8.069 *** (7.78)	8.200 *** (7.87)
N	32207	29660	29591	32207	29660	29591
Pseudo R^2	0.2945	0.2938	0.2952	0.2987	0.3070	0.3083

注：*** 表示在 1% 的水平上显著，** 表示在 5% 的水平上显著，括号内数值为 t 值。

本章小结

本章以 2007~2021 年沪深 A 股上市公司为样本，分别以前五客户销售占比合计、第一大客户销售占比和前五客户的赫芬达尔指数为解释变量，研究了客户集中度对公司股利支付意愿和水平的影响。研究结果表明：（1）客户集中度与股利支付意愿和水平显著负相关，而且在更换了变量和模型、控制了内生性问题（反向因果、遗漏变量和样本自选择）、考虑了股利支付的"黏性和稳健性"后，该结论仍然成立；（2）本章还进一步分析了客户集中度对股利支付动态调整、股利平滑和异常低派现的影响，与基本逻辑一致，客户集中能够影响到公司的股利支付行为，与停止发放股利的概率显著正相关，而与开始发放股利的概率显著负相关，而且对公司股利平滑的行为有显著的负向冲击，在一定程度上也能够解释公司的低派现现象。

大客户作为企业外部产品市场上的主要非投资者利益相关者，能够对企业的多方面经营活动产生影响，正如我国在 35 项《公开发行证券的公司信息披露内容与格式准则》具体准则中共有 13 项都涉及对客户信息的披露，足以说明大客户对企业经营活动的重要性：一方面，大客户会给企业带来收益效应，供应链上存在合作与协同效应，客户集中能够减少公司的酌量性费用，减少存货持有量，提高资产周转率，缩短现金回收期，提高公司的会计业绩，同时大客户关系还能促进与客户进行联合投资，强化供应链的稳定性，增加收益稳定性；但另一方面大客户也会给公司带来"风险效应"，利用公司专有资产的"被套牢"风险，具有强势地位的大客户通常能够通过合同的重新谈判攫取公司的利润，并且客户集中加大了客户流失的风险。这两种效应会对公司的股利支付产生截然相反的影响。研究结论表明大客户的掠夺效应占优，公司降低了股利支付的意愿和水平，以缓解客户集中带来的未来不确定性。

第四章

客户集中度影响现金股利的作用机制

第一节 问题的提出

大客户作为企业外部产品市场上的主要非投资者利益相关者，能够对企业多方面的经营活动产生影响。第三章将大客户的影响拓展到了对公司的利润分配方面，结论表明企业的客户群越集中，支付股利的意愿和水平就会越低，但是客户集中影响股利支付的负向程度是否在不同的条件下有所不同？因此，本章在第三章的基础上，进一步研究客户集中影响股利支付的作用机制，究竟是什么因素影响了两者负向关系的程度。本章试图以客户关系①为切入点，研究客户集中度与股利支付的负向关系是否会随客户关系的不同而不同。具体而言，客户影响公司经营活动的能力要受到客户关系的影响，在客户关系良好的情况下，客户集中更可能提高公司的盈利能力，在其他条件不变的情况下，会削弱客户集中与股利支付之间的负向关系；相反，在客户关系较坏的情况下，更可能降低公司的盈利能力，在其他条件不变的情况下，会强化客户集中与股利支付之间的负向关系，因此，需要结合客户关系来探讨客户影响股利支付的作用机制。

已有文献表明，客户集中能够影响到公司的盈利能力。有的学者认为，客户集中能够降低公司的存货持有水平，加快存货周转率，减少酌量性费用，缩短现金回收期，提高会计业绩（Ak and Patatoukas，2016；Patatoukas，2012）；但也

---

① 此处的客户关系主要指客户关系是否良性，强势客户压榨公司的程度，基于此客户关系的性质主要采用侵占资源的程度来衡量。

有学者认为，强势客户会争取优惠的交易条款（Gosman，2004），损害公司的盈利能力，侵蚀公司利润（Schumacher，1991；唐跃军，2009），而艾尔文（2015）则引入客户关系周期理论试图动态协调两者之间的不一致。这些研究表明，客户集中能够影响公司经营活动进而影响利润分配基础，是影响股利支付的潜在影响因素，而第三章的研究结果表明，客户集中的掠夺效应占优，客户集中与股利支付的意愿和水平显著负相关，但是这种关系可能会因为客户关系是否良好表现出不同程度的负向关系，主要是客户关系的性质影响公司经营活动的程度不同，良好的客户关系会提升供应链上的合作和协同效应，实现信息的有效共享（Schloetzer，2012），加速存货周转，因此，有可能缓解客户集中与股利支付的负向关系；而非良性的客户关系，具有较强谈判能力的客户会延迟支付货款，无偿占用公司的商业信用，产品市场需求信息得不到及时有效的沟通，可能造成企业存货积压，减值损失严重，使公司业绩受损，更可能进一步降低公司支付股利的能力。因此，客户关系是否良好可能会对客户与股利支付之间的负向关系产生影响。而目前除了王（2012），国内外关于客户对股利政策影响的研究比较匮乏，特别是客户影响股利支付的作用机制。

本章进一步丰富第三章的研究，挖掘影响客户集中与公司股利支付关系的作用机制，完善逻辑链条，以期丰富客户关系经济后果和股利支付影响因素的文献。

第二节　理论分析与研究假设

客户是公司经营活动中的主要利益相关者，对客户的销售情况直接关系到公司的存货、商业信用、收入费用等方方面面（Kalwani and Narayandas，1995；Patatoukas，2012；Ak and Patatoukas，2016），从而影响到公司最终的经营业绩和利润的实现，而股利正是对利润的分配，所以股利会受到客户集中度的影响，而这种关系又受到产品能否快速销售、应收账款是否被侵占及现金流稳定的影响。因此，在研究客户集中对公司股利支付的影响程度时，需要考虑上述因素。本部分将存货流转率、商业信用占用和现金流的稳定性作为衡量客户关系是否良好的标准，考察在其他条件既定的情况下，客户关系是否会影响客户集中与股利支付的负向关系。

一、存货周转率的作用机制

公司与客户之间最直接的经济联系是销售产品，而存货周转率则是公司产品销售状况的主要衡量指标之一。派特卡斯（2012）的研究表明，客户集中与存货周转率的影响显著正相关，系数为 3.924，显著性水平为 1%[1]，表明客户集中加速了存货周转率。主要是良好的客户关系能够使得公司与客户及时交流产品需求信息，有助于公司制订较为合理的采购和生产计划，同时良好的供应链合作关系也有利于改进产品缺陷、优化产品设计、推动产品创新（Hsu et al.，2015），帮助企业更好地适应市场需求，加速存货流转，从而避免了存货积压和减值损失的可能性，同时也降低了公司的生产成本和存货管理成本。库尔普（2002）也支持了这一观点，库尔普以零售商为研究对象，研究表明在良好的客户关系下，客户可以通过 VMI 或 JIT 系统将其库存决策和其需求信息传递给公司，公司可以据此选择最优的订单和生产数量，从而降低存货持有水平，提高存货管理的效率。因此，可以采用存货周转率的高低来表示客户关系是否良好，良好的客户关系能够加速公司的存货周转速度；相反，当客户关系处于非良性状态时，存货周转率就会较低。一方面，有效需求信息得不到有效沟通，可能会使得公司的生产计划不够合理，产品与市场需求偏好脱节，造成产品滞销，存货积压；另一方面，客户也可能出于自利动机故意使之从而迫使公司降价销售，提高自身议价能力，蚕食公司利润。因此，存货周转率可以作为衡量客户关系好坏的代理变量，当存货周转率较高时，表明供应链上摩擦较小，协同效应较好，客户的掠夺效应较小，公司的运营环境较好，客户集中与股利支付的负向关系会得到缓解；相反，当存货周转率较低时，表明供应链上并未发挥协同效应，存在着交易摩擦，掠夺行为严重，公司利润受损严重，两者的负向关系会更显著。

基于以上分析，提出本章假设：

H1：在其他条件既定的情况下，当存货周转率较低时，客户集中度与股利支付的负向关系更显著；当存货周转率较高时，两者的负向关系会弱化。

---

[1] Patatoukas（2012）题目为"Customer-base concentration: implications for firm performance and capital markets"文章研究也表明客户集中与应收账款正相关，系数为 0.809，在 5% 的水平上显著，所以假设 2 中也采用了应收账款衡量。

二、应收账款占比的作用机制

商业信用是供应链相对议价能力的产物。当客户的议价能力较高时，客户可以享受优惠的交易条款，如提供金额较大的商业信用、延长付款期限（Gosman，2004），从而使得公司的流动资金受到侵占（李任斯和刘红霞，2016），增加公司的营运成本，这不仅会影响到公司日常经营资金的周转速度，还会增加额外收账成本，同时还存在坏账呆账的可能性，增加了公司的经营成本，特别是在客户申请破产的情况下，公司可能将无法收回账款，必定给公司利润的实现带来负面影响。乔利恩和张（Jorion and Zhang，2009）研究发现，当公司给客户提供较多的商业信用时，在客户宣告破产时会有较大的负向异常回报；达里沃等（2016）的研究表明，在公司的应收账款较多时，客户集中与权益资本成本的正向关系更显著，商业信用是客户对公司的一种掠夺行为，会影响到公司的会计业绩和市场表现。总之，当客户关系较为良好时，则会现销较多赊销较少，降低应收账款占比，能够提高供应链的整体盈利能力，可能会缓解客户集中与股利支付的负向关系；反之，当客户关系非良性时，应收账款的侵占行为较严重，会降低公司的盈利能力和利润变现能力，客户集中与股利支付的负向关系可能更显著。

基于以上分析，提出本章假设：

H2：在其他条件既定的情况下，当应收账款占比较高时，客户集中度与股利支付的负向关系更显著；当应收账款占比较低时，两者的负向关系会弱化。

三、现金流的作用机制

根据第二章的描述性统计可知，对前五客户的销售占比约占公司销售总额的1/3，因此，客户对公司的现金流有重要影响。如果客户关系较好，供应链上会发挥协同效应，公司的存货周转率较快，客户对公司流动资产的侵占较少，货款收入回收较快，坏账呆账较少，营运成本较低，交易双方能够在关系中实现利益最大化，因此，交易关系会较稳定，持续时间较长，为公司现金流提供了有力的保障；相反，如果客户关系较差，强势客户会加强对公司的掠夺和侵占，加大了供应链的断裂风险，公司的销售收入也因此无法得到保障，现金流风险较大。无论是存货周转率的快慢还是应收账款占比的高低，最终都体现为公司的现金流是否稳定，因此，也可以采用现金流的稳定性衡量客户关系。更进一步分析，当客户关系较好时，公司的现金来源较稳定，不仅仅为当期发放股利提供了资金来源，而且也降低了未来的可预测风险，在其他条件既定的情况下，可以弱化客户集中与股利支付的负向关系；而当客户关系较差时，供应链的不稳定会导致销售收入和现金流的不确定性，加大公司陷入财务危机的概率，管理层和投资者的风险预期随之增加，需要将较多的现金留存在公司内部，因此，在其他条件既定的情况下，会加剧客户集中与股利支付的负向关系。

基于以上分析，提出本章假设：

H3：在其他条件既定的情况下，当现金流稳定性较差时，客户集中度与股利支付的负向关系更显著；当现金流较稳定时，两者的负向关系会弱化。

第三节　研究设计

一、样本选择

本章试图检验客户关系对客户集中度与股利支付负向关系的调节机制。样本期间和来源同第三章，样本期间为 2007～2021 年，财务数据来自 CSMAR 数据库，客户数据来自数据库中的财务报表附注，并通过手工整理得到。本章初始数据源于第三章最终得到的 3753 家公司的 34542 个样本观察值，其中披露了前五客户销售合计的样本为 32207 个，披露了第一大客户销售占比的样本为 29660 个，分别披露了前五客户销售占比的样本为 29591 个[①]，并在此基础上加入衡量客户关系的存货周转率、应收账款占比、现金流稳定性以及衡量行业竞争环境的行业赫芬达尔指数 HHI 四个新指标[②]，其中前两个指标直接来源于 CSMAR 数据库，而行业的赫芬达尔指数 HHI 是根据销售收入按行业年度计算得出，存货周转率样本量为 34538 个企业—年度样本，应收账款占比的样本量为 34542 个企业—年度样本，现金流稳定性样本量为 32647 个企业—年度样本，行业赫芬达尔指数 HHI 为 34542 个企业—年度样本。同时为了消除离群值的影响，将所有连续变量进行了 1% 的 Winsorize 缩尾处理。

---

① 其中有 69 个样本没有完全披露前五客户销售占比，所以导致 top1 的样本比 CC 的样本多 69 个。
② 行业赫芬达尔指数 HHI 在进一步分析中使用。

二、模型设计

本章在第三章模型（3−1）和模型（3−2）的基础上，按照客户关系性质进行分组，检验客户关系对客户集中度与股利支付负向关系的调节作用。为了检验本章假设 H1 拟在分组的子样本中检验下列模型：

$$Logit(Dumdiv_{i,t}) = \alpha_0 + \alpha_1 Customer_{i,t} + \alpha_2 Lnsize_{i,t} + \alpha_3 Lev_{i,t} + \alpha_4 Cash_{i,t}$$
$$+ \alpha_4 MB_{i,t} + \alpha_5 Roa_{i,t} + + \alpha_6 Growth_{i,t} + \alpha_7 Retvol_{i,t}$$
$$+ \alpha_8 RE_{i,t} + \alpha_9 Lh10_{i,t} + \alpha_{10} Mshare_{i,t} + \alpha_{11} Big4_{i,t}$$
$$+ \alpha_{12} Lnage_{i,t} + \alpha_{13} Dual_{i,t} + \alpha_{14} Soe_{i,t} + \varepsilon_{i,t} \qquad (4-1)$$

$$Tobit(Div_{i,t}) = \alpha_0 + \alpha_1 Customer_{i,t} + \alpha_2 Lnsize_{i,t} + \alpha_3 Lev_{i,t} + \alpha_4 Cash_{i,t}$$
$$+ \alpha_4 MB_{i,t} + \alpha_5 Roa_{i,t} + + \alpha_6 Growth_{i,t} + \alpha_7 Retvol_{i,t}$$
$$+ \alpha_8 RE_{i,t} + \alpha_9 Lh10_{i,t} + \alpha_{10} Mshare_{i,t} + \alpha_{11} Big4_{i,t}$$
$$+ \alpha_{12} Lnage_{i,t} + \alpha_{13} Dual_{i,t} + \alpha_{14} Soe_{i,t} + \varepsilon_{i,t} \qquad (4-2)$$

其中，模型（4−1）被解释变量 $Dumdiv_{i,t}$ 为股利支付意愿的二值虚拟变量，如果企业当年发放现金股利取值为 1，否则取值为 0；模型（4−2）的被解释变量 $Div_{i,t}$ 为股利支付水平，借鉴邓建平（2007）、弗思等（2016）以及蔡伊和苏（2009）等做法，采用"每股税前现金股利／每股收益"衡量。所有变量的定义及计算方法如表 3−1 所示。

其中本章节的分组变量定义如下：

1. 客户关系的衡量：存货周转率 mStock，虚拟变量，当公司的存货周转率较高时值为 1，表示关系较好，否则为 0，表示关系较差。衡量方式，按年度和行业计算样本的存货周转率的中位数，如果观测样本的存货周转率高于该中位数，则认为存货周转率较高，否则认为存货周转率较低。其中，存货周转率＝营业成本／存货平均占用额，存货平均占用额 ＝（存货期末余额＋存货期初余额）/2。

2. 客户关系的衡量：应收账款占比 mRecr，虚拟变量，当公司的应收账款占比较高时值为 1，表示关系较差，否则为 0，表示关系较好。衡量方式，按年度和行业计算样本的应收账款占比的中位数，如果观测样本的应收账款占比高于该中位数，则认为应收账款占比较高，否则认为应收账款占比较低。其中，应收账款占比＝应收账款／营业收入。

3. 客户关系的衡量：现金流的稳定性 mScash，虚拟变量，当公司的现金稳定性较高时值为 1，表示关系较好，否则为 0，表示关系较差。衡量方式：按年度和行业计算样本的现金流滚动标准差的中位数，如果观测样本的现金流标准差低于该中位数，则认为现金流稳定性较高，否则认为稳定性较差。其中，现金流 = 期末现金 - 期初现金，现金 = （货币资金 + 交易性金融资产）/总资产。

第四节　实证分析

一、描述性统计

本章的被解释变量、解释变量和控制变量与第三章相同，样本量也相同，包含 34542 个公司—年度样本，而描述客户关系的资产周转率、应收账款占比和现金流的样本量分别 34538 个、34542 个和 32647 个。表 4 - 1 列报了新增变量的描述性统计（未按照中位数划分），结果显示：存货周转率 stokt2 的均值（中位数）为 10.74（3.858），标准差为 31.74，表明存货周转率分布不均匀且公司间的差异比较大；应收账款占比 Recr 的均值（中位数）为 0.204（0.142），标准差为 0.204，最大值为 0.880，最小值为 0.001，相比存货周转率而言，差异相对较小；现金流稳定性 Scash 的均值（中位数）为 0.077（0.059），标准差为 0.066；行业竞争 HHI 的均值（中位数）为 0.110（0.0732），最大值为 0.631，最小值为 0.018，表明不同行业的竞争度存在一定的差异。

表 4 - 1　　　　　　　　　主要变量的描述性统计

变量	N	Mean	Sd	Median	max	min
stokt^2	34538	10.74	31.74	3.858	264.6	0.131
Recr	34542	0.204	0.204	0.142	0.880	0.001
Scash	32647	0.077	0.066	0.059	0.854	0.001
HHI	34542	0.110	0.107	0.0732	0.631	0.018

二、基础回归

（一）假设 H1 的检验

表 4 - 2 Panel A 报告了存货周转率对客户集中度与股利支付意愿关系作用机

制的回归结果。表中仅仅列示了主要解释变量，但回归中控制了其他变量、年度行业效应，模型也采用了以公司为聚类的稳健标准误。具体而言，第（1）列和第（2）列的解释变量是 Top5，第（3）列和第（4）列的解释变量是 Top1，第（5）列和第（6）列的解释变量是 CC，其中第（1）列、第（3）列和第（5）列是存货周转率较低的组别，第（2）列、第（4）列和第（6）列是存货周转率较高的组别。结果显示：客户集中度指标 Top5（Top1 和 CC）与股利支付意愿的负相关关系仅仅在第（1）列、第（3）列和第（5）列中显著，显著性水平为5%（1%）。结果一致表明，无论客户集中度采用哪种衡量方式，只有在存货周转率较低（客户关系较差）时，客户集中度与股利支付意愿才呈现显著的负向相关关系；而在第（2）列、第（4）列和第（6）列，客户集中度的系数虽然为负，但不显著，表明当客户关系较好时，会缓解两者之间的负向关系。表 4－2 Panel B 报告了存货周转率对客户集中度与股利支付水平关系作用机制的回归结果。具体而言，在客户关系较差时，即第（1）列、第（3）列和第（5）列，客户集中与股利支付水平显著的负向相关关系仅仅出现在关系较差时的第（1）列、第（3）列和第（5）列，显著负相关，且至少在5%的水平上显著；而在第（2）列、第（4）列和第（6）列不显著，表明客户关系良好时客户集中度不会显著降低公司的股利支付水平。总之，假设 H1 得到了支持，说明存货周转率对客户集中度与股利支付的负向关系具有调节机制。

表 4－2 Panel A　　存货周转率对客户集中与股利支付意愿的作用机制

变量	Dumpay	Dumpay	Dumpay	Dumpay	Dumpay	Dumpay
	坏（1）	好（2）	坏（3）	好（4）	坏（5）	好（6）
Top5	−0.006**	−0.001				
	（−2.37）	（−0.58）				
Top1			−0.011***	−0.002		
			（−2.83）	（−0.69）		
CC					−1.758***	−0.559
					（−2.67）	（−0.98）
Control	YES	YES	YES	YES	YES	YES
行业/年度	YES	YES	YES	YES	YES	YES
N	16035	15978	14757	14762	14714	14735
Pseudo R^2	0.3425	0.3601	0.3523	0.3564	0.3520	0.3596

表 4 - 2 Panel B　　　存货周转率对客户集中与股利支付水平的作用机制

变量	Payratio	Payratio	Payratio	Payratio	Payratio	Payratio
	坏（1）	好（2）	坏（3）	好（4）	坏（5）	好（6）
Top5	- 0.001 **	0.000				
	（- 2.55）	（- 1.35）				
Top1			- 0.001 ***	0.000		
			（- 2.74）	（- 0.99）		
CC					- 0.206 **	- 0.063
					（- 2.41）	（- 0.95）
Control	YES	YES	YES	YES	YES	YES
行业/年度	YES	YES	YES	YES	YES	YES
N	16038	15984	14726	14836	14728	14764
Pseudo R^2	0.1932	0.2251	0.1967	0.2238	0.1953	0.2274

注：本表 Panel A 是以存货周转率中位数进行划分时，解释变量 top5 最终样本为 32022 个，但在进行 Logit 回归时，因为教育行业预测完全失败使得 4 个观测值无效，卫生和社会工作完全预测成功使得 5 个观测值失效，所以样本为 32022 - 9 = 32013（个）；同理解释变量为 top1 时，top1 的观测值为 29562 个，因为预测完全成功或失败使得 43 个观测值失效，所以样本为 29519 个；解释变量 CC 最终样本为 29492 个，因为完全预测成功或失败删除 43 个观测值，所以样本为 29449 个。

注：*** 表示在 1% 的水平上显著，** 表示在 5% 的水平上显著，括号内数值为 t 值。

（二）假设 H2 的检验

表 4 - 3 Panel A 报告了应收账款占比对客户集中与股利支付意愿关系作用机制的回归结果。表 4 - 3 仅仅报告了主要解释变量，回归方程同时控制了行业和年度固定效应，并且也采用了以公司为聚类的稳健标准误。具体而言，第（2）列和第（6）列分别对应 Top5 和 CC 两个变量的应收占比较高组，系数显著为负，表明客户关系非良性时，客户集中会显著降低股利支付的意愿，第（1）列和第（5）列分别对应 Top5 和 CC 两个变量的应收占比较低组，系数虽然为负但不显著，表明客户关系良性状态时，客户集中度不会显著降低股利支付的意愿；而第（2）列和第（3）列都是显著为负，差异不显著（bootstrap 重复抽样 1000 次的 P 值为 0.389）。表 4 - 3 Panel B 报告了存货周转率对客户集中与股利支付水平关系作用机制的回归结果。具体而言：客户集中度与股利支付水平显著的负向关系仅仅出现在关系非良性时的第（2）列、第（4）列和第（6）列，至少在 10% 的水平上显著；而第（1）列、第（3）列和第（5）不显著，表明客户关系良好时客户集中度不会显著降低公司的股利支付水平。总之，表 4 - 3 支持了假设 H2，说明应收账款占比对客户集中与股利支付的负向关系具有调节机制。

表 4 – 3 Panel A　　应收账款占比对客户集中度与股利支付意愿的作用机制

变量	Dumpay 好（1）	Dumpay 坏（2）	Dumpay 好（3）	Dumpay 坏（4）	Dumpay 好（5）	Dumpay 坏（6）
Top5	- 0. 002 （- 0. 71）	- 0. 004 * （- 1. 66）				
Top1			- 0. 007 * （- 1. 81）	- 0. 006 * （- 1. 72）		
CC					- 0. 996 （- 1. 47）	- 1. 230 ** （- 2. 12）
Control	YES	YES	YES	YES	YES	YES
行业/年度	YES	YES	YES	YES	YES	YES
N	15986	16215	14562	15083	14568	15009
Pseudo R^2	0. 3603	0. 3430	0. 3747	0. 3400	0. 3779	0. 3389

表 4 – 3 Panel B　　应收账款占比对客户集中度与股利支付水平的作用机制

变量	Payratio 好（1）	Payratio 坏（2）	Payratio 好（3）	Payratio 坏（4）	Payratio 好（5）	Payratio 坏（6）
Top5	0. 000 （- 1. 58）	- 0. 001 ** （- 1. 98）				
Top1			- 0. 001 （- 1. 61）	- 0. 001 ** （- 2. 12）		
CC					- 0. 092 （- 1. 13）	- 0. 163 * （- 1. 90）
Control	YES	YES	YES	YES	YES	YES
行业/年度	YES	YES	YES	YES	YES	YES
N	15980	16227	14558	15102	14574	15017
Pseudo R^2	0. 2129	0. 2026	0. 2251	0. 1960	0. 2270	0. 1959

注：本表 Panel A 是以应收账款占比中位数进行划分时，解释变量 top5 最终样本为 32207 个，但由于教育行业预测完全失败使得 4 个观测值无效，卫生和社会工作完全预测成功使得 2 个观测值失效，所以样本为 32207 - 6 = 32201（个）；解释变量 top1 最终样本为 29660 个，由于居民服务、修理和其他服务业、教育和卫生和社会工作完全预测成功或失败分别使得 11 个、2 个和 2 个观测值失效，所以样本为 29660 - 15 = 29645（个）；当解释变量为 CC 时，样本为 29591 个，由于居民服务、修理和其他服务业、教育和卫生和社会工作完全预测成功或失败分别使得 10 个、2 个和 2 个观测值失效，所以样本为 29591 - 14 = 29577（个）。

注：** 表示在 5% 的水平上显著，* 表示在 10% 的水平上显著，括号内数值为 t 值。

（三）假设 H3 的检验

表 4 – 4 Panel A 报告了现金流稳定性对客户集中度与股利支付意愿关系作用机制的回归结果。表 4 – 4 也仅仅报告了主要解释变量，回归方程同时控制了行

业和年度固定效应，并且也采用了以公司为聚类的稳健标准误。具体而言，第（1）列、第（3）列和第（5）列为客户关系较好组，现金流较稳定，第（2）列、第（4）列和第（6）列为关系较差组，现金稳定性较差，客户集中度变量系数在现金流不稳定组一致为负，并至少在10%的水平上显著，表明现金流稳定性较差时，客户集中的公司更会显著降低股利支付的意愿，而当现金流较稳定时，可以缓解两者之间的负向关系；表4-4 Panel B 报告了现金流稳定性对客户集中度与股利支付水平关系作用机制的回归结果，与表4-4 Panel A 类似，Top5、Top1 和 CC 指标均在5%的水平上显著，总之，表4-4 支持了假设 H3，现金流稳定性对客户集中度与股利支付的负向关系具有调节机制。

表 4 - 4 Panel A　　　现金流稳定性对客户集中度与股利支付意愿的作用机制

变量	Dumpay	Dumpay	Dumpay	Dumpay	Dumpay	Dumpay
	好（1）	坏（2）	好（3）	坏（4）	好（5）	坏（6）
Top5	0.001 (0.85)	- 0.004 * (- 1.98)				
Top1			- 0.001 (- 0.56)	- 0.008 *** (- 2.88)		
CC					- 0.075 (- 0.83)	- 1.323 *** (- 2.83)
Control	YES	YES	YES	YES	YES	YES
行业/年度	YES	YES	YES	YES	YES	YES
N	14038	13916	13086	13105	13068	13071
Pseudo R^2	0.3583	0.3541	0.3653	0.3652	0.3659	0.3674

表 4 - 4 Panel B　　　现金流稳定性对客户集中度与股利支付水平的作用机制

变量	Payratio	Payratio	Payratio	Payratio	Payratio	Payratio
	好（1）	坏（2）	好（3）	坏（4）	好（5）	坏（6）
Top5	- 0.001 (- 0.20)	- 0.001 ** (- 2.31)				
Top1			- 0.001 (- 1.39)	- 0.001 ** (- 2.42)		
CC					0.020 (0.20)	- 0.200 ** (- 2.09)
Control	YES	YES	YES	YES	YES	YES
行业/年度	YES	YES	YES	YES	YES	YES
N	14042	13924	13097	13121	13079	13089
Pseudo R^2	0.1995	0.2275	0.1988	0.2481	0.2016	0.2488

注：*** 表示在1%的水平上显著，** 表示在5%的水平上显著，* 表示在10%的水平上显著，括号内数值为 t 值。

三、稳健性检验

(一) 改变股利支付水平的衡量

基础回归中的股利支付水平采用每股税前现金股利/每股盈余，为了避免衡量偏误，借鉴弗思等 (2016) 以及蔡伊和苏 (2009) 的研究，将 Payprofit (每股税前现金股利/每股营业利润) 作为股利支付水平的衡量方式，拟检验主假设的结果是否具有稳健性。

表 4 - 5 中的回归改变了被解释变量的衡量方式，将 Payprofit 作为被解释变量。表 4 - 5 中也仅仅报告了主要解释变量，但回归方程同时控制了行业和年度固定效应，并且也采用了以公司为聚类的稳健标准误。表 4 - 5 Panel A 是按照假设 H1 中的存货周转率分组，结果显示，在第 (1) 列和第 (2) 列中，虽然 Top5 的系数都负显著，但第 (1) 列与第 (2) 列的差异系数检验的 P 值为 0.059 (bootstrap 重复抽样 1000 次)，在 10% 的水平上显著；在第 (3) 列和第 (4) 列中，Top1 系数差异检验的 P 值为 0.048，在 5% 的水平上显著；CC 系数在第 (5) 列中显著为负，在第 (6) 列中不显著，与预期一致，都在关系较差组更显著为负。表 4 - 5 Panel B 是按照假设 H2 中的应收账款占比分组，其中 Top5 的系数在第 (1) 列和第 (2) 列都显著为负，bootstrap 重复抽样 1000 次系数差异检验的 P 值为 0.128，接近于 10% 显著性水平；Top1 在第 (3) 列和第 (4) 列也都显著为负，两者的系数差异检验 P 值为 0.442 (bootstrap 重复抽样 1000 次)，表明两者不存在显著差异；CC 在第 (5) 列和第 (6) 列也都显著为负，bootstrap 重复抽样 1000 次系数差异检验的 P 值为 0.095，在 10% 的水平上显著；表 4 - 5 Panel C 按照假设 H3 中的现金流稳定性分组，客户集中度系数一致的在现金流稳定性较差的第 (2) 列、第 (4) 列和第 (6) 列显著负相关，而第 (1) 列、第 (3) 列和第 (5) 列虽然为负但不显著。总之该表表明在更换了股利支付衡量方式后，研究结论基本上保持不变。

表 4 - 5 Panel A　　　　假设 H1 稳健性检验：改变股利支付水平

变量	Payprofit 坏 (1)	Payprofit 好 (2)	Payprofit 坏 (3)	Payprofit 好 (4)	Payprofit 坏 (5)	Payprofit 好 (6)
Top5	-0.0008 ** (-2.55)	-0.0005 * (-1.83)				

续表

变量	Payprofit	Payprofit	Payprofit	Payprofit	Payprofit	Payprofit
	坏（1）	好（2）	坏（3）	好（4）	坏（5）	好（6）
Top1			−0.0021***	−0.0007*		
			（−2.78）	（−1.72）		
CC					−0.2552***	−0.121
					（−2.78）	（−1.52）
Control	YES	YES	YES	YES	YES	YES
行业/年度	YES	YES	YES	YES	YES	YES
N	16038	15984	14726	14836	14728	14764
Pseudo R^2	0.1491	0.1814	0.1415	0.1768	0.1401	0.1772

表 4 − 5 Panel B　　　　　假设 H2 稳健性检验：改变股利支付水平

变量	Payprofit	Payprofit	Payprofit	Payprofit	Payprofit	Payprofit
	好（1）	坏（2）	好（3）	坏（4）	好（5）	坏（6）
Top5	−0.0005*	−0.0009**				
	（−1.88）	（−2.55）				
Top1			−0.0016**	−0.0014**		
			（−2.52）	（−2.44）		
CC					−0.1631*	−0.2110**
					（−1.86）	（−2.51）
Control	YES	YES	YES	YES	YES	YES
行业/年度	YES	YES	YES	YES	YES	YES
N	15980	16227	14558	15102	14574	15017
Pseudo R^2	0.1683	0.1604	0.1675	0.1488	0.1676	0.1471

表 4 − 5 Panel C　　　　　假设 H3 稳健性检验：改变股利支付水平

变量	Payprofit	Payprofit	Payprofit	Payprofit	Payprofit	Payprofit
	好（1）	坏（2）	好（3）	坏（4）	好（5）	坏（6）
Top5	−0.0002	−0.0008**				
	（−1.02）	（−2.42）				
Top1			−0.0007	−0.0015***		
			（−1.21）	（−2.78）		
CC					−0.0599	−0.2390**
					（−0.89）	（−2.41）
Control	YES	YES	YES	YES	YES	YES
行业/年度	YES	YES	YES	YES	YES	YES
N	14042	13924	13097	13121	13079	13089
Pseudo R^2	0.1621	0.1844	0.1620	0.1808	0.1620	0.1797

注：*** 表示在1%的水平上显著，** 表示在5%的水平上显著，* 表示在10%的水平上显著，括号内数值为 t 值。

（二）改变样本

已有文献在研究股利支付时，对净利润为负的样本有的剔除有的则保留（杨兴全等，2014；李小荣和罗进辉，2015）。假设的基本回归模型中并没有删除净利润为负的样本量，为了进一步证实研究结论的稳健性，拟将净利润为负的样本1440①个剔除再次检验客户关系对客户集中与股利支付关系的影响是否不变。模型同样控制了行业年度效应，标准误采用以公司为聚类的稳健标准误。具体结果如表4-6所示，其中表4-6 Panel A 和表4-6 Panel B 是对假设 H1 的检验，Top5、Top1 和 CC 仍是在关系较差的组别显著为负，而在关系较好组，这种负向关系会弱化，结果几乎不变，稳健地支持了假设 H1。表4-6 Panel C 和表4-6 Panel D 是对假设 H2 的检验，在表4-6 Panel C 中虽然 Top1 的系数在第（3）列和第（4）列都显著为负（bootstrap 重复抽样 1000 次系数差异检验的 P 值为0.337），但 Top5、Top1 和 CC 与预期一致，系数仅仅在关系较差的第（2）列和第（6）列显著为负；在表4-6 Panel D 中，Top5 和 Top1 变量的系数一致在客户关系较差组中显著为负。所以，几乎稳健地支持了假设 H2；在表4-6 Panel E 和表4-6 Panel F 中，Top5、Top1 和 CC 的系数在关系较差时的第（2）列、第（4）列和第（6）列中一致显著为负，而在其他组不显著，稳健地支持了假设 H3。总之，表4-6 的结果几乎稳健地支持假设 H1、H2 和 H3。

表4-6 Panel A　　假设 H1 稳健性检验：删除净利润为负的样本（意愿）

变量	Dumpay 坏（1）	Dumpay 好（2）	Dumpay 坏（3）	Dumpay 好（4）	Dumpay 坏（5）	Dumpay 好（6）
Top5	-0.006*** (-2.59)	-0.001 (-0.32)				
Top1			-0.012*** (-2.83)	-0.003 (-0.73)		
CC					-1.830*** (-2.71)	-0.748 (-1.19)
Control	YES	YES	YES	YES	YES	YES
行业/年度	YES	YES	YES	YES	YES	YES
N	14582	14263	13889	14103	13915	14098
Pseudo R²	0.2697	0.2954	0.2751	0.2937	0.2734	0.2957

① 2007~2021 年对应的样本分别为 55、160、113、63、95、182、167、193、253、159、178、204、175、214 和 205。

表 4 – 6 Panel B　　　假设 H1 稳健性检验：删除净利润为负的样本（水平）

变量	Payratio 坏（1）	Payratio 好（2）	Payratio 坏（3）	Payratio 好（4）	Payratio 坏（5）	Payratio 好（6）
Top5	− 0.001 *** （− 2.78）	0.000 （− 1.12）				
Top1			− 0.001 *** （− 2.79）	− 0.000 （− 0.86）		
CC					− 0.193 ** （− 2.30）	− 0.031 （− 0.38）
Control	YES	YES	YES	YES	YES	YES
行业/年度	YES	YES	YES	YES	YES	YES
N	14585	14264	13895	14106	13922	14099
Pseudo R^2	0.1709	0.2028	0.1793	0.2148	0.1770	0.2156

表 4 – 6 Panel C　　　假设 H2 稳健性检验：删除净利润为负的样本（意愿）

变量	Dumpay 好（1）	Dumpay 坏（2）	Dumpay 好（3）	Dumpay 坏（4）	Dumpay 好（5）	Dumpay 坏（6）
Top5	− 0.002 （− 0.83）	− 0.004 ** （− 1.97）				
Top1			− 0.008 * （− 1.80）	− 0.007 * （− 1.93）		
CC					− 1.071 （− 1.52）	− 1.366 ** （− 2.44）
Control	YES	YES	YES	YES	YES	YES
行业/年度	YES	YES	YES	YES	YES	YES
N	14492	14468	13993	14100	13965	14060
Pseudo R^2	0.2864	0.2791	0.3030	0.2723	0.3038	0.2714

表 4 – 6 Panel D　　　假设 H2 稳健性检验：删除净利润为负的样本（水平）

变量	Payratio 好（1）	Payratio 坏（2）	Payratio 好（3）	Payratio 坏（4）	Payratio 好（5）	Payratio 坏（6）
Top5	− 0.001 （− 1.36）	− 0.001 * （− 1.73）				
Top1			− 0.001 （− 1.24）	− 0.001 * （− 1.73）		
CC					− 0.096 （− 1.21）	− 0.113 （− 1.42）

变量	Payratio	Payratio	Payratio	Payratio	Payratio	Payratio
	好（1）	坏（2）	好（3）	坏（4）	好（5）	坏（6）
Control	YES	YES	YES	YES	YES	YES
行业/年度	YES	YES	YES	YES	YES	YES
N	14497	14467	13985	14113	144004	14025
Pseudo R^2	0.1838	0.1899	0.2026	0.1936	0.2022	0.1926

表 4 – 6 Panel E   假设 H3 稳健性检验：删除净利润为负的样本（意愿）

变量	dumpay	dumpay	dumpay	dumpay	dumpay	dumpay
	好（1）	坏（2）	好（3）	坏（4）	好（5）	坏（6）
Top5	-0.000	-0.004*				
	(-0.11)	(-1.72)				
Top1			-0.003	-0.009**		
			(-0.57)	(-2.42)		
CC					-0.228	-1.447**
					(-0.30)	(-2.50)
Control	YES	YES	YES	YES	YES	YES
行业/年度	YES	YES	YES	YES	YES	YES
N	14205	14196	13276	13987	13268	13945
Pseudo R^2	0.2877	0.2885	0.2966	0.2993	0.2952	0.3002

表 4 – 6 Panel F   假设 H3 稳健性检验：删除净利润为负的样本（水平）

变量	Payratio	Payratio	Payratio	Payratio	Payratio	Payratio
	好（1）	坏（2）	好（3）	坏（4）	好（5）	坏（6）
Top5	-0.001	-0.001**				
	(-0.84)	(-2.22)				
Top1			-0.000	-0.001**		
			(-0.43)	(-2.45)		
CC					0.048	-0.158*
					(0.40)	(-1.89)
Control	YES	YES	YES	YES	YES	YES
行业/年度	YES	YES	YES	YES	YES	YES

续表

变量	Payratio 好（1）	Payratio 坏（2）	Payratio 好（3）	Payratio 坏（4）	Payratio 好（5）	Payratio 坏（6）
N	14213	14203	13283	13989	13274	13979
Pseudo R²	0.1655	0.2132	0.1762	0.2454	0.1754	0.2452

注：*** 表示在 1% 的水平上显著，** 表示在 5% 的水平上显著，* 表示在 10% 的水平上显著，括号内数值为 t 值。

四、进一步分析

在客户关系既定的情况下，本部分拟进一步考虑公司内外特征，拟考察客户集中度与股利支付的负向关系在客户关系和公司特征的交叉样本中表现又如何？[①] 根据已有文献，选取了投资机会 MB、资产规模 Lnsize、盈利能力 Roa（Fama and French，2010）、行业竞争程度（Booth and Zhou，2015）四个经典指标[②] 做进一步分析。

（一）投资机会

投资机会是决定股利支付的重要决定因素之一。公司拥有越多的投资机会，表明公司有较多净现值为正的投资项目，公司就需要较多的资金进行投资。根据融资优序理论（Myers and Majluf，1984；Myers，1984），由于资本市场的不完美，投资者与管理层之间存在着信息不对称，使得外部资金的提供者不可能或者成本较高的评估公司的投资机会，项目的风险被扩大，提高了项目的外部融资成本；此外，发行新股也可能被投资者误解为公司股价被高估，向市场传递消极信

[①] 考虑到研究的类似性，该部分仅仅详细呈报了假设 H1 的进一步分析，假设 H2 和假设 H3 进一步检验结果见附录，结果表明：除了资产规模，结论几乎与假设 1 一致。

[②] 公司特征的衡量：（1）投资机会采用 mMB 这一虚拟变量衡量，当公司的市账比较高时值为 1，否则为 0。按年度和行业计算样本的市账比的中位数，如果观测样本的市账比高于该中位数，则认为市账比比较高，否则认为市账比较低。其中市账比 = 市值/资产总计；（2）公司规模采用 mSize 这一虚拟变量衡量，当公司的资产规模较高时值为 1，否则为 0。按年度和行业计算样本的资产规模的中位数，如果观测样本的资产规模高于该中位数，则认为资产规模较高，否则认为资产规模较低。其中资产规模用公司的总资产取对数；（3）盈利能力采用 mRoa 这一虚拟变量衡量，当公司的盈利能力较高时值为 1，否则为 0。按年度和行业计算样本的盈利能力的中位数，如果观测样本的盈利能力高于该中位数，则认为盈利能力较高，否则认为盈利能力了较低。其中盈利能力为总资产利润率；（4）行业赫芬达尔指数采用 mHHI 这一虚拟变量衡量，当公司所处的行业竞争较低时值为 1，竞争较激烈时，取值为 0。按年度和行业根据公司的市场份额计算行业的赫芬达尔指数，然后再按照年度和行业计算出样本的中位数，如果观测样本的 HHI 高于该中位数，则认为行业竞争较低，否则认为行业竞争较激烈。

号，带来股票价格的下跌；同样举债也会面临较多的限制条款。因此，发行债务或者股票的融资成本远远大于内部留存收益的机会成本。因此，当公司有较多的投资机会时，会停止或减少股利支付从而提供较多的内源融资（Gordon，1962）。再结合客户关系而言，我们预计在客户关系不良并且公司的投资机会较多时，这种负向关系更显著，客户关系的非良性会降低公司的盈利能力和可供分配的利润，扩大经营风险，增加融资难度，而投资机会的增多更加剧了公司对内部资金的需求，因此，支付股利的意愿和水平会更低。

表4-7报告了两者负向关系在客户关系和投资机会交叉样本中的回归结果。表4-7中也仅仅报告了主要解释变量，但回归中同时控制了其他变量和年度行业效应，模型也采用了以公司为聚类的稳健标准误。其中表4-7 Panel A报告了客户集中度与股利支付意愿在交叉样本中的回归结果。具体而言，Top5、Top1和CC分别在关系较坏并且投资机会较多的子样本中显著为负，表明客户集中在客户关系较差并且投资机会较多的公司中会显著降低股利支付意愿；表4-7 Panel B报告了客户集中度与股利支付水平在交叉样本中的回归结果。结果显示：虽然Top5、Top1和CC都在关系较差且投资机会较多的子样本中［第（2）列、第（6）列、第（10）列］中显著为负，但是就客户关系较好组来看，相比投资机会较多组别［第（4）列、第（8）列和第（12）列］，反而在投资机会较少组［第（3）列、第（7）列和第（11）列］中公司支付较低的股利，所以表4-7 Panel B与预期结果不完全相符。总之，表4-7表明存货周转率和投资机会并没有一致影响两者之间的负向关系，与预期不完全相符。

（二）资产规模

资产规模是公司盈利能力的基本保障。法玛和法兰奇（Fama and French，2010）通过1963~1998年的数据研究表明，在控制了盈利能力和投资机会后，规模较大的公司更可能支付股利。一方面，规模效应带来了较高的利润；另一方面，公司规模也经常被作为融资约束的衡量指标（屈文洲等，2011；全怡等，2016），规模较大的公司信息不对称程度较低，政府及外部投资者关注度较高，在一定程度上可以降低道德风险和逆向选择，能够降低融资成本，缓解融资约束，而小规模公司严重的信息不对称会加重其面临的融资约束（连玉君和苏治，2009）。基于以上两个原因，公司规模较小的公司，支付股利的意愿和水平更低。

表 4 - 7 Panel A

存货周转率和投资机会分组：支付意愿

变量	Dumpay (1)环/少	Dumpay (2)环/多	Dumpay (3)好/少	Dumpay (4)好/多	Dumpay (5)环/少	Dumpay (6)环/多	Dumpay (7)好/少	Dumpay (8)好/多	Dumpay (9)环/少	Dumpay (10)环/多	Dumpay (11)好/少	Dumpay (12)好/多
Top5	-0.002 (-0.89)	-0.007*** (-3.19)	-0.002 (-0.76)	0.001 (0.54)								
Top1					-0.008 (-1.05)	-0.013** (-2.52)	-0.003 (-0.78)	-0.002 (-0.19)				
CC									-1.508 (-1.45)	-1.621** (-2.34)	-0.621 (-0.57)	-0.566 (-0.66)
Control	YES	YES	YES	YES	YES	YES	YES	YES	YES	YES	YES	YES
行业/年度	YES	YES	YES	YES	YES	YES	YES	YES	YES	YES	YES	YES
N	7509	8526	8152	7820	7199	7513	7589	7169	7030	7684	7589	7141
Pseudo R^2	0.3232	0.3818	0.3596	0.3909	0.3594	0.3709	0.3538	0.3924	0.3591	0.3692	0.3570	0.3930

表 4 - 7 Panel B

存货周转率和投资机会分组：支付水平

变量	Payratio (1)环/少	Payratio (2)环/多	Payratio (3)好/少	Payratio (4)好/多	Payratio (5)环/少	Payratio (6)环/多	Payratio (7)好/少	Payratio (8)好/多	Payratio (9)环/少	Payratio (10)环/多	Payratio (11)好/少	Payratio (12)好/多
Top5	0.000 (-0.80)	-0.001*** (-3.78)	-0.001* (-1.82)	0.000 (0.78)								
Top1					-0.001 (-0.18)	-0.003*** (-3.28)	-0.001** (-2.13)	0.000 (0.39)				
CC									-0.107 (-0.35)	-0.301*** (-2.78)	-0.210* (-1.83)	0.074 (0.59)
Control	YES	YES	YES	YES	YES	YES	YES	YES	YES	YES	YES	YES
行业/年度	YES	YES	YES	YES	YES	YES	YES	YES	YES	YES	YES	YES
N	7709	8329	8301	7678	7053	7673	7971	6865	6921	7807	7630	7134
Pseudo R^2	0.1586	0.2411	0.1879	0.3009	0.1727	0.2314	0.1905	0.2932	0.1727	0.2287	0.1952	0.2945

注：*** 表示在 1% 的水平上显著，** 表示在 5% 的水平上显著，* 表示在 10% 的水平上显著，括号内数值为 t 值。

再结合客户关系而言，我们预期在客户关系不良并且公司的规模较小时，客户集中度与股利支付的负相关关系更显著，因为客户关系的非良性会损害公司的盈利能力，增加未来的不确定性，公司需要较多的预防现金，而资产规模较小的公司更可能出现盈利能力不足、外部融资困难等问题，因此，其更倾向于降低股利支付意愿和水平。

表4-8报告了两者负向关系在客户关系和资产规模交叉样本中的回归结果①。其中表4-8 Panel A报告了客户集中度与股利支付意愿在交叉样本中的回归结果。结果显示：虽然CC系数同时出现在关系较差且规模较小和关系较好且规模较大的子样本中显著为负，而且前者比后者系数更大且更显著，但在客户关系较好的情况下，资产规模较大的第（12）列显著为负，而规模较小的第（11）列不显著，与预期略有不符；但Top5和Top1的系数均在关系较差而且规模较小的子样本中与股利支付意愿显著负相关。表4-8 Panel B报告了客户集中度与股利支付水平在交叉样本中的回归结果。Top5、Top1和CC与股利支付水平负向显著关系分别出现在客户关系较差且资产规模较小的第（1）列、第（5）列和第（9）列中，表明在存货周转率较低且公司规模较小的公司，客户集中度与股利支付水平负向相关更显著。总之，表4-8结果几乎与预期一致。

（三）盈利能力

法玛和法兰奇（2010）提出的第三个影响股利支付的因素是公司的盈利能力。结合客户关系而言，客户关系是否良好会对公司的经营能力产生影响，而这种影响在自身盈利能力、财务状况不同的公司会有不同的表现，我们预期在客户关系不良并且公司的盈利能力较低时，客户集中度与股利支付的负相关关系更显著。因为在客户关系非良性时，客户的侵占行为较严重，合作与协同效应占劣，降低了公司的收益能力及其稳定性，这种效应在公司本身盈利能力较弱、财务状况不良、抗风险能力较低的公司中更显著，而当公司本身的盈利能力较强、财务状况较好时则可以缓解不良客户关系带来的负面效应。

表4-9报告了两者的负向关系在客户关系和盈利能力交叉样本中的回归结果。其中表4-9 Panel A报告了客户集中度与股利支付意愿在交叉样本中的回归

---

① 虽然仅仅报告了主要解释变量，但回归中同时控制了其他变量、年度行业效应，模型也采用了以公司为聚类的稳健标准误，下同。

结果。结果显示：Top5 和 Top1 两个指标分别在关系较差且盈利能力较低的组别显著为负，CC 指标在第（9）列和第（10）列都显著为负，bootstrap 重复抽样1000 次的系数差异检验 P 值为 0.217，虽然差异不显著，但在盈利能力较差时系数为 -1.644，且在 5% 的水平上显著，而在盈利能力较高时系数为 -1.523，在10% 的水平上显著，表明在客户关系较差时，盈利能力较低的公司相对盈利能力较高的公司还是倾向于降低股利支付的意愿，基本与预期相符；表 4-9 Panel B报告了客户集中度与股利支付水平在交叉样本中的回归结果。结果显示：Top5、Top1 和 CC 与股利支付水平负向显著关系分别出现在客户关系较差且盈利能力较小的第（1）列、第（5）列和第（9）列中；更进一步，在客户关系较好且盈利能力较高的第（4）列、第（8）列和第（12）列，虽然 Top5、Top1 和 CC 的系数都不为负，但也不显著为正，表明在客户关系较好或盈利能力较高的公司也没有显著提高股利支付的水平，进一步证实了主假设 H1b。总之，表 4-9 结果几乎与预期一致。

（四）行业竞争程度

近些年，学者们对股利的研究视野从企业微观层面拓展到了行业中观层面，其中对行业竞争的研究主要从监督治理和经营风险两方面展开。一方面，基于竞争充分比较假设和清算威胁假设，激烈的外部产品市场有治理机制的作用，可以降低管理层过度消费、减少投资决策偏误，避免公司浪费资源。格鲁伦和迈克利（2007）的研究表明，行业竞争激烈的公司与股利支付显著正相关，即市场竞争越高，则有较好的外部公司治理作用，支付的股利水平越高，支持 LLSV（2000）的结果模型；相反，当产品市场较垄断时，公司会降低现金股利支付；贝克和沃格勒（Baker and Wurgler, 2004）则从"股利迎合理论"视角研究了市场竞争对股利支付的影响，支付股利的公司市场会给予溢价，特别是竞争激烈的公司更会支付股利，从而提高市场价值，而在较垄断的行业，公司会忽略投资者偏好，降低股利支付。我国学者曹裕（2014）研究表明，较低的行业竞争削弱了同行业管理层经营业绩的可比性，管理层容易出现偷懒懈怠行为，也不利于外部投资者对其实施监督，公司的代理问题可能比较严重，管理层更容易自利，而不是将多余的现金分配给股东，因此，会降低公司股利支付的意愿和水平。但是另一方面，也有文献表明当公司的行业竞争较低、市场份额较大时，客户转移的可能性较低，

表 4-8 Panel A 存货周转率和资产规模分组：支付意愿

变量	(1) 坏/小 Dumpay	(2) 坏/大 Dumpay	(3) 好/小 Dumpay	(4) 好/大 Dumpay	(5) 坏/小 Dumpay	(6) 坏/大 Dumpay	(7) 好/小 Dumpay	(8) 好/大 Dumpay	(9) 坏/小 Dumpay	(10) 坏/大 Dumpay	(11) 好/小 Dumpay	(12) 好/大 Dumpay
Top5	-0.008 *** (-2.82)	-0.002 (-0.57)	-0.001 (-0.26)	-0.004 (-1.02)								
Top1					-0.014 *** (-2.66)	-0.009 (-1.34)	-0.004 (-0.85)	-0.008 (-1.57)				
CC									-2.192 *** (-2.65)	-1.372 (-1.27)	-0.771 (-0.89)	-1.470 * (-1.69)
Control	YES	YES	YES	YES	YES	YES	YES	YES	YES	YES	YES	YES
行业/年度	YES	YES	YES	YES	YES	YES	YES	YES	YES	YES	YES	YES
N	8375	7652	7681	8282	7589	7171	7225	7529	7860	6854	7167	7568
Pseudo R²	0.3813	0.2728	0.4045	0.3265	0.3815	0.3048	0.3916	0.3399	0.3817	0.3036	0.3932	0.3421

表 4-8 Panel B 存货周转率和资产规模分组：支付水平

变量	(1) 坏/小 Payratio	(2) 坏/大 Payratio	(3) 好/小 Payratio	(4) 好/大 Payratio	(5) 坏/小 Payratio	(6) 坏/大 Payratio	(7) 好/小 Payratio	(8) 好/大 Payratio	(9) 坏/小 Payratio	(10) 坏/大 Payratio	(11) 好/小 Payratio	(12) 好/大 Payratio
Top5	-0.002 *** (-3.71)	0.000 (-0.38)	0.000 (-0.53)	-0.001 (-1.55)								
Top1					-0.002 *** (-3.15)	-0.001 (-0.84)	-0.001 (-0.84)	-0.001 (-1.48)				
CC									-0.374 *** (-2.85)	-0.086 (-0.72)	-0.048 (-0.34)	-0.132 (-1.27)
Control	YES	YES	YES	YES	YES	YES	YES	YES	YES	YES	YES	YES
行业/年度	YES	YES	YES	YES	YES	YES	YES	YES	YES	YES	YES	YES
N	8729	7309	7595	8389	7856	6870	7104	7732	7810	6918	6896	7868
Pseudo R²	0.2430	0.1328	0.2807	0.1860	0.2335	0.1623	0.2657	0.2014	0.2316	0.1618	0.2643	0.2079

注：*** 表示在 1% 的水平上显著，* 表示在 10% 的水平上显著，括号内数值为 t 值。

存货周转率和盈利能力分组：支付意愿

表4-9 Panel A

变量	Dumpay (1) 坏/低	Dumpay (2) 坏/高	Dumpay (3) 好/低	Dumpay (4) 好/高	Dumpay (5) 坏/低	Dumpay (6) 坏/高	Dumpay (7) 好/低	Dumpay (8) 好/高	Dumpay (9) 坏/低	Dumpay (10) 坏/高	Dumpay (11) 好/低	Dumpay (12) 好/高
Top5	-0.004** (-1.99)	-0.004 (-1.13)	-0.002 (-0.49)	-0.001 (-0.74)								
Top1					-0.012** (-2.44)	-0.008 (-1.45)	-0.003 (-0.87)	-0.003 (-0.70)				
CC									-1.644** (-2.16)	-1.523* (-1.81)	-0.822 (-1.11)	-0.553 (-0.68)
Control	YES	YES	YES	YES	YES	YES	YES	YES	YES	YES	YES	YES
行业/年度	YES	YES	YES	YES	YES	YES	YES	YES	YES	YES	YES	YES
N	8345	7690	7848	8125	7872	6876	7114	7648	7685	7020	7103	7632
Pseudo R²	0.2675	0.2278	0.2617	0.2840	0.2781	0.2272	0.2557	0.3016	0.2776	0.2233	0.2561	0.3008

存货周转率和盈利能力分组：支付水平

表4-9 Panel B

变量	Payratio (1) 坏/低	Payratio (2) 坏/高	Payratio (3) 好/低	Payratio (4) 好/高	Payratio (5) 坏/低	Payratio (6) 坏/高	Payratio (7) 好/低	Payratio (8) 好/高	Payratio (9) 坏/低	Payratio (10) 坏/高	Payratio (11) 好/低	Payratio (12) 好/高
Top5	-0.001* (-1.82)	0.000 (-1.49)	-0.001 (-1.07)	0.000 (-0.84)								
Top1					-0.002** (-2.18)	-0.001 (-1.04)	-0.001 (-1.15)	0.000 (-0.35)				
CC									-0.364** (-2.10)	-0.040 (-0.49)	-0.218 (-1.26)	0.032 (0.37)
Control	YES	YES	YES	YES	YES	YES	YES	YES	YES	YES	YES	YES
行业/年度	YES	YES	YES	YES	YES	YES	YES	YES	YES	YES	YES	YES
N	8413	7625	7619	8365	7589	7137	7104	7732	7605	7123	6979	7785
Pseudo R²	0.1703	0.4944	0.1742	0.5528	0.1773	0.6643	0.1751	0.6206	0.1767	0.6589	0.1777	0.6409

注：** 表示在5%的水平上显著，* 表示在10%的水平上显著，括号内数值为t值。

关系断裂的风险会下降（Schumacher，1991），公司的经营风险会降低，较稳定的盈利能力能够缓解经营风险导致的低股利支付意愿和水平（Booth and Zhou，2015）。综上分析可知，基于外部产品市场公司治理机制，较低的产品市场竞争能够降低公司股利支付的意愿和水平；而基于行业竞争的风险效应，较低的产品市场可能会提高股利支付的意愿和水平。

结合客户关系而言，若行业竞争的风险效应占优，则预期当客户关系不良且行业竞争较高时，客户集中度与股利支付的负向关系更显著，客户关系不良本身就是一种经营风险，行业的激烈竞争会进一步扩大这种风险；若行业竞争的治理机制占优时，则预期当客户关系不良且行业竞争较低时，客户集中度与股利支付的负向关系更显著，不良的客户关系容易侵占公司流动资产和利润，如果公司同时又处于竞争较低的行业，则较弱的外部监督、增加的代理问题及逆向选择又会进一步降低公司支付股利的意愿和水平。因此，这是待检验的问题。

表4-10报告了两者负向关系在客户关系和行业竞争交叉样本中的回归结果。其中表4-10 Panel A报告了客户集中度与股利支付意愿在交叉样本中的回归结果。结果显示：Top5、Top1和CC三个变量分别在关系较差且竞争较低的样本中［第（2）列、第（6）列和第（10）列］显著为负，而其他列都不显著为负，表明较好的客户关系或者较高的行业竞争都可以缓解两者之间的负向关系，符合行业竞争治理占优机制的预测；表4-10 Panel B报告了客户集中度与股利支付水平在交叉样本中的回归结果。结果显示：Top1的系数在关系较差且行业竞争较低和关系较好且行业竞争较低［第（6）列和第（8）列中］同时显著为负，且前者系数为-0.002，后者系数为-0.001，但bootstrap重复抽样1000次的P值为0.052，差异检验在10%的水平上显著，表明在关系较差且竞争较低组，客户集中度与股利支付的负向关系更显著，同时Top5和CC的系数在关系较差且竞争较低的组［第（2）列和第（10）列］中都显著为负，其他组均不显著。总之，表4-10结果支持了行业竞争的治理效应，在客户关系较差且行业竞争较低的交叉样本中，客户集中度与股利支付的关系显著为负。

表 4-10 Panel A

存货周转率和行业竞争分组：支付意愿

变量	Dumpay (1)环/高	Dumpay (2)环/低	Dumpay (3)好/高	Dumpay (4)好/低	Dumpay (5)环/高	Dumpay (6)环/低	Dumpay (7)好/高	Dumpay (8)好/低	Dumpay (9)环/高	Dumpay (10)环/低	Dumpay (11)好/高	Dumpay (12)好/低
Top5	0.000 (-0.17)	-0.008*** (-2.82)	0.001 (0.25)	-0.002 (-0.65)								
Top1					-0.006 (-1.41)	-0.015** (-2.41)	-0.002 (-0.46)	-0.002 (-0.19)				
CC									-1.252 (-1.26)	-2.015** (-2.31)	-0.522 (-0.57)	-0.531 (-0.85)
Control	YES	YES	YES	YES	YES	YES	YES	YES	YES	YES	YES	YES
行业/年度	YES	YES	YES	YES	YES	YES	YES	YES	YES	YES	YES	YES
N	8476	7559	8001	7969	7678	7079	7403	7359	7724	6989	7398	7328
Pseudo R²	0.3621	0.3312	0.3624	0.3714	0.3703	0.3476	0.3592	0.3677	0.3710	0.3449	0.3621	0.3713

表 4-10 Panel B

存货周转率和行业竞争分组：支付水平

变量	Payratio (1)环/高	Payratio (2)环/低	Payratio (3)好/高	Payratio (4)好/低	Payratio (5)环/高	Payratio (6)环/低	Payratio (7)好/高	Payratio (8)好/低	Payratio (9)环/高	Payratio (10)环/低	Payratio (11)好/高	Payratio (12)好/低
Top5	-0.001 (-1.23)	-0.001** (-2.45)	0.000 (-0.66)	-0.001 (-1.09)								
Top1					-0.001 (-1.47)	-0.002** (-2.47)	0.000 (0.45)	-0.001* (-1.81)				
CC									-0.134 (-1.04)	-0.261** (-2.29)	0.079 (0.62)	-0.042 (-1.12)
Control	YES	YES	YES	YES	YES	YES	YES	YES	YES	YES	YES	YES
行业/年度	YES	YES	YES	YES	YES	YES	YES	YES	YES	YES	YES	YES
N	8332	7706	8014	7970	7432	7294	7452	7384	7605	7123	7398	7366
Pseudo R²	0.2205	0.1789	0.2348	0.2310	0.2237	0.1883	0.2406	0.2253	0.2236	0.1851	0.2411	0.2325

注：***表示在 1% 的水平上显著，** 表示在 5% 的水平上显著，* 表示在 10% 的水平上显著，括号内数值为 t 值。

本章小结

本章以客户关系为切入点，研究客户集中度与股利支付的负向关系是否会随客户关系的不同而不同。首先，检验客户关系能否对两者的负相关系产生影响，结果表明：在客户关系较好时，客户集中度与股利支付意愿和水平的负向显著关系能够得到缓解，而当客户关系较差时，两者之间的负向关系更显著；而且在更换指标和样本后结果基本保持不变。其次，在进一步分析中，在此基础上又进一步考虑在不同的公司特征样本中，该负向关系又是如何？结果表明：第一，客户集中度与股利支付的负向关系在存货周转率和投资机会的交叉样本中与预期不完全相符；第二，客户集中度与股利支付的负向关系在存货周转率和资产规模的交叉样本中几乎与预期一致，在存货周转率较低且规模较小的样本中，两者之间的关系显著为负；第三，客户集中度与股利支付的负向关系在存货周转率和盈利能力的交叉样本中与预期一致，在存货周转率较低且盈利能力较小的样本中，两者之间的关系显著为负；第四，客户集中度与股利支付的负向关系在存货周转率和行业竞争的交叉样本中与竞争治理效应占优的预期一致，在存货周转率较低且行业竞争较低的样本中，两者之间的关系显著为负，表明行业竞争较低带来的较弱的外部监督及逆向选择会减少股利支付，而且这种效应大于行业竞争较低给公司带来收益所增加的股利支付效应。

第五章

客户集中度是否通过风险影响现金股利

第一节　问题的提出

本章是对第三章内容的深化研究，是对客户集中度影响股利支付逻辑的进一步完善。第三章实证研究支持了假设 H1b，即大客户的掠夺效应降低了公司的股利支付意愿和水平，主要是因为客户集中会带来风险效应，管理层将会有预防动机而持有较多的现金，因此，会降低股利支付，股利支付是一种资本来源，是成本最低的融资方式，特别是在我国资本市场不够成熟不够完善、上市公司股利政策稳定性较差的环境中（任有泉，2006）。本章试图寻找客户集中度影响股利支付的路径，客户集中度究竟影响到了公司的什么进而致使公司降低了股利支付，从而进一步完善假设 H1b 逻辑，第三章仅仅验证了客户集中度与股利支付显著负相关，并没有验证这一逻辑关系；更进一步，本章还检验了客户依存性公司是否真的保留了较多的现金以应对风险？以及资本市场能否感知到这一风险？

早前文献重点关注了企业内外部环境对公司风险的影响，而近些年才开始关注产品市场上重要的非投资利益相关者——客户是否会给公司带来经营风险。客户集中意味着公司的收入来源依赖于少数客户，根据埃默森（1962）的资源依赖理论，公司的权利在于他方对公司的依存。当公司对少数客户有较高的依赖性时，少数客户就会拥有较多的交易控制权和较高的市场势力，而公司就会处于被动地位。在双方交易中公司为了留住客户就会利益退让，从而使公司利益受损；同时公司也面临着客户关系中断的风险，也由此可能会陷入财务危机，因此，客户集中体现着一种风险。无论是监管机构还是实务界也都意识到这一风险。在监管层面，美国财务会计报告准则将客户集中认为是影响公司现在和未来现金流的一种商业风险（Dhaliwal et al.，2016）。美国1997年颁布的SFAS No. 131以及SEC制定的S-K第101条款规则和会计准则汇编（accounting standards codification，ASC）的280-10分部报告附注都要求公司披露客户集中这一重要风险的具体信息；而我国现行《公开发行证券的公司信息披露内容与格式准则》的35项具体准则中共有13项准则涉及到与客户信息披露的相关规定，并多次提到"单一客户依赖风险"及"大客户的依赖风险"等关键字。在实务中上市公司在财务报表附注中要明确指出"不存在重大客户依赖风险"，如果有此类风险也要声明，例如美国坦尼科公司在其2011年报中声明："失去对大客户的销售会对公司的财务状况和经营成果产生不利的影响……"（Dhaliwal et al.，2016）。理论界研究也表明客户集中会带来一定的风险效应，即使公司能够通过改善销售或其他规模经济增加利润，但客户利用较高的议价能力可以重新谈判合同，蚕食公司利润（Lustgarten，1975；Galbraith，1952）；对债券投资者定价也具有风险效应（王雄元和高开娟，2017）；依存性公司不仅有较高的系统风险也有较高的特有风险（Dhaliwal et al.，2016）。而风险是决定股利政策的重要因素。格雷厄姆和多德（Graham and Dodd，1951）在其《证券分析》一书中明确指出："除了预期外事件，管理层应当遵循合理而现实的股利政策。"随后学者们又拓展了相关研究，认为，盈利能力的持续性（Brav et al.，2005）、现金流的稳定性（Brav et al.，2008；Chay and Suh，2009）、市场势力（Booth and Zhou，2014）、政治风险（Huang et al.，2015；雷光勇等，2015）都会影响到公司的股利政策，基本结论都认为较高的风险会带来较低的股利支付。

具体到本书研究，当客户集中带来较高的经营风险时，管理层出于预防动机会将较多的现金留在公司内部以备之需，于是会降低股利支付。因此，客户集中可能是通过经营风险影响到公司的股利支付行为，经营风险可能在两者关系中发挥着中介效应。本章拟检验这一效应，完善假设的逻辑推理，并进一步分析依存性较高的公司是否真的在公司内部保留较多的现金以应对这一风险？资本市场是否能够意识到这一风险？

第二节 理论分析与研究假设

近些年来，公司纵向一体化和多元化的战略模式有所减少，随之诞生了供应链的交易合作商业模式（Dimitrov and Tice，2006），因此，客户作为重要的交易方也引起了理论界和实务界的广泛关注。利益相关者理论（Freeman，1984）认为，任何组织的发展都离不开各利益相关者的投入和参与，利益相关者与公司的存在和发展紧密相关，利益相关者关系管理能够提升公司的价值和业绩（王世权和王丽敏，2008）、促进公司和谐（唐跃军和李维安，2008）、缓解融资约束（王鹏程和李建标，2014）等多方面。而大客户作为公司产品市场上的主要利益相关者，直接影响着公司的经营活动和销售收入的变现问题，进而影响到公司的方方面面。已有文献表明客户能够影响公司的经营业绩（Patatoukas，2012）、资本结构（Kale and Shahrur，2007）、资本成本（Dhaliwal et al.，2016）、盈余管理（Raman and Shahrur，2008）、会计政策（Hui et al.，2012）、避税（Cen et al.，2016）、现金持有（Itzkowitz，2013）、股东收益（Wang，2012）等多方面。

1962 年埃默森的资源依赖理论认为，组织间的资源依赖产生了其他组织对特定组织的外部控制，并影响到组织之间的权利安排，依赖方的组织运营会面临被依赖方对其实施的外部限制，依赖方会失去权利而被依赖方也因此而得到权利。具体到客户集中而言，当公司的收入来源依赖于少数客户时，公司就会对客户产生依存性，客户就因此而获得了相对较高的议价能力，在逐利的驱动下会榨取公司的利益，增加公司的经营不确定性，从而给公司带来经营风险。

客户集中主要通过以下几个渠道影响公司的经营风险：第一，专用资产投资的套牢风险。在供应链关系中，公司往往被要求投入专用资产为客户生产定制式产品，而这种投资属于沉没成本，并且其价值仅仅存在于特有的供应链关系中，即使重置也要面临高昂的转换成本。因此，客户可能会利用投资的专用性和沉没性要挟公司降价、提供更优惠的信用政策、重新谈判合同获取利润等，即出现被"套牢"的风险。第二，客户蚕食公司利润的风险。客户往往比公司有较大的规模（Kim and Henderson，2015），具有较强的谈判能力，特别是当公司的销售收入依赖于少数客户时，客户会在双方交易中占据主导地位，掌握一定的交易权利，于是会进一步要求公司投入高质量专有化投资、提供低成本的产品，即使公司通过改善销售效率和规模经济增加了利润，强势的客户也会通过重新谈判合同蚕食公司的利润（Lustgarten，1975）。第三，大客户流失的风险。客户关系属于隐性合同，高昂的执行成本或者不完备的契约无法将具体的交易条款显性化，特别是关系持续性问题。如果公司的销售依赖于少数几个客户，公司会面临较高的客户转移风险，即使失去一个客户也会给公司的财务状况带来较大的冲击，特别是客户的转移成本较低时，这种风险会更高，公司不仅要面临寻找新客户的成本而且还会增加未来销售收入的不确定性。第四，基于供应链上的溢出效应，当一个客户的财务状况受损时，一方面增加了客户的违约动机，公司的应收账款很难收回（Jorion and Zhang，2009）；另一方面，投资者会预期到双方之间密切的经济联系，公司的市场价值也会遭受损失，特别是当客户出现财务危机或宣告申请破产时，公司的股票价格会出现负的异常回报（Hertzel et al.，2008；Kolay et al.，2015），盈利能力随之下降，酌量性费用上升；同时也有研究表明，基于公司在客户中的隐性权益，当客户经历暂时性的流动性冲击时，公司会为其提供流动资金帮助其渡过难关（Cunat，2006），但客户一旦破产，公司提供的商业信用越多，对公司的负面冲击越大。我国学者陈正林（2016）通过研究 2007～2013 年我国 A 股 602 家制造业公司也发现客户集中导致了公司风险的上涨。基于上述分析可知，客户集中能够影响到公司的经营风险，进而影响公司的经营成果及其分配状况。

而股利政策是对公司经营成果的分配，在其他条件既定的情况下，公司的经营状况必定影响到利润分配决策。已有文献也表明风险是影响现金股利政策的重要因素之一。早在 1956 年林特纳的研究表明，管理层制定股利政策时比较谨慎，盈利的稳定性是决定股利政策的重要影响因素之一；布雷夫等（1985，2005）通过调查 384 名 CFO，其中 2/3 的人认为，未来现金流的稳定性是影响股利决策的重要因素；罗瑟夫（1982）的研究表明，股票收益率波动率 beta 与股利支付显著负相关，较高的 beta 意味着较高的经营和财务风险；霍伯格和普拉巴（2009）在法玛和法兰奇（2001）研究的基础上进一步探讨股利消失之谜，研究发现，风险是决定股利支付的重要因素之一，能够解释将近 40% 的股利消失之谜。蔡伊和苏（2009）以跨国的公司层面数据研究也表明，现金流量的不确定是决定股利支付的重要因素，当现金流不确定性较高时，公司股利支付的意愿和水平会下降，而且这种影响要强于留存收益比、代理成本和投资机会；布斯和周（2015）以 1976～2006 年制造企业 48546 个公司—年度为样本，研究市场势利对股利政策的影响，结果发现，有较高市场势利的公司更倾向于支付股利，并且支付水平也较高，主要原因是较高市场势利降低了未来的经营风险；雷光勇等（2015）考察了市委书记变更导致的政治不确定环境对企业现金股利政策的影响，研究发现，政治不确定性使得以前发放股利的企业减少发放，以前不发放股利的企业更加不愿意发放。由此可见，已有研究成果认为风险会降低股利支付的观点基本达成共识。

基于以上分析，客户集中可能会增加公司的经营风险，而这种风险又会影响公司的股利支付，一方面，管理层对这种风险的预期会促使其预防动机增加，需要将较多的现金留存在公司内部，从而会降低股利支付；另一方面，外部投资者可能将这种风险定价，使外部融资成本上升；再加上我国上市公司普遍面临着资金缺血和融资约束问题，基于融资优序理论，公司会优先采用内源融资，而股利支付相对于刚性的薪酬支出具有一定的灵活性，被认为是成本较低的内源融资方式，特别是在我国股利支付不具有稳定性和连续性的新兴资本市场中。因此，客户集中可能会增加公司的经营风险，进而降低股利支付，经营风险在客户集中度与股利支付的负向关系中具有中介效应。

基于上述分析，提出本章待检验假设：

H1：客户集中增加了公司的经营风险。

H2：客户集中通过经营风险影响了股利支付意愿和水平，经营风险具有中介效应。

第三节　研究设计

一、样本选择

在第三章最终得到的 4608 家公司的 40680 个样本观察值[①]的基础上，删除未

---

①　其中披露了前五客户销售合计的样本为 32207 个样本，披露了第一大客户销售占比的样本为 29660 个，分别披露了前五客户销售占比的样本为 29591 个。

来经营风险和滞后一期盈利能力的缺失值，最终得到样本 32148 个①。同时为了消除离群值的影响，将所有连续变量进行了 1% 的 Winsorize 缩尾处理。财务数据来自 CSMAR 数据库，客户数据来自数据库中的财务报表附注，并通过手工整理得到。

二、模型设计

模型（5－1）同模型（3－1）和模型（3－2）用于估计客户集中度对股利支付意愿和水平，其中当估计股利支付意愿时为 Logit 模型，当估计股利支付水平时为 Tobit 模型。同时参照权小锋和吴世农（2010）、陈正林（2016）、程等（Cheng et al.，2008）的研究设定模型（5－2），以检验客户集中与公司的经营风险，同时根据中介效应检验的方法在模型（5－1）中加入公司未来的经营风险，即模型（5－3）。

$$
\begin{aligned}
Pay_{i,t} = {} & \alpha_0 + \alpha_1 Customer_{i,t} + \alpha_2 Lnsize_{i,t} + \alpha_3 Lev_{i,t} + \alpha_4 Cash_{i,t} \\
& + \alpha_4 MB_{i,t} + \alpha_5 Roa_{i,t} + + \alpha_6 Growth_{i,t} + \alpha_7 Retvol_{i,t} \\
& + \alpha_8 RE_{i,t} + \alpha_9 Lh10_{i,t} + \alpha_{10} Mshare_{i,t} + \alpha_{11} Big4_{i,t} \\
& + \alpha_{12} Lnage_{i,t} + \alpha_{13} Dual_{i,t} + \alpha_{14} Soe_{i,t} + \varepsilon_{i,t}
\end{aligned} \tag{5-1}
$$

$$
\begin{aligned}
Risk_{i,t+2} = {} & \beta_0 + \beta_1 Costomer_{i,t} + \beta_2 Roa_{i,t} + \beta_3 Roa_{i,t-1} + \beta_4 Lnsize_{i,t} + \beta_5 Lev_{i,t} \\
& + \beta_6 Growth_{i,t} + \beta_7 Retvol_{i,t} + \beta_8 Lnage_{i,t} + \beta_9 Lh10_{i,t} + \beta_{10} Dual_{i,t} \\
& + \beta_{11} Soe_{i,t} + \varepsilon_{i,t}
\end{aligned} \tag{5-2}
$$

$$
\begin{aligned}
Pay_{i,t} = {} & \upsilon_0 + \upsilon_1 Customer_{i,t} + \upsilon_2 Risk_{i,t+2} + \upsilon_3 Lnsize_{i,t} + \upsilon_4 Lev_{i,t} \\
& + \upsilon_5 Cash_{i,t} + \upsilon_6 MB_{i,t} + \upsilon_7 Roa_{i,t} + + \upsilon_7 Growth_{i,t} + \upsilon_8 Retvol_{i,t} \\
& + \upsilon_9 RE_{i,t} + \upsilon_{10} Lh10_{i,t} + \upsilon_{11} Mshare_{i,t} + \upsilon_{12} Big4_{i,t} + \upsilon_{13} Lnage_{i,t} \\
& + \upsilon_{14} Dual_{i,t} + \upsilon_{15} Soe_{i,t} + \varepsilon_{i,t}
\end{aligned} \tag{5-3}
$$

模型（5－2）的被解释变量为公司当年及未来两年的经营风险，主要采用三种衡量方式：（1）借鉴派特卡斯（2012）、王雄元和高开娟（2017）的研究，采用当前及后两期的销售收入对数的滚动标准差衡量未来三年收入的波动性，标准差越大表明公司的未来经营风险越大；（2）采用当年及后两年的 Roa 的滚动标准差衡量；（3）同时为了印证第四章的现金流机制，也采用了未来两年的现

---

① top5 对应的样本为 31797 个，top1 对应的样本为 28436 个，CC 对应的样本为 28338 个。

金流风险①。根据已有文献同时控制了公司当年的业绩 Roa 以及上年的 Roa，总资产的对数、销售收入增长率、月平均股票回报滚动标准差、资产负债率、公司年龄、公司是否国有、前 10 大股东持股比例、是否二职合一等变量。其他模型及变量说明同第三章。

上述三个模型分别同时控制了行业和年度效应，同时为了消除自相关和异方差的影响，采用以公司为聚类的稳健标准误。其中，模型（5-1）同模型（3-1）和模型（3-2），而模型（5-2）中的 $Risk_{i,t+2}$ 是公司未来三年的经营风险，代表的是中介变量，模型（5-3）中则同时放入了自变量 $Customer_{i,t}$ 和中介变量 $Risk_{i,t+2}$。由中介检验的程序可知②，在模型（5-1）中系数 α_1 显著异于 0 的条件下，如果模型（5-2）中的 β_1 和模型（5-3）中的 υ_2 都显著的话，则 $Risk_{i,t+2}$ 的中介效应存在，如果两者至少有一个不显著，则需要进一步做 sobel 检验，如果 Z 统计量及对应的 P 值显著则仍存在中介效应，否则不存在，并且模型（5-3）中的 $Customer_{i,t}$ 对被解释变量的影响要弱于模型（5-1）中 $Customer_{i,t}$ 对被解释变量的影响。

第四节 实证分析

一、描述性统计

表 5-1 列示了总体样本的描述性统计，结果显示：（1）股利支付率的均值为 28.9%，中位数为 19.7%，几乎与表 3-2 中的均值 25.3% 和中位数 19.8% 相等；（2）当年及未来两年的销售收入波动性、盈利能力波动性和现金流波动性的均值分别为 0.223、0.021 和 0.075，中位数分别为 0.157、0.013 和 0.053，标准差分别为 0.242、0.023 和 0.053，说明样本的销售收入波动性、盈利能力波动性和现金流的波动性分布均较为分散。

---

① 在稳健性检验中还采用了现有经营风险月平均股票收益滚动标准差 Retvol、应收账款占比 Recr 和现有现金流风险。

② 中介效应的检验流程详细参考：巴伦和肯尼（1986）、贾德和肯尼（1981）和温忠麟等（2005）。

表 5 - 1　　　　　　　　　　　总样本的描述性统计

变量	样本（个）	均值	标准差	中位数	最大值	最小值
Payratio	32148	0.289	0.286	0.197	1.493	0
Dumpay	32148	0.714	0.461	1	1	0
Top5	31797	31.26	21.57	22.90	97.58	1.020
Top1	28436	15.37	14.77	8.130	79.60	0.370
CC	28338	0.051	0.090	0.013	0.538	0
Ssale	32148	0.223	0.242	0.157	3.588	0
Sroa	32148	0.021	0.023	0.013	0.186	0
Scash	32148	0.075	0.053	0.053	0.702	0.001
Roa	32148	0.040	0.050	0.035	0.197	-0.147
Lroa	32148	0.045	0.0480	0.039	0.197	-0.147
Lnsize	32148	21.98	1.220	21.80	25.80	19.55
Lev	32148	0.463	0.205	0.472	0.881	0.046
Cash	32148	0.163	0.126	0.127	0.717	0.011
Growth	32148	0.174	0.414	0.113	3.178	-0.557
Retvol	32148	0.138	0.049	0.126	0.548	0.066
RE	32148	0.262	0.311	0.297	0.752	-1.867
Mshare1	32148	8.375	17.22	0.013	69.86	0
Lh10	32148	55.48	15.62	56.17	97.07	22.13
Lnage	32148	2.071	0.730	2.303	3.135	0.693
Dual	32148	0.198	0.398	0	1	0
SOE	32148	0.500	0.500	1	1	0

表 5 - 2 分别列示了按 Top5、Top1 和 CC 三变量的中位数分组后股利支付和经营风险的均值和中位数差异检验。结果显示：（1）无论是均值检验还是中位数检验，股利支付意愿和水平在客户集中度较高的组都显著低于客户集中较低的组别，并且差异都在 1% 的水平上显著，表明客户越集中，公司股利支付意愿和水平越低，与本书的预期相一致；（2）就经营风险而言，无论是未来销售收入波动性（Ssale）、盈利能力波动性（Sroa）、还是现金流波动性（Scash），客户集中度较高的组别显著高于集中度较低的组别，而股利支付在客户集中度较高的组别显著低于集中度较低的组别，并且均值差异检验的 T 和中位数差异检验的 Z 值都在 1% 的水平上显著，表明客户集中度越高，公司现有的和未来两年的经营风

险就会越高，初步验证了客户集中度较高—公司的经营风险较大—公司的股利支付意愿和水平较低这一逻辑推断。在后面的多元回归分析中，控制了影响公司经营风险的其他变量后仍得出一致的结论。

表 5 - 2　　　　　　　　　　　　分样本的描述性统计

Top5

变量	集中度较低组			集中度较高组			差异	
	N	Mean	Median	N	Mean	Median	T 值	Z 值
Dumpay	15912	0.741	1	15882	0.673	1	6.783***	6.766***
Payratio	15912	0.277	0.222	15882	0.242	0.177	5.610***	6.871***
Sroa	15912	0.025	0.013	15882	0.023	0.014	-6.430***	-4.712***
Ssale	15912	0.199	0.145	15882	0.248	0.174	-10.101***	-9.569***
Scash	15912	0.071	0.056	15882	0.082	0.071	-12.361***	-13.736***

Top1

变量	集中度较低组			集中度较高组			差异	
	N	Mean	Median	N	Mean	Median	T 值	Z 值
Dumpay	14299	0.756	1	14137	0.673	1	7.561***	7.574***
Payratio	14299	0.284	0.235	14137	0.24	0.174	6.140***	8.038***
Sroa	14299	0.02	0.013	14137	0.023	0.014	-5.558***	-5.362***
Ssale	14299	0.196	0.141	14137	0.24	0.166	-7.650***	-7.537***
Scash	14299	0.070	0.058	14137	0.083	0.072	-9.721***	-11.212***

CC

变量	集中度较低组			集中度较高组			差异	
	N	Mean	Median	N	Mean	Median	T 值	Z 值
Dumpay	14196	0.752	1	14142	0.676	1	6.828***	6.819***
Payratio	14196	0.282	0.23	14142	0.242	0.18	5.559***	6.937***
Sroa	14196	0.02	0.013	14142	0.023	0.014	-5.1956***	-4.510***
Ssale	14196	0.198	0.142	14142	0.238	0.165	-7.012***	-7.216***
Scash	14196	0.071	0.059	14142	0.083	0.072	-10.823***	-11.483***

注：***表示在1%的水平上显著。

　　表 5 - 3 列示了模型（5 - 2）中主要变量的相关系数。结果表明：（1）当年及未来两年的销售收入、盈利能力及现金流的波动率显著正相关；（2）客户集中度的三个指标分别与销售收入、盈利能力和现金流的波动率正相关，并且在1%

表 5 - 3

相关系数表

变量	Ssale	Sroa	Scash	Top5	Top1	CC	Roa	Lroa	Lnsize	Lev	Cash	Growth
Ssale	1											
Sroa	0.241***	1										
Scash	0.181***	0.094***	1									
Top5	0.110***	0.092***	0.122***	1								
Top1	0.060***	0.068***	0.061***	0.897***	1							
CC	0.042***	0.065***	0.050***	0.835***	0.960***	1						
Roa	-0.127***	-0.203***	0.119***	-0.059***	-0.047***	-0.026**	1					
Lroa	-0.094***	-0.085***	0.133***	-0.055***	-0.044***	-0.026**	0.659***	1				
Lnsize	-0.162***	-0.201***	-0.291***	-0.117***	-0.021*	0.0180	0.029***	0.028***	1			
Lev	-0.001	-0.032***	-0.328***	-0.087***	-0.026**	-0.012	-0.382***	-0.380***	0.485***	1		
Cash	0.009	-0.045***	0.354***	0.008	-0.005	-0.01	0.303***	0.282***	-0.215***	-0.433***	1	
Growth	0.0160	-0.066***	0.070***	0.024**	0.034***	0.023*	0.206***	-0.0140	0.076***	0.061***	0.019*	1
Retvol	0.173***	0.150***	0.050***	0.053***	0.039***	0.0150	-0.095***	-0.088***	-0.177***	0.066***	-0.018*	0.039***
Lnage	-0.009	0.024***	-0.242***	-0.044***	0.0150	0.042***	-0.137***	-0.164***	0.278***	0.368***	-0.226***	-0.053***

注：*** 表示在1%的水平上显著，** 表示在5%的水平上显著，* 表示在10%的水平上显著。

的水平上显著，符合客户集中增加公司经营风险的预期；（3）其他控制变量几乎与已有文献相一致，并且各变量间的相关系数均小于0.5，表明变量间不会存在严重的多重共线性。

二、基础回归

（一）假设 H1 的检验

表5-4 Panel A 是对假设 H1 的检验，即对模型（5-2）的检验，即客户集中对未来三年（含当年）经营风险的影响。回归采用混合的 OLS，并控制了行业和年度效应，并采用以公司为聚类的稳健标准误。第（1）列、第（2）列和第（3）列被解释变量是未来三年的销售收入的滚动标准差，第（4）列、第（5）列和第（6）列是未来三年的盈利能力的滚动标准差，第（7）列、第（8）列和第（9）列是未来三年的现金流的滚动标准差。具体而言，未来经营风险无论采用未来销售收入的标准差、未来盈利能力标准差还是未来现金流标准差衡量，在控制了其他因素的情况下，客户集中至少在5%的水平上与未来的经营风险显著正相关，表明客户集中增加了未来销售收入、盈利能力以及现金流的波动性，增加了风险，进一步完善了第三章的假设 H1b 的逻辑，同时也支持了本章的假设 H1。

（二）假设 H2 的检验

表5-4 Panel B 是对假设 H2 中股利支付水平的中介效应的检验，在模型（5-1）的基础上进一步加入中介变量 $Risk_{i,t+2}$，并同时控制了行业和年度效应，采用以公司为聚类的稳健标准误。具体而言，第（1）列、第（2）列和第（3）列的中介变量为销售收入的波动性 Ssale，第（4）列、第（5）列和第（6）列的中介变量为盈利能力的波动性 Sroa，第（7）列、第（8）列和第（9）列的中介变量为现金流的波动性 Scash。在前三列中 Ssale 与股利支付水平显著负相关，而且在表5-3 Panel A 中 Top5、Top1 和 CC 也分别与 Ssale 显著负相关，并且 Top5、Top1 和 CC 系数分别为 -0.0004、-0.0008，和 -0.116，与表3-5 Panel B 中的第（4）列、第（5）列和第（6）列中的 Top5、Top1 和 CC 系数 -0.001、-0.001和-0.136（分别在1%和5%的水平上显著）相比，经济影响有所削弱，符合中介效应的要求，而且根据前面的检验程序可知不需进一步做 Sobel 检验，

表 5 - 4 Panel A

客户集中度与未来经营风险 $Risk_{i,t+2}$

变量	(1)	(2)	(3)	(4)	(5)	(6)	(7)	(8)	(9)
	Ssale	Ssale	Ssale	Sroa	Sroa	Sroa	Scash	Scash	Scash
Top5	0.0013*** (5.41)			0.0001*** (2.82)			0.0003*** (5.63)		
Top1		0.0007*** (2.76)			0.0001** (2.53)			0.0002*** (3.48)	
CC			0.1091** (2.42)			0.0140*** (3.13)			0.0341*** (2.95)
Roa	-0.5274*** (-5.44)	-0.4792*** (-4.63)	-0.4749*** (-4.58)	-0.1123*** (-9.04)	-0.0935*** (-6.39)	-0.0942*** (-6.42)	-0.0909*** (-4.66)	-0.1044*** (-4.75)	-0.1033*** (-4.68)
L. Roa	-0.0380 (-0.41)	-0.144 (-1.33)	-0.116 (-1.05)	0.0420*** (4.21)	0.0275** (2.31)	0.0274** (2.31)	0.0713*** (4.27)	0.0729*** (3.89)	0.0710*** (3.80)
Controls	YES	YES	YES	YES	YES	YES	YES	YES	YES
cons	1.1082*** (4.66)	1.3689*** (14.39)	1.3878*** (14.43)	0.0901*** (9.04)	0.1008*** (9.85)	0.1024*** (10.07)	0.1537*** (8.86)	0.1804*** (8.00)	0.1724*** (8.84)
行业/年度	YES	YES	YES	YES	YES	YES	YES	YES	YES
N	31797	28436	28338	31797	28436	28338	31797	28436	28338
Adjusted R^2	0.0982	0.0944	0.0937	0.113	0.101	0.102	0.250	0.244	0.236
F 值	28.1738	20.4863	20.1726	32.8021	22.0204	22.0295	66.3104	51.1272	48.6870

表 5-4 Panel B

未来经营风险的中介效应检验（支付水平）

变量	(1) Payratio	(2) Payratio	(3) Payratio	(4) Payratio	(5) Payratio	(6) Payratio	(7) Payratio	(8) Payratio	(9) Payratio
Top5	-0.0004 (-1.57)			-0.0004 (-1.32)			-0.0003 (-1.45)		
Top1		-0.0008** (-2.44)			-0.0007* (-1.81)			-0.0008** (-1.99)	
CC			-0.116 (-1.52)			-0.0937 (-1.20)			-0.115 (-1.54)
Ssale	-0.0675*** (-2.75)	-0.0516* (-1.81)	-0.0541* (-1.94)						
Sroa				-2.5231*** (-9.41)	-2.4531*** (-8.09)	-2.4321*** (-8.16)			
Scash							-0.3414*** (-3.08)	-0.3461*** (-2.74)	-0.3451*** (-2.79)
Controls	YES	YES	YES	YES	YES	YES	YES	YES	YES
cons	-0.2400 (-1.50)	-0.0989 (-0.57)	-0.109 (-0.63)	-0.157 (-1.00)	-0.0006 (-0.00)	-0.0118 (-0.07)	-0.220 (-1.37)	-0.0716 (-0.41)	-0.0840 (-0.48)
行业/年度	YES	YES	YES	YES	YES	YES	YES	YES	YES
N	31797	28436	28338	31797	28436	28338	31797	28436	28338
Pseudo R^2	0.1844	0.1900	0.1924	0.1986	0.2046	0.2068	0.1846	0.1908	0.1932

表 5-4 Panel C

未来经营风险的中介效应检验（支付意愿）

变量	(1) Dumpay	(2) Dumpay	(3) Dumpay	(4) Dumpay	(5) Dumpay	(6) Dumpay	(7) Dumpay	(8) Dumpay	(9) Dumpay
Top5	-0.002 (-0.76)			-0.001 (-0.67)			-0.0013 (-0.64)		
Top1		-0.005 (-1.55)			-0.004 (-1.29)			-0.005 (-1.47)	
CC			-0.778 (-1.47)			-0.652 (-1.22)			-0.737 (-1.40)
Ssale	-0.241* (-1.71)	-0.112 (-0.79)	-0.121 (-0.78)						
Sroa				-12.621*** (-6.87)	-12.311*** (-6.31)	-13.031*** (-6.49)			
Scash							-2.013*** (-2.91)	-2.201** (-2.39)	-2.121** (-2.41)
Control	YES	YES	YES	YES	YES	YES	YES	YES	YES
行业/年度	YES	YES	YES	YES	YES	YES	YES	YES	YES
N	31786	28418	28317	31786	28418	28317	31786	28418	28317
Pseudo R²	0.3462	0.3443	0.3466	0.3541	0.3527	0.3547	0.3469	0.3453	0.3475

注：*** 表示在 1% 的水平上显著，** 表示在 5% 的水平上显著，* 表示在 10% 的水平上显著，括号内数值为 t 值。

Ssale 具有中介效应的作用；同理可知在第（4）列、第（5）列和第（6）列中 Sroa 和第（7）列、第（8）列和第（9）列中的 Scash 也符合中介效应的要求。

表 5 - 4 Panel C 是对假设 H2 中股利支付意愿的中介效应检验，相比表 3 - 5 Panel A 中 Top5、Top1 和 CC 回归系数 - 0.003、- 0.007 和 - 1.164，该表中相应系数的经济影响有所变弱，但是第（2）列和第（3）列 Ssale 系数不再显著，根据中介效应的要求，需要进一步进行 Sobel 检验。结果表明：Top1 对应的 Sobel 检验的 Z 值为 - 0.9885，P 值为 0.323，且重复 1000 次的 bootstrap 检验的 P 值为 0.358，表明 Top1 与 Ssale 的交乘系数不显著异于零；CC 对应的 Sobel 检验的 Z 值为 - 0.8437，P 值为 0.399，且重复 1000 次的 bootstrap 检验的 P 值为 0.503，表明 CC 与 Ssale 的交乘系数不显著异于 0，所以中介变量 Ssale 在第（2）列和第（3）列中不完全成立。但根据前面分析可知，第（4）列、第（5）列、第（6）列中的 Sroa 和第（7）列、第（8）列和第（9）列中的 Scash 具有中介效应。结合表 5 - 4 Panel A 和表 5 - 4 Panel B 的结果，表明经营风险的中介效应基本上得到支持①。

三、稳健性检验

表 5 - 4 Panel A 和表 5 - 4 Panel B 的结果表明客户集中会增加未来两年经营风险，从而降低了股利支付。但是结果还可能存在变量衡量偏误、内生性问题（反向因果、样本自选择）的可能性，本部分拟从改变以下几个方面检验上述结果的稳健性。

（一）将解释变量滞后一期

表 5 - 4 Panel A 中被解释变量是当年及未来两年的经营风险，解释变量是当年的客户集中度，在一定程度上缓解了反向因果关系。为了进一步保证结果的稳健性，同时为了验证客户集中带来的经营风险的长期效应，又将解释变量滞后一期重复表 5 - 4 Panel A 中的回归。如表 5 - 5 所示，第（1）列、第（2）列和第（3）列中滞后一期的客户集中指标仍与未来的销售收入波动性显著正相关，第（4）列、第（5）列、第（6）列和第（7）列、第（8）列和第（9）列中的结果与此类似，虽然显著性水平略微有所下降。总之，滞后一期的解释变量仍保持结果不变，支持了假设 H1，即客户集中增加了公司的未来经营风险。

---

① 后面的稳健性检验中仅仅检验风险对股利支付水平的中介效应。

表 5 - 5　　稳健性检验 1：解释变量滞后一期

变量	(1) Ssale	(2) Ssale	(3) Ssale	(4) Sroa	(5) Sroa	(6) Sroa	(7) Scash	(8) Scash	(9) Scash
L. Top5	0.0010*** (4.59)			0.0001** (2.38)			0.0003*** (4.86)		
L. Top1		0.0012*** (2.81)			0.0001** (2.01)			0.0003*** (3.99)	
L. CC			0.1631** (2.38)			0.0115* (1.91)			0.0454*** (4.03)
L. Roa	-0.5877*** (-5.48)	-0.5044*** (-4.13)	-0.5153*** (-4.22)	-0.0385*** (-2.80)	-0.0223 (-1.28)	-0.0220 (-1.26)	-0.0215 (-1.26)	-0.0375* (-1.76)	-0.0375* (-1.76)
L. Lroa	0.1859* (1.84)	0.0691 (0.68)	0.0772 (0.76)	0.00960 (0.80)	-0.00300 (-0.20)	-0.00470 (-0.32)	0.0161 (0.98)	0.0255 (1.23)	0.0222 (1.09)
Controls	YES	YES	YES	YES	YES	YES	YES	YES	YES
cons	0.9413*** (11.70)	0.8996*** (9.81)	1.2251*** (4.67)	0.0766*** (8.53)	0.0699*** (6.53)	0.0625*** (5.66)	0.1836*** (10.06)	0.1963*** (9.51)	0.2110*** (7.42)
行业/年度	YES	YES	YES	YES	YES	YES	YES	YES	YES
N	28341	24981	24880	28341	24981	24880	28341	24981	24880
Adjusted R^2	0.0883	0.0836	0.0835	0.0748	0.0706	0.0694	0.270	0.279	0.274
F 值	20.1413	14.9808	14.9029	16.9665	12.6302	12.3756	72.63	58.80	57.17

注：*** 表示在 1% 的水平上显著，** 表示在 5% 的水平上显著，* 表示在 10% 的水平上显著，括号内数值为 t 值。

（二） 改变未来经营风险的衡量方式

借鉴陈正林（2016）的研究分别采用托宾 Q 方差以及 Roe 的方差衡量公司风险。因为假设 H1 关注的是未来的经营风险，因此，本书采用当年及未来两年的托宾 Q 和 Roe 的滚动标准差衡量，分别代入模型（5-2）中，复制表 5-4 Panel A 的回归。结果表明：客户集中与未来两年的托宾 Q 和 Roe 标准差显著正相关，进一步稳健地支持了假设 H1，表省略不再赘述。

（三） 自选择问题

具有某类公司特征的公司可能本身就具有较高的经营风险，而该类公司也刚好有较高的客户集中度，因此，样本可能存在自选择问题。为此本部分采用匹配倾向得分法进行控制。我们以企业当年的 Top5（Top1 和 CC）是否大于行业年度样本中位数为标准来划分处理组和控制组，采用 Logit 回归计算倾向得分，以股票收益波动率 Retvol、资产规模 Lnsize、盈利能力 Roa、财务杠杆 Lev、销售收入增长率 Growth、产权性质 SOE、公司年龄 Lnage、市账比 MB、是否较高的自由现金流 Mfcf、是否较多的投资机会 mq、行业赫芬达尔指数 HHI 为匹配变量，基于企业当年的数据进行倾向得分匹配（PSM）分析，采用模型最为常用的"最近邻匹配"（nearest neighbor matching）方法对处理组和控制组进行匹配。在 32148 个样本中 Top5（Top1 和 CC）匹配上的 24863（21561 和 19897）个，当分别以 Top5（Top1 和 CC）分别作为处理变量时，Ssale、Sroa 和 Scash 平均处理效应的 T 值分别为 4.82、1.66 和 5.82（5.22、2.06 和 5.02；2.31、1.62 和 4.72），并且基本满足平行假说，匹配后实验组和控制组差异的 T 值基本上都大于 10%，匹配后的处理组和控制组的 PS 分值核密度函数分布基本一致。仅仅以匹配上的实验组和控制组为样本进行多元回归，结果如表 5-6 所示，客户集中度指标几乎都显著为正，表明在控制了可能的自选择问题后，结论基本上支持了假设 H1。

（四） 现有风险影响股利支付吗？

基本回归中的表 5-4 Panel B 验证了客户集中通过未来的经营风险影响了股利支付。本小节试图探讨公司现有风险是否也有此效应？根据已有文献，风险采用两种衡量方式：（1）借鉴蔡伊和苏（2009）的方法，分别采用前 2 年（包含当年）月平均股票收益的滚动标准差（Retvol）衡量现有的现金流不确定性风险，当公司的现金流不确定时，股票价格更容易波动；（2）考虑到公司与客户交

表5-6

稳健性检验2：样本自选择问题

变量	(1) Ssale	(2) Sroa	(3) Scash	(4) Ssale	(5) Sroa	(6) Scash	(7) Ssale	(8) Sroa	(9) Scash
Top5	0.0012*** (4.47)	0.0001*** (2.69)	0.0002*** (4.69)						
Top1				0.0007** (2.54)	0.0001*** (2.86)	0.0002*** (3.01)			
CC							0.0725 (1.52)	0.0158*** (3.11)	0.0261** (2.34)
Roa	-0.5201*** (-4.54)	-0.1237*** (-8.62)	-0.0664*** (-3.58)	-0.4378*** (-3.65)	-0.1040*** (-6.32)	-0.0764*** (-3.48)	-0.5144*** (-4.49)	-0.1163*** (-6.83)	-0.0826*** (-3.40)
Lroa	-0.136 (-1.22)	0.0457*** (3.87)	0.0552** (2.49)	-0.2301* (-1.80)	0.0291** (2.11)	0.0518* (1.88)	-0.2556* (-1.86)	0.0398*** (2.70)	0.0562* (1.92)
Controls	YES	YES	YES	YES	YES	YES	YES	YES	YES
cons	0.7628*** (6.73)	0.0842*** (7.94)	0.1803*** (7.20)	0.8787*** (4.03)	0.0696*** (5.90)	0.2095*** (5.52)	0.7225*** (3.52)	0.0840*** (6.11)	0.2248*** (7.05)
Ind/year	YES	YES	YES	YES	YES	YES	YES	YES	YES
N	24863	24863	24863	21561	21561	21561	19897	19897	19897
Adjusted R^2	0.0909	0.125	0.245	0.0858	0.110	0.240	0.0890	0.117	0.238
F值	8.502	10.91	28.79	7.302	10.71	24.48	6.463	13.87	22.20

注：*** 表示在1%的水平上显著，** 表示在5%的水平上显著，* 表示在10%的水平上显著，括号内数值为 t 值。

易的结果直接体现为应收账款，应收账款占比（Recr）体现着双方相对议价能力的大小，占比越大则是客户直接对公司利益的侵占越大，另外应收账款占比越大发生坏账的可能性越大，因此，应收账款占比是客户给公司带来经营风险的一种渠道，该部分拟检验应收账款占比的风险效应。除了将模型（5 – 2）中的 $Risk_{i,t+2}$ 替换为 Retvol 和 Recr，复制表 5 – 4 Panel B 回归结果①。

表 5 – 7 Panel A 检验了客户集中对现有经营风险的影响，客户集中与现有经营风险都显著正相关，表明客户集中增加了公司的现有风险，也进一步支持了第三章的假设 H1b；就控制变量而言，盈利能力越高、资产规模越大、公司年龄越长，公司的现有风险越小，国企相对民企经营风险也较小，而资产负债率和成长性会增加公司的现有经营风险。表 5 – 7 Panel B 是对模型（5 – 3）的检验，在模型（5 – 1）的基础上分别加入中介变量 Retvol 和 Recr，具体而言，第（1）列、第（2）列和第（3）列中的中介变量 Retvol 与股利支付显著负相关，因此，无须进行 Sobel 检验；第（4）列、第（5）列和第（6）列结果与第（1）列、第（2）列和第（3）列类似，中介变量 Recr 也与股利支付显著负相关。研究结果表明，客户集中也通过现有的经营风险影响了股利支付的水平。

表 5 – 7 Panel A　　　　　　　　　　　　　　**客户集中与现有经营风险**

变量	(1)	(2)	(3)	(4)	(5)	(6)
	Retvol	Retvol	Retvol	Recr	Recr	Recr
Top5	0. 0001 ***			0. 0017 ***		
	(4. 54)			(8. 54)		
Top1		0. 0002 ***			0. 0017 ***	
		(3. 62)			(5. 89)	
CC			0. 0151 **			0. 2423 ***
			(2. 41)			(5. 47)
Roa	− 0. 0518 ***	− 0. 0268 *	− 0. 0268 *	− 0. 4883 ***	− 0. 5543 ***	− 0. 5423 ***
	(− 4. 08)	(− 1. 81)	(− 1. 80)	(− 8. 75)	(− 8. 57)	(− 8. 50)
L. Roa	− 0. 0401 ***	− 0. 0615 ***	− 0. 0634 ***	0. 0614	0. 0942 *	0. 0692
	(− 3. 02)	(− 3. 90)	(− 4. 01)	(1. 22)	(1. 68)	(1. 25)

---

① 此外，该部分还检验了现有现金流风险（近五年的现金流滚动标准差），结果表明 Top5、Top1 和 CC 的系数分别为 0. 0003、0. 0003 和 0. 0454，均在 1% 的水平上显著；而且在客户集中与股利支付意愿和水平的负向关系中均具有中介效应，Sobel 检验对的 P 值分别为 0. 00056、0. 0054、0. 0053，进一步验证了第三章的逻辑，迎合了第四章的机制。

续表

变量	（1）Retvol	（2）Retvol	（3）Retvol	（4）Recr	（5）Recr	（6）Recr
Controls	YES	YES	YES	YES	YES	YES
cons	0.3576 ***	0.3341 ***	0.3992 ***	0.6158 ***	0.6954 ***	0.6377 ***
	(21.49)	(16.75)	(32.09)	(7.87)	(8.07)	(8.48)
行业/年度	YES	YES	YES	YES	YES	YES
N	29084	28087	28021	29084	28087	28021
Adjusted R^2	0.425	0.417	0.417	0.258	0.242	0.238
F 值	221.8078	100.7499	100.2451	84.7391	53.1014	51.1510

表 5 - 7 Panel B　　　　　　　现有经营风险的中介效应检验

变量	（1）Payratio	（2）Payratio	（3）Payratio	（4）Payratio	（5）Payratio	（6）Payratio
Top5	- 0.0007 **			- 0.0004 **		
	(- 2.56)			(- 2.39)		
Top1		- 0.0011 ***			- 0.0008 **	
		(- 2.79)			(- 2.55)	
CC			- 0.1331 **			- 0.1247 **
			(- 2.31)			(- 2.22)
Retvol	- 0.1738 ***	- 0.1594 **	- 0.1475 **			
	(- 2.61)	(- 2.14)	(- 1.98)			
Recr				- 0.0639 ***	- 0.0449 *	- 0.0470 *
				(- 2.73)	(- 1.78)	(- 1.86)
Controls	YES	YES	YES	YES	YES	YES
cons	- 0.3730 ***	- 0.228	- 0.2384 *	- 0.3768 ***	- 0.2362 *	- 0.2405 *
	(- 2.85)	(- 1.59)	(- 1.68)	(- 2.89)	(- 1.65)	(- 1.69)
行业/年度	YES	YES	YES	YES	YES	YES
N	32207	29660	29591	32207	29660	29591
Pseudo R^2	0.2055	0.2059	0.2067	0.2060	0.2060	0.2069

注：*** 表示在1%的水平上显著，** 表示在5%的水平上显著，* 表示在10%的水平上显著，括号内数值为 t 值。

综上所述，研究结论稳健地支持了假设 H1，即客户集中增加了公司的经营风险；且假设 H2 也得到了进一步支持，无论是未来经营风险还是现有经营风险，客户集中可以通过其对股利支付产生影响，经营风险在客户集中度与股利支付负向关系中有中介效应。

四、进一步分析

客户集中给公司带来了经营风险，管理层预计到面临的不确定性，出于预防动机需要持有较多的现金，而股利支付作为内部融资来源，公司会降低股利支付。更进一步，我们还需考虑：（1）依存性公司在降低股利支付的情况下，公司是否真的增加了内部现金持有量？能否排除增加现金持有的竞争性假说？（2）市场是否会意识到客户集中的风险？

（一）公司真的增加了现金持有吗？

衍生金融市场的发展以及对现金预测和控制的改进可能会降低现金持有的预防动机，但是公司却长期面临着较高的异质风险（Campbell et al.，2001），这种异质风险增加了公司现金流的波动（Irvine and Pontiff，2008），其需要持有较多的现金作为预防。而客户集中度较高时会给公司带来经营风险，属于公司特有的异质风险（Habib et al.，2015；陈正林，2016），会带来较高的债务和权益成本（Dhaliwal et al.，2016；江伟，2017），因此，客户集中较高的公司可能会持有较多的现金。

现有文献主要采用三种方式衡量现金持有水平：（1）CH1：（现金 + 现金等价物）/总资产；（2）CH2：（现金 + 现金等价物）/（总资产 – 现金及现金等价物）。（3）CH3：（货币资金 + 交易性金融资产）/总资产；本书同时采用这三种衡量方式，并借鉴伊茨科维茨（Itzkowitz，2012）、王勇和刘志远（2016）的研究，对变量做 ln（1 + 现金持有水平）形式的变换以消除异常值[①]。根据已有文献同时控制资产规模（lnsize）、资产负债比率（Lev）、市账比（MB）、资本支出（Capexratio）（构建固定资产、无形资产和其他长期资产所支付的现金/期末总资产）、净营运资本（NWC）〔（流动资产 – 流动负债）/总资产〕、现金流比（CFratio）（自由现金流/总资产）、公司银行债务比（Bdebt）〔（长期借款 + 短期借款）/负债总额〕、销售费用率（Se）、管理费用率（Adm）、研发支出比重（Rdratio）（研发支出/营业收入）、是否支付股利（Dumpay），同时借鉴张志宏和陈峻（2015）的做法，考虑到客户可能对公司业绩的影响，控制应收账款占比

---

① 因为现金持有量是大于 0 小于 1 的比值，取对数时需要加 1，否则变化形式后值为负数。

（Recr），同时考虑到逻辑的先后①以及缓解内生性问题，将解释变量和控制变量滞后一期，采用混合的 OLS 回归模型，并同时控制了行业和年度效应，为了消除自相关和异方差，也采用以公司为聚类的稳健标准误。

表 5 - 8 报告了客户集中度对公司现金持有水平的影响。第（1）列、第（2）列和第（3）列的被解释变量是 CH1，第（4）列、第（5）列和第（6）列被解释变量为 CH2，第（7）列、第（8）列和第（9）列的被解释变量为 CH3，解释变量都为 Top5、Top1 和 CC。结果显示：除了第（3）列中不显著外，其他都显著为正，基本可以表明公司客户集中越高，持有的现金水平越高，与 Itzkowitz（2012）、张志宏和陈峻（2015）研究结论一致。结合表 5 - 4 Panel A 的结果以及稳健性检验，可以表明客户集中增加了公司的经营风险，并且客户集中度较高的公司也持有了较高的现金水平，由此可以合理推断第三章的研究结论——客户集中降低股利支付，主要是因为客户集中给公司带来了异质风险，管理层出于预防动机需要持有较多的现金，因此，要降低股利支付，从而进一步印证本书的逻辑。

1. 排除竞争性假说：代理动机

前面研究结果表明客户集中度较高的公司持有了较多的现金，主要是出于预防动机，但也可能存在增加现金持有的其他假说，而不是因为客户集中增加的风险导致的预防动机。其中持有现金的代理动机认为，当公司的代理问题较严重时，就会持有较多的现金。詹森（Jensen，1986）认为，当公司的投资机会较少时，管理层倾向于保留较多的现金而不是分配给股东，这样可以回避管理层面临的资本市场的监督，从而可以偷懒懈怠、在职消费、建立商业帝国等利己行为。这主要是源于管理层与股东之间的代理问题，因此，被称为持有现金的代理动机。

已有文献也支持了这一假设。迪特马尔等（Dittmar et al.，2003）研究认为，在投资者保护较弱的国家，公司的现金持有水平较高，可能是代理问题所致；哈福德等（Harford et al.，2008）也支持这一观点，以美国数据为样本，研究表明，公司治理与现金持有水平负相关；迪特马尔和马赫特—史密斯（Dittmar and Mahrt-Smith，2007），哈福德等（2008）研究也表明，固守的经理更倾向于保留较多的现金；更进一步，平可维兹等（2006）采用国家层面数据，研究表明，代理问题较弱国家的现金边际价值（0.91 美元）要远远大于代理问题较严重的国

---

① 公司现金持有量的增加是由于客户集中风险而降低股利支付的经济后果，所以从逻辑上讲，自变量与控制变量应该滞后一期。

表 5-8　客户集中增加了现金持有水平吗?

变量	(1) CH1	(2) CH1	(3) CH1	(4) CH2	(5) CH2	(6) CH2	(7) CH3	(8) CH3	(9) CH3
L.Top5	0.0002** (2.46)			0.0005*** (5.02)			0.0002*** (2.89)		
L.Top1		0.0002* (1.87)			0.0005*** (3.94)			0.0004** (2.34)	
L.CC			0.0235 (1.51)			0.0723*** (3.71)			0.0367* (1.84)
L.Recr	-0.0761*** (-10.53)	-0.0742*** (-9.56)	-0.0755*** (-9.80)	-0.1543*** (-19.23)	-0.1517*** (-16.14)	-0.1541*** (-16.29)	-0.0814*** (-10.16)	-0.0816*** (-9.21)	-0.0843*** (-9.65)
L.recturn	0 (1.41)	0 (0.46)	0 (0.47)	0.0000*** (4.69)	0.0000** (2.24)	0.0000** (2.25)	0.0000 (1.15)	0.0000 (0.23)	0.0000 (0.21)
L.Lnsize	-0.0024* (-1.83)	-0.0035** (-2.34)	-0.0036** (-2.37)	-0.0045*** (-2.93)	-0.0071*** (-3.69)	-0.0073*** (-3.75)	-0.00240 (-1.62)	-0.0038** (-2.35)	-0.0039** (-2.43)
L.Lev	0.0446*** (4.11)	0.0464*** (3.82)	0.0486*** (3.97)	0.0869*** (7.39)	0.0972*** (6.70)	0.1006*** (6.89)	0.0761*** (6.06)	0.0806*** (5.64)	0.0828*** (5.80)
L.MB	0.0022** (2.54)	0.0019* (1.92)	0.0017* (1.76)	0.0035*** (3.43)	0.0027** (2.24)	0.0024** (1.99)	0.0013 (1.30)	0.0009 (0.78)	0.0006 (0.51)
L.Growth	0.0008 (0.42)	0.0023 (1.03)	0.0023 (1.01)	0.0017 (0.55)	0.0047 (1.28)	0.0045 (1.21)	0.0024 (1.13)	0.0034 (1.30)	0.0034 (1.33)
L.NWC	0.1990*** (22.85)	0.2000*** (20.71)	0.2033*** (20.83)	0.3464*** (37.58)	0.3510*** (31.21)	0.3569*** (31.43)	0.2168*** (22.79)	0.2213*** (20.93)	0.2251*** (21.13)

续表

变量	(1) CH1	(2) CH1	(3) CH1	(4) CH2	(5) CH2	(6) CH2	(7) CH3	(8) CH3	(9) CH3
L. CFratio	0.1881***	0.2022***	0.2080***	0.3533***	0.3834***	0.3938***	0.1787***	0.1889***	0.1953***
	(13.06)	(11.80)	(12.13)	(18.13)	(15.88)	(16.23)	(11.85)	(10.29)	(10.62)
L. Capexratio	-0.1200***	-0.1152***	-0.1152***	-0.2438***	-0.2396***	-0.2388***	-0.1533***	-0.1511***	-0.1493***
	(-6.95)	(-5.81)	(-5.79)	(-9.03)	(-7.37)	(-7.31)	(-8.14)	(-6.95)	(-6.88)
L. Bdebt	-0.0477***	-0.0402***	-0.0379***	-0.0739***	-0.0638***	-0.0598***	-0.0512***	-0.0437***	-0.0409***
	(-8.11)	(-6.14)	(-5.81)	(-10.49)	(-7.48)	(-6.97)	(-7.86)	(-5.94)	(-5.61)
L. Se	0.0498**	0.0484**	0.0437**	0.0992***	0.0997***	0.0902***	0.0368*	0.0398*	0.0351
	(2.51)	(2.22)	(2.00)	(5.25)	(4.53)	(4.11)	(1.70)	(1.67)	(1.47)
L. Adm	0.0364*	0.0405*	0.0504*	0.0976***	0.1010***	0.1267***	0.0248	0.0334	0.0422
	(1.87)	(1.87)	(1.91)	(5.66)	(5.24)	(5.75)	(1.00)	(1.14)	(1.31)
L. Rdratio	0.0021***	0.0021***	0.0020***	0.0046***	0.0046***	0.0043***	0.0032***	0.0030***	0.0030***
	(4.49)	(3.96)	(3.69)	(9.38)	(7.85)	(7.28)	(5.89)	(4.96)	(4.77)
L. Dumpay	0.0022	0.0015	0.0017	-0.0004	-0.0016	-0.0011	0.0001	-0.0005	-0.0001
	(0.96)	(0.56)	(0.65)	(-0.11)	(-0.39)	(-0.27)	(0.03)	(-0.16)	(-0.05)
cons	0.2493***	0.3253***	0.2092***	0.3289***	0.4676***	0.2809***	0.1768***	0.3164***	0.2202***
	(9.00)	(10.52)	(5.62)	(4.09)	(4.07)	(3.21)	(4.76)	(9.44)	(5.33)
Ind/year	YES	YES	YES	YES	YES	YES	YES	YES	YES
N	28345	25218	25136	28345	25218	25136	28345	25218	25136
Adjusted R^2	0.394	0.390	0.390	0.361	0.354	0.356	0.397	0.398	0.400
F值	195.3137	139.4618	139.1193	170.2	119.9	120.0	175.0586	124.6664	124.7390

注: *** 表示在 1% 的水平上显著, ** 表示在 5% 的水平上显著, * 表示在 10% 的水平上显著, 括号内数值为 t 值。

家（0.33 美元）；迪特马尔等（Dittmar et al.，2007）也得出类似结论，较高的公司治理水平可以提高现金的价值，几乎相当于治理较差时的 2 倍。因此，本书可以通过检验代理成本高低组间的现金持有量及现金持有量的边际价值来进一步考察现金持有的代理动机假说是否成立。

本书借鉴贝茨等（Bates et al.，2009）的研究采用两种方法检验现金持有的代理动机假说是否成立：（1）按照公司自由现金流量和托宾 Q 分组，检验不同代理成本组别间的现金持有量差异。如果代理成本较高组的现金持有显著高于代理成本较低组，则前面的研究结论不能排除代理动机假说，反之可以排除。代理成本采用自由现金流和投资机会组合衡量，其中企业自由现金流采用"企业的净利润 + 利息费用 + 非现金支出 – 营运资本追加 – 资本性支出"来衡量；投资机会采用托宾 Q 衡量，将自由现金流与托宾 Q 按行业年度样本中位数划分，其中较高的自由现金流和较低的投资机会组合代表较高的代理成本，较低的自由现金流和较高的投资机会组合代表较低的代理成本，并生成虚拟变量 Dumagency，代理成本较高时取 1，否则取 0；（2）通过检验现金持有价值考察代理动机是否成立。前面研究表明客户越集中，公司持有预防动机的现金越多，因此，可以通过考察现金持有边际价值在客户集中度较高的组是否显著低于客户集中度较低组来检验代理动机假说是否成立。如果在客户较集中的子样本中，现金流的边际价值并没有显著下降，则可以进一步排除代理动机假说，反之则不能排除。

表 5 – 9 报告了现金持有的代理动机检验，其中表 5 – 9 Panel A 是按 Dumagency 将样本分为代理成本较高组和较低组，并分别检验高低组间现金持有量均值和中位数的差异。结果显示：无论采用哪种现有持有量的衡量方式，代理成本较低组的现金持有量的均值和中位数显著高于代理成本较高组，与现金持有的代理动机假设预测相悖，因此，可以初步排除该假说。

表 5 – 9 Panel A　　　　　　　　　现金持有的代理动机检验 1

变量	代理成本低组			代理成本高组			差异检验	
	N	Mean	Median	N	Mean	Median	T 值	Z 值
CH1	8043	0.210	0.186	8126	0.128	0.111	35.163 ***	32.302 ***
CH2	8634	0.192	0.165	8655	0.108	0.090	30.351 ***	36.887 ***
CH3	8634	0.279	0.198	8655	0.131	0.099	34.056 ***	36.887 ***

表 5 – 9 Panel B　　　　　　　现金持有的代理动机检验 2：CH1

变量	(1) 集中高	(2) 集中低	(3) 集中高	(4) 集中低	(5) 集中高	(6) 集中低
	MV	MV	MV	MV	MV	MV
CH1	2. 1436 **	2. 0511 ***	2. 3031 *	2. 1541 ***	2. 5414 **	1. 8251 ***
	(2. 31)	(4. 22)	(1. 93)	(3. 51)	(2. 26)	(4. 13)
CFratio	2. 0597 *	3. 7662 ***	0. 869	4. 2490 ***	1. 207	3. 7884 ***
	(1. 92)	(5. 02)	(0. 68)	(5. 43)	(0. 91)	(5. 83)
DCFratio	− 0. 167	− 0. 9366 ***	− 0. 0165	− 0. 6513 *	− 0. 0749	− 0. 8660 ***
	(− 0. 40)	(− 2. 98)	(− 0. 03)	(− 1. 91)	(− 0. 15)	(− 3. 10)
FDCFratio	0. 475	1. 4569 ***	− 0. 484	2. 2721 ***	− 0. 186	1. 5425 ***
	(0. 43)	(3. 19)	(− 0. 34)	(3. 91)	(− 0. 12)	(4. 18)
DNA3	− 0. 0000 ***	0. 0000	− 0. 0000 *	− 0. 0000 ***	− 0. 0000 *	− 0. 0000 **
	(− 2. 95)	(− 1. 48)	(− 1. 82)	(− 3. 40)	(− 1. 79)	(− 2. 02)
FDNA3	− 0. 0000 ***	− 0. 0000 **	− 0. 0000 *	− 0. 0000 *	− 0. 0000 *	− 0. 0000 **
	(− 2. 70)	(− 2. 05)	(− 1. 92)	(− 1. 81)	(− 1. 92)	(− 2. 27)
Interest	− 37. 7048 ***	− 36. 2352 ***	− 39. 7815 ***	− 36. 5663 ***	− 36. 3212 ***	− 37. 6771 ***
	(− 9. 04)	(− 11. 91)	(− 8. 00)	(− 10. 61)	(− 7. 12)	(− 13. 65)
DInterest	19. 4500 ***	17. 0150 ***	17. 9602 ***	13. 6869 ***	16. 0807 **	22. 2975 ***
	(3. 39)	(3. 89)	(2. 80)	(2. 75)	(2. 33)	(5. 82)
FDInterest	− 9. 8845 **	− 11. 2402 **	− 18. 5740 ***	− 7. 582	− 16. 9159 **	− 7. 7621 *
	(− 2. 18)	(− 2. 52)	(− 3. 01)	(− 1. 58)	(− 2. 41)	(− 1. 90)
Payratio	− 1. 2546 ***	− 0. 8095 ***	− 1. 3435 ***	− 0. 9039 ***	− 1. 2663 ***	− 0. 9012 ***
	(− 5. 12)	(− 5. 60)	(− 4. 53)	(− 5. 14)	(− 4. 47)	(− 6. 89)
DPayratio	0. 3778 ***	0. 0640	0. 3151 ***	0. 113	0. 2584 **	0. 2015 ***
	(4. 02)	(0. 78)	(2. 73)	(1. 07)	(2. 29)	(2. 83)
FDPayratio	− 0. 4986 ***	− 0. 3968 ***	− 0. 5369 ***	− 0. 4237 ***	− 0. 5082 ***	− 0. 3967 ***
	(− 4. 34)	(− 5. 83)	(− 4. 06)	(− 5. 51)	(− 4. 10)	(− 5. 93)
Capexratio	0. 1610	− 0. 2920	0. 2020	− 0. 4020	0. 2820	− 0. 3250
	(0. 20)	(− 0. 38)	(0. 23)	(− 0. 50)	(0. 33)	(− 0. 47)
DCapexratio	0. 1490	0. 5620	0. 2170	0. 6460	− 0. 1930	0. 8072 *
	(0. 28)	(1. 22)	(0. 37)	(1. 17)	(− 0. 30)	(1. 85)
FDCapexratio	1. 4666 **	0. 521	1. 8490 **	0. 628	1. 5267 *	0. 730
	(2. 01)	(0. 90)	(2. 04)	(0. 96)	(1. 66)	(1. 35)

续表

变量	（1）集中高	（2）集中低	（3）集中高	（4）集中低	（5）集中高	（6）集中低
	MV	MV	MV	MV	MV	MV
FDMV	− 0. 5613 **	− 0. 4026 ***	− 0. 6225 **	− 0. 5497 ***	− 0. 7227 **	− 0. 2992 ***
	（ − 2. 40）	（ − 9. 20）	（ − 2. 27）	（ − 8. 81）	（ − 2. 46）	（ − 4. 70）
cons	3. 9425 ***	5. 1805 ***	2. 6087 ***	2. 9769 ***	5. 5947 ***	3. 6012 ***
	（4. 18）	（36. 83）	（4. 67）	（19. 19）	（5. 72）	（24. 41）
行业/年度	YES	YES	YES	YES	YES	YES
N	8603	9625	7536	7819	7496	11244
Adjusted R²	0. 3206	0. 4097	0. 3317	0. 4687	0. 3639	0. 3667
F 值	58. 2310	87. 3312	47. 2285	85. 1384	53. 6995	89. 0998

表 5 – 9 Panel C   现金持有的代理动机检验 2：CH2

变量	（1）集中高	（2）集中低	（3）集中高	（4）集中低	（5）集中高	（6）集中低
	MV	MV	MV	MV	MV	MV
CH2	1. 3151 *	0. 8315 ***	1. 2401 *	1. 0501 **	1. 4522 *	0. 8723 ***
	（1. 93）	（3. 21）	（1. 81）	（2. 49）	（1. 89）	（3. 58）
control	YES	YES	YES	YES	YES	YES
行业/年度	YES	YES	YES	YES	YES	YES
N	8603	9625	7536	7819	7496	11244
Adjusted R²	0. 322	0. 408	0. 332	0. 468	0. 365	0. 366
F 值	58. 5728	86. 9189	47. 3799	84. 8168	54. 0005	88. 8881

表 5 – 9 Panel D   现金持有的代理动机检验 2：CH3

变量	（1）集中高	（2）集中低	（3）集中高	（4）集中低	（5）集中高	（6）集中低
	MV	MV	MV	MV	MV	MV
CH3	1. 258	1. 637 ***	1. 335	1. 689 ***	1. 572 *	1. 374 ***
	（1. 46）	（3. 43）	（1. 38）	（3. 03）	（1. 88）	（3. 64）
control	YES	YES	YES	YES	YES	YES
行业/年度	YES	YES	YES	YES	YES	YES
N	8587	9305	7499	7703	9245	9312
Adjusted R²	0. 317	0. 408	0. 328	0. 467	0. 293	0. 445
F 值	56. 718	85. 354	46. 009	83. 437	56. 488	112. 363

注： *** 表示在 1% 的水平上显著， ** 表示在 5% 的水平上显著， * 表示在 10% 的水平上显著，括号内数值为 t 值。

表 5 – 9 Panel B、Panel C 和 Panel D 主要检验在不同的客户集中度子样本中持有现金的边际价值。借鉴陆正飞和韩非池（2013）、杨兴全和张照南（2008）的研究模型，检验现金持有的价值，其中 MV 表示公司价值，采用"公司的市场价值＋负债合计账面价值"衡量，同时控制了经营现金流量 CFratio、非现金资产 NA、财务费用 Interest、股利支付 Payratio、资本性支出 Capexratio，其中 DX 表示第 t 期与第 t – 1 期之差，FD 表示第 t + 1 与第 t 期之差。具体而言，第（1）列和第（2）列是按照 Top5 中位数划分的子样本，第（3）列和第（4）列是按照 Top1 划分的子样本，第（5）列和第（6）列是按照 CC 划分的子样本，前面研究表明客户集中与现金持有水平正相关，那么，如果较高的现金持有是因为代理动机产生的，预计在客户集中较高的子样本中现金的边际价值要显著低于集中度较低的子样本。由表 5 – 9 Panel B 可知，在三个客户集中指标分组的子样本中，第（1）列、第（3）列和第（5）列中 CH1 的系数并没有显著低于对应的第（2）列、第（4）列和第（6）列，系数差异对应的 P 值分别为 P = 0.9364、0.9188 和 0.5739，表 5 – 9 Panel C 中结果与此类似（CH2），系数差异对应的 P 值分为 0.5859、0.8059 和 0.4502，在表 5 – 9 Panel D 中前四列中的高低组存在一定的差异，但第（5）列和第（6）列的系数差异对应的 P 值为 0.8519。总体来看，现金的持有价值在客户集中度较高组的价值并没有一致地显著低于较低组的价值，从而排除了持有现金的代理动机假说。

2. 排除竞争性假说：融资行为

现金持有量的增加还有可能是融资行为的结果，前面的研究结论可能是因为公司进行了外部融资，而不是因为客户集中风险导致的股利支付减少而留存了较多资金，仍需要进一步排除融资假说。在表 5 – 8 的基础上，进一步控制了公司是否进行外部融资，结果几乎保持不变。

上述分析表明，客户较集中的公司确实持有了较多的现金，并且进一步排除了代理动机和融资行为竞争性假说，结合假设 H1 的研究结论，表明客户集中增加的经营风险致使公司降低股利支付以持有较多的现金，完善了本书的逻辑。

（二）削减股利的市场反应

前面从公司层面的数据佐证了假设 H1 和假设 H2，表明客户集中会给公司带来经营风险，而公司为了应对该风险需要持有较多的现金，从而减少了股利支付。那么，资本市场是否也会意识到客户集中的风险效应呢？本部分拟进一步从资本市场反应的角度检验上述推理。

已有文献表明股利政策具有"黏性"(Lintner, 1956; Chay and Suh, 2009), 股利支付的减少可能会带来消极的市场反应。一方面, 信号理论认为, 股利能够向外界传递公司未来经营业绩与前景的信息, 在资本市场上能够使优质公司与劣质公司均衡分离, 特别是在我国资本市场信息不对称问题比较严重的情况下, 股利有着非常重要的信号传递作用, 因此, 股利减少可能意味着风险的增加和经营业绩的可持续性降低; 另一方面, 股利减少可能是管理层与外部股东代理问题、公司内部自由现金流问题的突显, 也可能意味着公司治理效率低下、中小股东利益被侵占, 因此, 资本市场会给予较低的定价。另外, 在我国现金股利存在股利溢价效应(支晓强等, 2014), 支付股利的公司市场会给予溢价(Baker and Wurgler, 2004), 大多数投资者是风险厌恶型的, 偏好于现有收益而不是未来的资本利得, 因此, 公司一旦削减股利可能会带来负向市场反应。

基于以上分析, 拟从股利减少为切入点, 检验客户集中与股利减少市场反应之间的关系。如果是客户集中增加的风险使得公司不能维持现有的股利支付水平, 则当公司削减股利时, 客户集中程度越高, 公司遭受的负面市场反应越大。以减少股利的公司为样本, 考察依存性公司削减股利预案公告的市场反应。以预案公告日为事件日, 借鉴雷光勇等(2015)的研究, 以(-40, -10)为估计期, 分别选取(-3, 3)(-4, 4)(-5, 5)为窗口, 异常回报率为考虑现金股利日的个股市场回报与预期正常的回报之间的差额, 进而计算每个窗口期的超额累计回报, 并借鉴王(Wang, 2012)、雷光勇、王文忠和刘茉(2015)的研究控制了股利减少量以及公司规模、盈利能力、财务杠杆及其他变量。

表5-10报告了削减股利市场反应对客户集中的回归结果。具体而言, 第(1)列、第(2)列和第(3)列的窗口期为(-3, 3), 第(4)列、第(5)列和第(6)列的窗口期为(-4, 4), 第(7)列、第(8)列和第(9)列的窗口期为(-5, 5), 并且同时报告了客户集中三个衡量指标回归结果。数据显示: 虽然Top5指标不显著(但为负数且接近显著), Top1和CC几乎都在10%的水平上显著为负, 且第(6)列CC系数的显著性水平上为5%, 表明客户集中度与市场反应显著负相关, 公司的客户集中度越高, 投资者给予股票定价越不利, 进一步表明了投资者能够感知到客户集中的风险效应, 该研究结论与公司层面数据的结论相符, 不仅公司的管理层能够意识到客户集中带来的风险, 从而减少股利支付增强预防动机, 而且资本市场的投资者也能感知到该风险, 当公司削减股利支付时, 客户集中度越高遭受的负向冲击越大。

表 5－10　　进一步检验：削减股利的市场反应

变量	CAR (1) (-3, 3)	CAR (2) (-3, 3)	CAR (3) (-3, 3)	CAR (4) (-4, 4)	CAR (5) (-4, 4)	CAR (6) (-4, 4)	CAR (7) (-5, 5)	CAR (8) (-5, 5)	CAR (9) (-5, 5)
Top5	-0.0001 (-1.14)			-0.0001 (-1.64)			-0.0001 (-1.48)		
Top1		-0.0002* (-1.88)			-0.0002* (-1.94)			-0.0002 (-1.58)	
CC			-0.0278* (-1.93)			-0.0359** (-2.24)			-0.0362* (-1.86)
D. Payratio	-0.0140** (-2.55)	-0.0190*** (-2.96)	-0.0145** (-2.26)	-0.0216*** (-2.97)	-0.0219*** (-2.98)	-0.0216*** (-2.94)	-0.0126* (-1.85)	-0.0184** (-2.40)	-0.0185*** (-2.40)
Lnsize	0.0057*** (3.88)	0.0039** (2.30)	0.0053*** (3.20)	0.0037** (1.97)	0.0037* (1.95)	0.0036* (1.87)	0.0068*** (3.77)	0.0056*** (2.68)	0.0056*** (2.66)
Lev	0.0176* (1.69)	0.0351*** (3.04)	0.0188* (1.68)	0.0378*** (2.99)	0.0398*** (3.13)	0.0382*** (2.99)	0.0201 (1.62)	0.0401*** (2.81)	0.0416*** (2.90)
Cash	0.0086 (0.71)	0.0106 (0.78)	0.0094 (0.73)	0.0099 (0.67)	0.0088 (0.60)	0.0089 (0.60)	0.0074 (0.50)	0.0129 (0.77)	0.0122 (0.73)
Q	0.0046*** (3.66)	0.0047*** (3.41)	0.0039*** (2.91)	0.0040*** (2.75)	0.0039*** (2.62)	0.0038*** (2.58)	0.0058*** (4.31)	0.0063*** (4.20)	0.0061*** (4.06)
Roa	0.1822*** (5.60)	0.2348*** (6.65)	0.2144*** (5.93)	0.2696*** (6.85)	0.2777*** (7.08)	0.2691*** (6.65)	0.2068*** (5.10)	0.2644*** (6.04)	0.2725*** (6.24)
Lnage	-0.0040** (-1.99)	-0.0043** (-2.04)	-0.0056** (-2.53)	-0.0060** (-2.57)	-0.0058** (-2.48)	-0.0055** (-2.32)	-0.0070*** (-2.85)	-0.0069*** (-2.65)	-0.0067** (-2.57)

续表

变量	CAR (1)	CAR (2)	CAR (3)	CAR (4)	CAR (5)	CAR (6)	CAR (7)	CAR (8)	CAR (9)
	(-3, 3)	(-3, 3)	(-3, 3)	(-4, 4)	(-4, 4)	(-4, 4)	(-5, 5)	(-5, 5)	(-5, 5)
Dual	-0.0061*	-0.0072**	-0.0071**	-0.0082**	-0.0083**	-0.0082**	-0.0083**	-0.0105**	-0.0107**
	(-1.90)	(-2.04)	(-1.99)	(-2.08)	(-2.10)	(-2.09)	(-2.18)	(-2.49)	(-2.56)
SOE	-0.0029	0.0000	-0.0030	0.0001	-0.0002	0.0000	-0.0048	-0.0041	-0.0043
	(-0.92)	(0.06)	(-0.03)	(-0.85)	(0.10)	(0.01)	(-1.31)	(-0.97)	(-1.02)
cons	-0.1719***	-0.0626	-0.0615	-0.1707***	-0.0557	-0.0567	-0.2266***	-0.0813	-0.0837
	(-4.91)	(-1.21)	(-1.18)	(-4.39)	(-1.20)	(-1.21)	(-5.38)	(-1.55)	(-1.58)
行业/年度	YES	YES	YES	YES	YES	YES	YES	YES	YES
N	5462	4658	4641	5462	4658	4641	5462	4658	4641
Adjusted R²	0.0377	0.0480	0.0477	0.0340	0.0419	0.0417	0.0390	0.0478	0.0476

注：*** 表示在 1% 的水平上显著，** 表示在 5% 的水平上显著，* 表示在 10% 的水平上显著，括号内数值为 t 值。

本章小结

本章是对本书逻辑的进一步完善，第三章的研究表明客户集中的风险效应降低了公司股利支付，因此，本章拟检验客户集中是否真的给公司带来了经营风险？客户集中是否通过经营风险导致了较低的股利支付意愿和水平。研究表明：客户集中不仅增加了公司当年及未来两年的经营风险，而且也增加了公司现有的经营风险，并且客户集中确实通过这种风险降低了股利支付，经营风险在客户集中与股利支付的负相关关系中具有中介效应。

进一步分析表明：（1）客户集中度较高的公司确实持有了较多的现金，符合持有现金的预防动机，而且还进一步排除了管理层持有现金的代理动机和融资行为假说影响结果的可能性，主要是客户集中会给公司带来经营风险，管理层出于预防动机会降低股利支付从而将现金留在公司内部。（2）当公司削减股利时，客户集中度与市场反应显著负相关，公司的客户集中度越高，投资者给予股票定价越不利，基于公司层面数据的研究结论相符，进一步从市场反应的角度验证了客户集中的风险效应，从而完善了本书的逻辑推理，佐证了第三章的研究结论。

第六章

基于客户特征的拓展性研究

第一节　问题的提出

在前面章节中重点论证了客户集中这一特征对公司现金股利政策的影响及其机制，发现客户集中这一特征具有风险效应，降低了公司的股利支付意愿与水平，其中客户集中带来的风险效应发挥了部分中介效应的作用。本部分拟横向拓展前面研究，检验基于客户特征的其他效应。

自党的十八大以来，创新驱动发展已经上升到国家战略的高度。创新直接关乎长期生存发展和国际竞争力。随着经济全球化及企业内外环境的日益复杂，再加之创新本身的不确定性、高成本性及复杂性，创新生态圈已非局限于企业自身，积极寻求外部合作，实施资源优势互补，降低创新过程的不确定性，实施"合作—精准"创新已成为企业的最优解。但在寻求"创新生态圈"的成员时则要求有共同的价值追求、利益共享的基础及共同的终极目标，才能促使合作的牢固性、降低创新过程的"搭便车"行为。随着市场竞争的炽热化，商业战略管理模式也日益破旧立新，横向的、扁平化的战略模式正在形成（Itzkowitz，2012），再加上大数据、区块链等计算机技术的广泛应用，更进一步形成了企业间协同发展、互惠共生的商业生态圈，打通供—产—销链，实施整链协同管理已成为现实。在实务中也不乏现实案例，东风日产奉行的"价值链安全，主机厂才安全"管理思想，有效帮扶上游企业有效解决资金压力，在困境中依旧能保持朝气蓬勃；相反，供应链管理不善的企业，面临着被迫停工停产的企业比比皆是，这一现实更让实务界越发重视供应链的管理，努力创建"实现共赢共生，保证全链利益的最大化"的供应链。本部分拟以公司—客户作为新的创新生态圈，考察客户创新能否对公司产生溢出效应。

第二节　理论分析与研究假设

自主创新更多地强调对企业自身资源的依赖性，其理论基础为资源基础观；然而随着创新理论逐渐由自主创新演变为合作创新，企业也在积极寻求合作创新，创新的边界和外延已突破传统认知，更多的是强调邻近组织间的合作，充分发挥优势互补、资源共享、致力于共同的终极目标，此创新模式一方面可以适应创新门槛和难度提高，另一方面可以实现信息和资源的互补，降低创新过程的不确定性，因此，合作创新在理论和实务界备受青睐，通过知识共享、信息共享产生新知识，密切的合作能够提高知识共享的效率和速度，进而提高企业的创新能力（Gilsing and Nooteboom，2005），但是合作创新的基础必须牢固，既要能克服创新过程的"搭便车"行为，又要有激励机制保证共同努力的程度和方向。进一步就合作关系而言，强联系的合作关系，信任度较高，有利于增加企业间的知识共享意愿及相互间学习的积极性（Kale et al.，2000），但是也容易造成信息知识的冗余（Hansen，1999），无法吸收多样化和新的知识，而弱联系则可以克服这些问题，但是却会因为信任不足而阻碍知识的流动，从而降低学习和吸收能力，因此，合作创新要强调合作关系类型对创新绩效的影响。

供应链是由产品需求联结的供产销企业构成的网络，其目标致力于为终极消费者提供优质的产品和服务，参与方在供应链上存在着明确的分工和利益分享机制，任何一方的缺失都会给供应链带来损失，因此，链上企业通过重复博弈经常存在着隐性契约关系以制约各种自利行为，如长期的合同、战略联盟和特定关系投资等（Ellis et al.，2012）。因此，企业间存在着信任、承诺、合作共享等无形资本（王继光等，2020），这为创新知识共享提供了前提条件。供应链不仅涉及物质、信息、资金和服务等有形资产的流动，还会涉及知识等无形资产的流动，而且知识共享被认为是供应链竞争力的重要动力，包括一系列的信息互助行为和过程（Zawawi et al.，2011）。供应链管理更强调构建强强联合、优势互补的战略联盟。例如，富士康非常愿意开放自己的研发中心以满足客户苹果的需求，富士康在 2013 年申请的一款具有无线通信功能的手表专利引用了苹果的一项专利（Lee and Lin，2013），同时富士康也与苹果分享自己的专利知识，双方在合作中都取得了卓越的创新能力。利益相关者理论和客户管理理论要求公司在进行决策时要考虑客户这一非利益相关者的诉求（Wang et al.，2015），企业之间的竞争模式逐渐演变为链与链之间的竞争（Rossella et al.，2020）。

从逻辑分析上看，客户关系嵌入应该会提升企业的创新能力和水平。

首先，存在利益共享机制的供应链上存在着信息知识，而且生产领域的关联性更便于公司吸收知识、转换知识。主要因为产品的关联性使得上下游企业专注于关联知识。供应链上企业不仅蕴含着战略层面的沟通交流，更是包含着实地的产品性能改进、技术创新等软信息的沟通（Wang et al.，2008），也因此将上下游企业链接起来。公司的客户更接近消费市场，能够深入洞察消费者动态，对消费者偏好、产品性能满意度及改进建议以及竞争者动态等会有深入调查，而这些信息恰恰是公司研判产品创新动态的重要信息，并且能够帮助公司研判产品创新的方向，从而促进公司作出科学合理的创新决策，另外当客户自身有较高的创新水平时，迫于符合创新产品的匹配，也会迫使公司努力提升创新水平；供应链上存在着信息知识共享的信任环境。供应链上的重复博弈、产品的隐性抵押以及商业信用的供给都会增加隐性契约的违约成本，使得信任度较高，更易于形成并维护良好的合作关系。靠产品市场联结的供应链—客户关系，有着共同的目标和价值基础，增加了互信的意愿，数次的互访、交流互动更利于信任的形成，为链上知识共享奠定了基础。同时，基于社会资本理论、社会传染理论和学习理论，认为，组织中的个体都是理性经济人，都具有学习行为，当组织间存在着能够被自己利用的经济资源时，能够自愿的通过关系网络获取、学习利用并转化为自身能力，这一理论为关系中的获取知识、学习行为提供了解释。而供应链恰好为社会资本理论提供了应用场景，客户的信息和需求为公司的创新提供了创新的思路与方向，密切的经济联系和领域的邻近性也使得公司更容易获取和吸收知识，从而转换为创新的能力。在实务界，福田汽车打造的"链合创新"树立了行业标杆，福田汽车联合上下游企业，与潍柴动力、德国 BOSCH 公司等，共同寻求创新思路、互相参与研发，精准创新，开创了供应链创新的新高度。学术界的研究也印证了创新思路，例如，有研究表明较高的客户集中度，便于形成稳定的客户，更能够提供创新知识，参与创新过程，也因此，公司有较高的创新水平和能力，特别是突破性创新行为（江伟等，2019）；基于国外的研究也有类似结论，朱等（2018）基于美国1976～2009年的样本数据研究表明，较近的客户地理距离便于软信息的交流互换、创新战略的及时调整，更能提高创新的成功性；此外，基于组织行为理论也表明，供应链中的博弈行为也能够显著增加创新知识的螺旋性上升和创新链价值的形成（徐可等，2015），因此，我们可以合理预计，供应链上的合作关系能够提升公司的创新绩效。

其次，链上公司能够迅速转换和利用信息知识，并用于指导创新实践。基于产品的关联性，链上公司面临着类似的市场、产业环境、政策支持、创新技术，因此，形成了创新导向的共识，能够更进一步降低信息解读成本，再加之有共同的追求目标，提升自身努力意愿，迅速配合创新，并尽快落实创新成果的转换问题，缩短周期，不仅有利于本次创新的实施，更重要的是在重复博弈过程中，更有利于建立长期战略联盟，深化合作，为将来的发展争取更多的市场地位，也因此有学者认为，供应链是"传递知识和组织学习"的重要组织形式（Yu et al.，2013），反复的学习（repeated learning）机制提高了公司的综合能力，进而会提高学习能力和转换能力，改善创新业绩。

最后，大客户能够降低公司的广告费用和销售费用，提升公司资产的利用率，降低未来的经营风险，改善经营业绩（Patatoukas，2012；王雄元等，2014），特别是当客户有较强的创新能力时，其较高的生产效率必将提高其对生产订单的需求，这时企业不仅能够降低需求不确定性，而且会迅速扩大销售，提升经营业绩，从而缓解融资约束，增加研发投入的经济基础，可能会提升公司的创新能力，我们称之为需求驱动的间接机制。基于上述的直接机制和间接机制，我们认为，供应链关系可能会提升企业的创新能力。

虽然基于供应链管理和财务的主流文献我们认为，供应链关系可能会提升公司的创新能力，但是基于创新中战略联盟关系强度的考虑，即强联系的关系在有利于增强企业间学习意愿和吸收能力的同时，也可能产生冗余的信息，而弱强度则有利于多样化知识的传播和扩散，但不利于吸收能力的提高——供应链关系对公司创新的动力激励可能会逐渐消失。也就是说，紧密的供应链关系可能会产生"短视学习"行为，企业依靠链上既有的知识仅仅满足现有需求，甚至可能会产生"保护主义"行为，维护既存关系，而忽视或排斥链外新客户和多样化的知识，因而会逐渐失去创新的源头动力。

基于此，大客户关系对公司创新的影响是一个待检验的实证问题，为了便于检验，提出下列假设：

H1：客户的创新对上市公司的创新有正向溢出效应，两者显著正相关。

第三节　研究设计

一、样本选择

本部分以我国沪深 A 股上市公司在 2007～2021 年的年度数据为样本，公司财务数据来源于 CSMAR 数据库，专利数据来自于中国研究数据服务平台（CNRDS），在样本中剔除：（1）金融类上市公司样本；（2）财务数据缺失的样本；（3）被 ST 或 *ST 处理的上市公司样本；（4）专利数据缺失的补充为 0；（5）上市公司没有披露客户和供应商名称及个人的样本，最终得到 7483 个公司—年度样本，为了进一步识别客户是否为上市公司的样本，经过软件匹配并经过手工核对得到 3121 个客户是上市公司的公司—年度样本，并进一步删除财务数据缺失的样本，最终得到 2573 个样本；并将连续型变量进行了 1% 和 99% 的缩尾处理。

二、模型设计及主要变量定义

借鉴江伟等（2019）的研究构建下列模型检验本书假设，控制了公司固定效应、年度效应和行业效应，还采用了以企业为聚类的稳健标准误。

$$Lninv_{i,t} = \alpha_0 + \alpha_1 \, Patent_{i,t} + \alpha_2 \, Controls_{i,t} + \alpha_3 Firm + \alpha_4 Year + \varepsilon$$

$$(6-1)$$

式（6-1）中，$Lninv$ 是衡量创新的被解释变量，为了避免由于专利申请与专利获得的时滞性问题带来的衡量偏误，本书采用专利申请衡量创新绩效，参照已有文献，基于创新程度又进一步划分了专利发明、实用性专利和外观专利三类，具体而言，$Lninv$ 采用 ln（1 + 独立与联合发明专利之和），衡量高质量的突破性创新；$Lnum$ 采用 ln（1 + 独立与联合实用新型专利申请数），衡量产品的形状和构造的一般性创新；$Lnde$ 采用 ln（1 + 独立与联合外观设计专利的申请数），衡量不涉及产品性能的低质量创新，其中发明专利又被称为"突破性"创新，而后两种则被称为"改进型"创新（江伟等，2019）。此外，基于创新流程的投入视角，同时采用 ln（1 + RD）衡量创新投入，其中 RD 为年度的研发经费投入。

解释变量为 $Patent_{i,t}$，用客户的单独与联合发明专利、实用新型专利和外观设计的平均数衡量，其中客户的解释变量分别表示为 C_Pinv、C_Pum 和 C_Pde。先算出每个客户三种专利，然后在公司层面上算出加权平均数，重点关注 α_1 系数，如果显著为正，则假设成立，表明客户和供应商的创新对公司创新有正向溢出效应。

同时借鉴江伟等（2019）的研究，本书的控制变量所有权性质（SOE）、大股东持股比例（Top1）、高管持股比例（Mshare）、董事会独立性（Indepent）、公司上市年限（Age）、公司规模（Size）、公司的成长性（Growth）、会计盈利能力（Roa）、负债比例（Lev）、现金流量（Cash）、固定资产比值（PPE），同时考虑到政府补助会影响企业的创新行为（黎文靖和郑曼妮，2016），因此，本文也控制了政府补助自然对数 Lnsub。具体定义如表 6 - 1 所示。

表 6 - 1　　　　　　　　　　　变量定义及说明

变量类型	变量	说明	计量方法
被解释变量	Lninv	上市公司单独和联合发明专利之和	ln（1 + 上市公司单独和联合发明专利之和）
	Lnum	上市公司单独和联合实用新型专利之和	ln（1 + 上市公司单独和联合实用新型专利之和）
	Lnde	上市公司单独和联合外观设计专利之和	ln（1 + 上市公司单独和联合外观设计专利之和）
解释变量	C_Pinv	客户单独和联合发明专利平均数量	$\frac{1}{n}\sum_{i=1}^{n}\ln(1+$ 客户单独和联合发明专利之和$)$ 其中，n 表示公司披露客户具体名称的客户数量
	C_Pum	客户单独和联合实用新型专利平均数量	$\frac{1}{n}\sum_{i=1}^{n}\ln(1+$ 客户单独和联合实用新型专利之和$)$ 其中，n 表示公司披露客户具体名称的客户数量
	C_Pde	客户单独和联合外观设计专利平均数量	$\frac{1}{n}\sum_{i=1}^{n}\ln(1+$ 客户单独和联合外观设计专利之和$)$ 其中，n 表示公司披露客户具体名称的客户数量

变量类型	变量	说明	计量方法
解释变量	S_Pinv	供应商单独和联合发明专利平均数量	$\frac{1}{n}\sum_{i=1}^{n}\ln(1+$供应商单独和联合发明专利之和$)$ 其中，n 表示公司披露供应商具体名称的客户数量
	S_Pum	供应商单独和联合实用新型专利平均数量	$\frac{1}{n}\sum_{i=1}^{n}\ln(1+$供应商单独联合实用新型专利之和$)$ 其中，n 表示公司披露供应商具体名称的客户数量
	S_Pde	供应商单独和联合外观设计专利平均数量	$\frac{1}{n}\sum_{i=1}^{n}\ln(1+$供应商单独和联合外观设计专利之和$)$ 其中，n 表示公司披露供应商具体名称的客户数量
控制变量	Size	公司规模	公司总资产的对数
	Lev	财务杠杆	负债总额/资产总额
	Roa	盈利能力	总资产回报率
	Cash	现金水平	（货币资金＋可供出售金融资产）/总资产
	MB	市账比	资产市值/资产账面价值
	Growth	销售收入增长率	（本年度销售收入－上年度销售收入）/上年销售收入
	PPE	固定资产与总资产的比值	固定资产/总资产
	RD	研发费用占比	研发费用/总资产
	Age	公司年龄	ln（1＋处理年度－公司 IPO 年度）
	SOE	产权性质	国有控制取值 1，否则取 0
	Share1	第一大股东持股比例	第一大股东持股数量/公司总股数
	Indepent	独立董事占比	独立董事/董事会总人数
	Lnsub	政府补助的自然对数	ln（1＋政府补助）

第四节　实证分析

一、描述性统计

表6-2分别列示了上市公司本身、上市型客户的主要变量的描述性统计以

及被解释变量和解释变量的相关系数。由表6－2 Panel A可知，在披露具体客户
名称信息的7483个样本中，发明专利的最大值为2304项，实用新型专利的最大
值为1744项，外观设计专利的最大值为451项，最小值均为0项，均值分别为
11项、15项和4项，均大于中位数，表明专利的分布呈现右偏态，分布的标准
均接近或大于1，表明我国上市公司间的创新能力差别较大；约44%的上市公司
为国有企业；表6－2 Panel B又进一步将样本分解为客户是上市公司和非上市公
司的样本，其中上市型客户的公司的发明专利和实用新型专利的均值和中位数显
著高于非上市型客户的公司，且其差异的T值和Z值都在1%的水平上显著，而
外观设计专利在两组间并没有显著差异，初步表明上市型客户比非上市型客户有
较高的创新能力；表6－2 Panel C报告了2880个客户样本的主要变量的描述性
统计，平均而言，客户发明专利的最高为5378项，实用新型专利的最大值为
2922项，外观设计专利的最大值为692项，均值分别为25项、24项和4项，创
新能力要显著高于上市公司，初步印证客户有能力外溢知识，且71%的上市型客户
均为国有企业；表6－2 Panel D报告了被解释变量和解释变量的相关系数，公司和
其客户的三类创新能力对应显著正相关，相关性均在1%的水平上显著，初步印证
了本章的假设，进一步可以发现，客户外观设计专利与公司的发明专利和实用新型
相关性为负，在一定程度上可以使公司间更注重创新能力的溢出效应。

表6－2 Panel A 　　　　　　　　　　**主要变量的描述性统计**

变量	N（个）	Mean	SD	Min	P50	Max
Lninv	7483	1.260	1.340	0	1.100	7.740
Lnum	7483	1.360	1.480	0	1.100	7.460
Lnde	7483	0.440	0.940	0	0	6.110
Lev	7483	0.430	0.220	0.050	0.430	0.970
Size	7483	21.83	1.260	19.33	21.70	25.39
Cash	7483	0.210	0.170	0.010	0.160	0.710
PPE	7483	0.230	0.180	0	0.190	0.720
MB	7483	2.030	1.400	0	1.570	8.870
Roa	7483	0.0100	0.0200	－0.030	0.010	0.110
RD	7483	0.0100	0.0200	0	0.010	0.080
Age	7483	1.960	0.970	0	2.200	3.220
Growth	7483	0.230	0.660	－0.620	0.110	5.030
Lnsub	7483	14.99	4.050	0	15.88	19.90
INDB	7483	0.370	0.0500	0.330	0.330	0.570
Soe	7483	0.440	0.500	0	0	1
Share1	7483	36.08	15.26	8.980	33.49	76.95

表 6 – 2 Panel B 　　　　　　　　　　　　　　分组检验

变量	非上市客户			上市客户			差异检验	
	N	Mean	Median	N	Mean	Median	T 值	Z 值
Lninv	4603	1.1538	0.69	2880	1.4291	1.390	−8.666 ***	−8.657 ***
Lnum	4603	1.2711	0.59	2880	1.4939	1.391	−6.396 ***	−6.385 ***
Lnde	4603	0.4458	0	2880	0.4243	0	0.983	0.975

表 6 – 2 Panel C 　　　　　　　　　　　　客户的变量描述性统计

变量	N	Mean	SD	Min	P50	Max
Cpinv	2573	3.190	2.140	0	3.000	8.590
Cpum	2573	3.170	2.200	0	3.090	7.980
Cpde	2573	1.380	1.680	0	0.690	6.540
Clev	2573	0.560	0.180	0.050	0.580	0.970
Csize	2573	23.92	2	19.33	23.73	27.15
Ccash	2573	0.170	0.120	0.010	0.140	0.710
CPPE	2573	0.250	0.180	0	0.200	0.720
CMB	2573	1.520	1.250	0.710	1.210	40.20
Croa	2573	0.0100	0.0100	−0.030	0.010	0.110
CRD	2573	0.0100	0.0200	0	0.010	0.150
Cage	2573	2.300	0.720	0	2.560	3.330
Cgrowth	2573	0.230	1.160	−1	0.120	25.26
Clnsub	2573	16.04	5.670	0	17.56	20.36
CINDB	2573	0.380	0.0700	0.0900	0.360	0.800
Csoe	2573	0.710	0.450	0	1	1
Cshare1	2573	42.92	19.27	3.500	41.20	95.95

表 6 – 2 Panel D 　　　　　　　　　　　主要变量的相关系数

变量	Lninv	Lnum	Lnde	Cpinv	Cpum	Cpde
Lninv	1					
Llnum	0.735 ***	1				
Llnde	0.364 ***	0.416 ***	1			
Cpinv	0.136 ***	0.162 ***	−0.002	1		
Cpum	0.115 ***	0.237 ***	−0.014	0.852 ***	1	
Cpde	0.095 ***	0.186 ***	0.156 ***	0.548 ***	0.564 ***	1

注：*** 表示在 1% 的水平上显著。

二、基础回归

（一）基本回归结果

本部分主要检验假设 H1，为了控制行业异质性和宏观事件的影响，回归模型控制了行业和年度效应，同时为了消除不可观测的公司层面不变因素的影响，采用了固定效应模型。由表 6 - 3 可知，客户的发明创新专利和实用新型专利与公司的对应专利显著正相关，分别在 10% 和 1% 的水平上显著，而外观设计接近10% 的显著性水平，表明客户的创新能力对公司有显著的正向溢出效应，初步支持了假设 H1，也与楚等（Chu et al.，2018）的研究结论一致，即当客户的创新能力较高时，对公司的创新溢出效应更强，但又精细化了研究设计，通过直接检验上下游企业创新能力的关系，直接提供了知识溢出效用的证据，呼应并补充了已有的研究结论（江伟等，2019；Li，2018）。

表 6 - 3　　　　　　客户的创新对上市公司的创新的溢出效应检验

变量	(1)	(2)	(3)
	Lninv	Lnum	Lnde
Cpinv	0.026 *		
	(1.75)		
Cpum		0.041 ***	
		(2.72)	
Cpde			0.024
			(1.38)
Size	0.321 ***	0.332 ***	0.117 *
	(4.20)	(3.94)	(1.88)
Cash	- 0.005	- 0.164	- 0.461 **
	(- 0.02)	(- 0.58)	(- 2.26)
PPE	- 0.586 *	- 0.505	- 0.0420
	(- 1.82)	(- 1.37)	(- 0.22)
MB	- 0.017	- 0.028	- 0.001
	(- 0.85)	(- 1.39)	(- 0.06)
RD	16.538 ***	9.982 ***	5.304 *
	(4.09)	(2.69)	(1.68)

变量	(1)	(2)	(3)
	Lninv	Lnum	Lnde
Roa	2.727	2.540	-1.998
	(1.37)	(1.13)	(-1.31)
Age	-0.0100	0.171	-0.110
	(-0.08)	(1.37)	(-1.10)
Growth	-0.080*	-0.0510	-0.00500
	(-1.96)	(-1.22)	(-0.26)
Soe	-0.132	-0.103	0.236
	(-0.61)	(-0.56)	(1.15)
Share1	-0.00200	-0.00400	0.00300
	(-0.41)	(-0.86)	(0.42)
Lnsub	-0.009	-0.005	0.001
	(-1.19)	(-0.67)	(0.11)
Cons	-5.708***	-6.382***	-1.940
	(-3.32)	(-3.43)	(-1.41)
N	2573	2573	2573
Firm	YES	YES	YES
行业 & 年度	YES	YES	YES
Adjusted R^2	0.195	0.193	0.0327

注：***表示在1%的水平上显著，**表示在5%的水平上显著，*表示在10%的水平上显著，括号内数值为t值。

（二）溢出效用的非线性检验

基本回归结果表明，客户的创新能力对公司有正向的溢出效应，但这种效应是否为线性却不得而知。为了进一步分析溢出效应的表现方式，本部分进一步考察客户创新水平的四分位数对公司创新能力的影响。从逻辑上讲，客户的创新水平较高时，才有较强的能力可供与企业交流分享技术，在其他条件同等的情况下，对公司的溢出效应才可能会越大。为了验证该逻辑，将客户的专利变量Cpinv、Cpum和Cpde平均四分为Q1~Q4、A1~A4、M1~M4，其中Q1为二值变量，当Cpinv不大于一分位数时，取1，否则取0，Q2~Q3依次类推，A1~A4、M1~M4与Q类似，然后分别与Cpinv、Cpum和Cpde交乘，以检验不同分位的客户创新水平对公司创新的溢出能力，结果如表6-4所示，分析可知在第一分位上，客户的创新对公司的溢出效应均不显著，而在较高位上比较显著，发明专利在第三分位上显著为正，实用新型在第三分位和第四分位上显著，而外观设计虽然总体上不显著，但在中间的第二、第三分位上显著，因此，溢出效应并非线性的，只有当客户创新水平达到一定阈值时，正相关的溢出效应才会存在，而二分位数以下的客户创新水平对公司的发明和实用新型专利是没有溢出效应的，一分位数以下的客户创新水平对公司的外观设计专利是没有溢出效应的，也再次印证了发明和实用新型专利有较高"质"的创新，只有在较强水平上才有溢出效应；而外观设计则是较低端的创新，较低的创新水平就会产生溢出效应。

表 6 – 4　　　　　　　　　　溢出效用的非线性检验

变量	（1） Lninv	（2） Lnum	（3） Lnde
Q1Cpin v	0.048 (0.79)		
Q2Cpin v	0.004 (0.14)		
Q3Cpin v	0.041 ** (2.05)		
Q4Cpin v	0.022 (1.41)		
A1Cpum		– 0.005 （– 0.07）	
A2Cpum		0.029 (0.86)	
A3Cpum		0.064 *** (3.08)	
A4Cpum		0.032 ** (2.11)	
M1Cpde			0.084 (1.18)
M2Cpde			0.108 *** (3.24)
M3Cpde			0.044 * (1.90)

变量	(1)	(2)	(3)
	Lninv	Lnum	Lnde
M4Cpde			0.005
			(0.28)
Controls	YES	YES	YES
Cons	-5.858 ***	-6.279 ***	-1.921
	(-3.44)	(-3.37)	(-1.39)
N	2573	2573	2573
Firm	YES	YES	YES
行业 & 年度	YES	YES	YES
Adjusted R²	0.196	0.196	0.041

注: *** 表示在 1% 的水平上显著, ** 表示在 5% 的水平上显著, * 表示在 10% 的水平上显著, 括号内数值为 t 值。

三、稳健性检验

(一) 删除高新技术行业

高新技术企业是创新的主要市场主体, 代表着先进的技术, 更可能是创新的"垄断者", 因此, 本书研究的上市公司创新能力提升可能是由于行业特性驱动 (或者结果仅仅存在于高新技术行业), 而不是客户创新能力的溢出效应 (或者结果适用性存在局限性)。虽然前面已经控制了行业差异, 为了保证结果的稳健性, 本部分进一步剔除高新技术行业。结果如表 6-5 所示, 结论几乎保持不变, 与表 6-4 类似, 因此, 保证了本书结果的相对稳健性和结论的普遍适用性。

表 6-5　　　　　　　　　　剔除高新技术行业

变量	(1)	(2)	(3)
	Lninv	Lnum	Lnde
Cpinv	0.028 *		
	(1.85)		
Cpum		0.039 **	
		(2.46)	
Cpde			0.022
			(1.16)

续表

变量	（1）	（2）	（3）
	Lninv	Lnum	Lnde
Cons	−5.267***	−6.572***	−2.397
	（−2.98）	（−3.29）	（−1.59）
N	2377	2377	2377
Firm	YES	YES	YES
行业 & 年度	YES	YES	YES
Adjusted R²	0.195	0.193	0.0330

注：*** 表示在1%的水平上显著，** 表示在5%的水平上显著，* 表示在10%的水平上显著，括号内数值为 t 值。

（二）差分模型

为了进一步消除可观测的不随时间变化因素的影响，该部分进一步采用差分效应模型以动态考察客户创新水平的变化对公司创新水平变化的影响，增强因果关系的检验。如表6-6所示，前两列依旧显著为正，第（3）列也接近10%的显著性水平，无论是系数大小还是显著性水平，与主表6-2中的结果高度一致，再次证明前面结论的相对稳健性。

表6-6　　　　　　　　　差分模型

变量	（1）	（2）	（3）
	D. Lninv	D. Lnum	D. Lnde
D. Cpin v	0.028*		
	（1.80）		
D. Cpum		0.046***	
		（2.92）	
D. Cpde			0.024
			（1.43）
D. Controls	YES	YES	YES
Cons	1.363***	1.379***	0.0980
	（5.63）	（5.08）	（0.28）
N	1208	1208	1208
Firm	YES	YES	YES
行业 & 年度	YES	YES	YES
Adjusted R²	0.128	0.140	0.0300

注：*** 表示在1%的水平上显著，** 表示在5%的水平上显著，* 表示在10%的水平上显著，括号内数值为 t 值。

（三）PSM 匹配倾向得分检验

本部分基于客户公司的财务数据及上市公司本身特征，采用匹配倾向得分（PSM）控制上市公司选择客户的选择性偏差以及影响客户创新能力的因素，以缓解一定的内生性问题。首先分别控制客户和公司自身的财务杠杆（Lev）、公司规模（Size）、现金持有比率（Cash）、销售收入增长率（Growth）、盈利能力（Roa）、公司年龄（Age）、研发支出比例（RD）、行业竞争程度（HHI）等，在基础上控制行业年度虚拟变量及公司固定效应，回归并计算出 Pscore，进行卡尺为 0.05 的最近邻无放回匹配，最终得到 793 个配对样本，并进行回归检验，其中表 6 - 7 报告了客户主要财务变量的平衡面板检验，可以发现除了公司年龄和研发投入外，其他的在控制组和实验组之间几乎不存在差异，而图 6 - 1 也进一步表明匹配后，两组之间的差异缩小，有近似的分布函数，表 6 - 8 采用了匹配后的 793 个样本进行回归，可以发现回归系数发明专利、实用新型专利仍显著为正，外观设计专利也接近 10% 的显著性水平，表明在克服了一定的样本选择偏差后，前面结论仍旧成立。

表 6 - 7　　　　　　　　　　　**客户的平衡面板检验**

变量	N	均值		% reduct		统计值检验	
	样本匹配	Treated	Control	% bias	｜bias｜	t - test	p >｜t｜
Clev	Unmached	0.60114	0.53657	37.2		9.00	0.000
	Matched	0.5951	0.59381	0.7	98	0.21	0.838
Csize	Unmached	24.976	22.994	117.7		28.17	0.000
	Matched	24.89	24.836	3.2	97.3	0.78	0.434
Ccash	Unmached	0.15018	0.16835	-16.0		-3.85	0.000
	Matched	0.14959	0.15714	-6.6	58.5	-1.72	0.086
Cgrowth	Unmached	0.18689	0.27499	-7.1		-1.73	0.014
	Matched	0.19143	0.17849	2.0	28.5	0.42	0.182
Croa	Unmached	0.01076	0.00925	12.5		3.00	0.103
	Matched	0.01088	0.01051	3.0	75.6	0.74	0.458
CPPE	Unmached	0.23653	0.27734	-22.2		-5.33	0.000
	Matched	0.24338	0.24995	-3.6	83.9	-0.09	0.382
CMB	Unmached	1.3548	1.7277	-27.8		-6.83	0.000
	Matched	1.3675	1.3158	3.8	86.1	1.26	0.208

续表

变量	N	均值		% reduct		统计值检验	
	样本匹配	Treated	Control	% bias	| bias |	t－test	p＞| t |
CRD	Unmached	0.01386	0.01108	18.0		4.29	0.000
	Matched	0.01426	0.01621	－12.6	29.9	－2.50	0.012
Cage	Unmached	2.4132	2.3183	15.0		3.62	0.000
	Matched	2.4219	2.4942	－11.4	23.8	－2.91	0.004
Clnsub	Unmached	18.077	16.175	49.2		11.78	0.000
	Matched	17.999	18.194	－5.0	89.7	－1.40	0.161

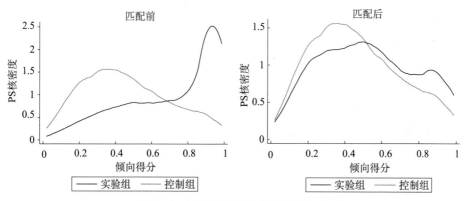

图 6 － 1　匹配前后的核密度函数分布

表 6 － 8　　　　　　　　　　匹配后的样本回归

变量	(1)	(2)	(3)
	Lninv	Lnum	Lnde
Cpinv	0.027 *		
	(1.70)		
Cpum		0.043 ***	
		(2.74)	
Cpde			0.027
			(1.44)
Cons	－6.545 ***	－6.480 ***	－2.246
	(－3.77)	(－3.50)	(－1.60)
Controls	YES	YES	YES
Firm	YES	YES	YES
行业 & 年度	YES	YES	YES
N	793	793	793
Adjusted R^2	0.197	0.191	0.0300

注：*** 表示在 1% 的水平上显著，* 表示在 10% 的水平上显著，括号内数值为 t 值。

（四）替换变量及控制客户特征

为了进一步保证结论的稳健性，拟改变变量并控制客户特征进行稳健性检验，分别以研发投入 RD、三项专利之和、发明专利与实用新型专利之和代理创新变量进行溢出效应的检验，其中 RD 以 1 加研发投入的自然对数计算，并且同时控制客户自身特征以消除遗漏变量的问题，结果如表 6 - 9 所示，其中第（1）列表示客户的研发投入 CRD 对公司研发投入 RD 的溢出效应检验，第（2）列表示客户的三项专利之和 Lntotal 对公司的所有专利 Pantent 的溢出效应检验，第（3）列表示的是客户软专利 Lntotal1（发明专利和实用新型专利之和）对公司软专利 Pantent1 溢出效应的检验，并同时控制了客户公司的自身财务特征。可以发现 CRD、Lntotal 和 Lntotal1 都为正，并且至少在 10% 的水平上显著，表明客户与公司确实存在创新溢出效应，前面结论比较稳健。

表 6 - 9　　　　　　　　　　　替换变量及控制客户特征

变量	(1)	(2)	(3)
	RD	Pantent	Pantent1
CRD	0.045 ***		
	(2.63)		
Lntotal		0.022 *	
		(1.67)	
Lntotal1			0.033 **
			(2.29)
客户特征	YES	YES	YES
Cons	- 0.043 **	- 13.409 ***	- 11.720 ***
	(- 2.37)	(- 3.24)	(- 3.54)
Firm	YES	YES	YES
行业 & 年度	YES	YES	YES
N	2414	2560	2560
Adjusted R^2	0.185	0.198	0.226

注：*** 表示在 1% 的水平上显著，** 表示在 5% 的水平上显著，* 表示在 10% 的水平上显著，括号内数值为 t 值。

四、进一步分组检验

（一）地理距离分组检验

地理邻近意味着低成本、较快的信息沟通速度与较高的沟通效率，更有利于创新技术这类隐性知识、软信息（tacit knowledge）的生产扩散。通信技术的快速发展确实加快了信息传播的速度和范围，但其仅限于能够以书面形式、口头表达的显性知识（Kevin，2005；Petersen and Rajan，2002）；隐性知识多出自长期的一线工作经验，是一种身教而非言传的软知识，必须通过面对面长期交流，反复实践，通过通信网络仅仅意会其表面意思，而非真知灼见。当公司距离客户较近时，企业更容易到客户公司拜访调研，了解客户最新需求及产品市场销售动态；反之，地理距离较远时，区域文化、规范或习俗差别较大，本身就会造成沟通障碍，亲临学习拜访的次数会较少，不仅不利于关系的维护，更不利隐性知识的身教，久而久之会影响到创新知识的吸纳，这也与正如朱等（2018）的研究结论相互印证。此外，目前许多文献也支持近地理距离的正向效应，例如全怡和陈冬华（2016）发现，独立董事能够对空间距离较近的公司投入更多的精力，近距离的监管能够提升财务报表的质量（张洪辉等，2019）、降低供应链的审计费用（唐斯圆和李丹，2019）和盈余管理（于鹏和申慧慧，2018）等，这些研究结论都是基于近距离可以降低代理成本，降低信息不对称，而曼索（Manso，2011）在其构建的代理模型中也指出，信息交流与及时反馈能够促进管理人的创新。基于以上分析，以合理预计当上市公司与客户和供应商的距离较近时，链上的知识溢出效益更明显，更能提升公司的创新绩效。为了验证以上推理，拟按地理距离分组检验溢出效应是否有显著差异。

借鉴朱等（2018）的研究采用下列公式衡量两地之间的地理距离，如式（6-2）所示：

$$Distance = 3963 \times Arccos \left[\sin(Lat_0) \times \sin(Lat_1) + \cos(Lat_0) \times \cos(Lat_1) \right] \times \cos(Lng_1 - Lng_0) \right] \quad (6-2)$$

式（6-2）中，$Distance$ 表示公司与客户之间的地理距离，Lat_0 和 Lng_0 表示上市公司办公所在地的纬度和经度，Lat_1 和 Lng_1 分别表示客户办公所在地的纬度和经度，首先将经纬度转换为弧度[①]，其次代入上述公式求出地理距离，并取其自然对数，最后在公司层面对客户（供应商）求出平均地理距离，按照年度—行业求出公司—客户地理距离的中位数，并设置 Dumdis 二值变量，将大于中位数的

---

① 根据弧度的定义：弧长等于半径的弧，其所对的圆心角为 1 弧度。对应公式为 360° = 2π 弧度，1 弧度约为 360°/2π，大约 57.3°，然后按照 Chu et al.（2018）的方法，将原始的经纬度除以 57.3° 转化为弧度再代入公式以求其两地之间的距离。

样本取值为1，小于中位数的样本取值为0，把基本回归模型按照 Dumdistance 分组进行回归，以进一步考察客户与公司间的知识溢出效应在距离长短组的差异。

回归结果如表6－10所示，其中第（1）列、第（3）列、第（5）列分别是公司—客户间距离小于中位数的样本，而第（2）列、第（4）列、第（6）列则是距离大于中位数的样本，可以发现，发明专利和实用新型专利在第（1）列和第（3）列显著为正，并且至少在5%的水平上显著，而在第（2）列和第（4）列不显著，外观设计则在两组间没有差异，该结果与上述推理一致，与 Chu et al.（2018）、吉利和陶存杰（2019）研究结论一致，进一步丰富了本书的假设，表明地缘邻近的上下游公司更容易开展交流与合作，信息沟通效率更高，从而客户对公司的知识溢出效应更显著。

表6－10　　　　　　　　　　　地理距离的分组检验

变量	（1） Dumdis = 0 Lninv	（2） Dumdis = 1 Lninv	（3） Dumdis = 0 Lnum	（4） Dumdis = 1 Lnum	（5） Dumdis = 0 Lnde	（6） Dumdis = 1 Lnde
Cpinv	0.078 *** （2.63）	0.007 （0.31）				
Cpum			0.075 ** （2.35）	0.01 （0.39）		
Cpde					0.001 （0.02）	0.017 （0.6）
Controls	YES	YES	YES	YES	YES	YES
Cons	－ 5.378 （－ 1.48）	－ 8.873 *** （－ 2.72）	－ 5.947 （－ 1.50）	－ 8.834 *** （－ 3.17）	0.615 （0.17）	－ 4.202 （－ 1.36）
Firm	YES	YES	YES	YES	YES	YES
行业年度	YES	YES	YES	YES	YES	YES
N	961	912	961	912	961	912
Adjusted R²	0.274	0.295	0.256	0.289	0.051	0.081

注：*** 表示在1%的水平上显著，** 表示在5%的水平上显著，括号内数值为 t 值。

（二）产权性质分组

相对于民营企业，国有企业有许多天然的资源优势，能够不计成本地调配稀缺资源以完成既定任务，国家会给予政策性倾向和经营特权（Allenet al.，2005）以及接收政府特许订单等，其经营体现着政府意志；此外，国企的经营业绩与地方政府荣辱与共，政府的后盾使国企具备低风险、高稳定的特征（窦超等，2020），破产风险相对较低，再加之预算软约束使得国有企业能够承担较高的创新风险（江伟等，2019），以至于很多企业都愿意与国有企业"接亲"。因此，当上市公司本身是国有企业时，合作创新的动机更强、资源更充足，链上的创新溢出效应更明显，为了验证该推理，按是否国企进行分类回归。结果如表6－11所示，可以发现，发明专利和实用新型专利在国企组显著为正，而在非国企组不显著，外观设计专利虽不存在显著差异，但国企组T值为1.48，更接近于显著水平，表明在国企组的溢出效应显著高于非国企组，与江伟等（2019）的研究结论一致，支持了前面逻辑。

表6－11　　　　　　　　　　是否国企分组检验

变量	(1) SOE=0	(2) SOE=1	(3) SOE=0	(4) SOE=1	(5) SOE=0	(6) SOE=1
	Lninv	Lninv	Lnum	Lnum	Lnde	Lnde
Cpinv	0.012	0.041*				
	(0.53)	(1.91)				
Cpum			0.0140	0.061***		
			(0.67)	(2.67)		
Cpde					0.007	0.044
					(0.29)	(1.48)
Controls	YES	YES	YES	YES	YES	YES
Cons	−6.672**	−6.295*	−6.771***	−8.554**	−0.557	−2.941
	(−2.55)	(−1.81)	(−2.88)	(−2.17)	(−0.26)	(−1.15)
Firm	YES	YES	YES	YES	YES	YES
行业年度	YES	YES	YES	YES	YES	YES
N	1421	1152	1421	1152	1421	1152
Adjusted R²	0.168	0.239	0.183	0.236	0.0420	0.033

注：*** 表示在1%的水平上显著，** 表示在5%的水平上显著，* 表示在10%的水平上显著，括号内数值为t值。

（三）经济紧密度分组

溢出效应会受到双方合作关系质量的影响，当前五客户的汇总销售占比越高时，表明公司与客户的经济联系越紧密，业务合作越密切，双方的信任度较高，信息流通和知识转换的效率越高，溢出效应会更明显，为了验证该推理，按照前五客户销售额占总销售额的比重分类①，高于中位数的样本取值1，否则取0，并进行分组检验，如表6-12所示，可以发现发明专利在经济紧密较高组T值为1.54，接近于10%的显著性水平，而在较低组仅为0.79，在一定程度上能够说明经济关系较密切时更有利于知识的溢出效应，而实用新型和外观设计则在经济密切较高组显著为正，在较低组不显著。总之，该结果支持了双方经济紧密度的调节作用。

表6-12 经济紧密度分组检验

变量	(1) 低	(2) 高	(3) 低	(4) 高	(5) 低	(6) 高
	Lninv	Lninv	Lnum	Lnum	Lnde	Lnde
Cpinv	0.018	0.031				
	(0.79)	(1.54)				
Cpum			0.0330	0.043*		
			(1.39)	(1.89)		
Cpde					0.0210	0.051*
					(0.83)	(1.79)
Controls	YES	YES	YES	YES	YES	YES
Cons	-6.182*	-5.842**	-6.992**	-8.565***	-1.349	-0.819
	(-1.93)	(-2.51)	(-2.55)	(-3.10)	(-1.04)	(-0.27)
Firm	YES	YES	YES	YES	YES	YES
行业&年度	YES	YES	YES	YES	YES	YES
N	1316	1244	1316	1244	1316	1244
Adjusted R^2	0.232	0.179	0.198	0.218	0.0420	0.059

注：***表示在1%的水平上显著，**表示在5%的水平上显著，*表示在10%的水平上显著，括号内数值为t值。

五、机制检验——国内和全球前100强创新客户的证据

前面的研究是基于客户为上市公司的数据进行检验的，为了进一步补充溢出效应的机制分析，借助于2017~2021年中国企业创新能力1000强和2015~2021

---

① 前五客户销售占比更能体现经济紧密度，强调的是前五客户的整体效益，而前五客户的赫芬达尔指数更侧重于集中度的问题，本部分采用前五客户销售占比（TOP5）进行分组，按前五客户的赫芬达尔指数分组结果类似。

年全球创新前100强的排名①，其中中国企业创新能力排行榜是由中国人民大学创新课题组从2017年开始评价发布，覆盖企业广泛，评价指标层次化，从量到质再到创造价值；全球100强创新企业是由汤森路透于2010年开始评定并发布，评定标准从量到专利全球化影响力。因此，进入榜单的企业的创新能力必定远高于其他企业，如果企业的客户进入榜单，并且前述的溢出效应存在的话，那么上市公司的创新能力较强，为了验证该逻辑，进一步将公司的客户分类分为创新较强型客户（进入榜单）和创新较弱型客户（未进入榜单），然后检验不同类型的客户对公司的创新溢出效应是否有显著差异，如果创新型客户对公司的溢出效应显著高于非创新型客户，则该机制成立。首先手工百度收集了样本期间内中国企业创新能力1000强和全球创新前100强的名单，其次将公司披露的客户名称一个一个与该名单对比，以确保客户是否属于该创新名单，这样样本既可以包含上市型的创新客户也可以包含非上市型的创新客户，能有效补充前面研究过程。采用两种方式衡量上市公司的客户创新能力，即公司是否有进入榜单的客户（用Dum表示），以及有几个客户进入榜单（用Num表示），结果如表6-13所示，前三列的解释变量是Dum哑变量，后三列的解释变量是Num，可以发现除了外观设计专利，发明专利和实用新型专利在两类自变量中都在1%的水平上显著为正，表明当公司的客户进入榜单时，会促进公司的创新产出，进入榜单的客户越多时，对公司创新的提升作用越明显，溢出机制成立。

表6-13 来自进入创新能力榜单的客户证据

变量	(1)	(2)	(3)	(4)	(5)	(6)
	Lninv	Lnum	Lnde	Lninv	Lnum	Lnde
Dum	0.325***	0.438***	0.011			
	(5.68)	(7.03)	(0.23)			
Num				0.131***	0.174***	0.004
				(4.85)	(6.90)	(0.20)
Controls	YES	YES	YES	YES	YES	YES
Con	-10.668***	-9.305***	-2.984***	-10.626***	-9.246***	-2.982***
	(-13.30)	(-10.11)	(-5.52)	(-13.01)	(-9.89)	(-5.53)

① 鉴于我国上市公司拥有国外客户较少以及大部分被包含在全球前100强内，本部分主要考察全球创新前100强的范围，同时考虑到公司近些年才有国外客户和创新的持续性，选择了从2015~2019年的排行榜。

变量	(1)	(2)	(3)	(4)	(5)	(6)
	Lninv	Lnum	Lnde	Lninv	Lnum	Lnde
Firm	YES	YES	YES	YES	YES	YES
行业 & 年度	YES	YES	YES	YES	YES	YES
N	6488	6488	6488	6488	6488	6488
Adjusted R^2	0.368	0.341	0.124	0.367	0.339	0.124

注：*** 表示在 1% 的水平上显著，括号内数值为 t 值。

六、基于地理距离视角的客户创新溢出的补充证据

（一）问题的提出

前面部分基于"客户创新能力"探讨了对公司的创新绩效的溢出效应，为了进一步多视角检验供应链嵌入的创新溢出效应，本部分拟基于"客户地理距离"视角展开，结合新经济地理理论（new economic geography theory）解释地理距离对微观层面创新绩效的影响，因为较近的地理距离更有利于软知识的交流，更有可能促进公司创新，从而呼应第四部分的研究结论。

根据前面分析可知，创新生态已由"单打独斗"的传统模式演变为"创新生态模式"，创新具有了组织间的系统性和生态观（孙玉涛和张瑛，2021），更注重"圈内"的合作分工、资源互补，科研工作人更容易跨企业指导（Adrien Matray，2021）。目前，学者将种群层面的创新分为了地域、行号和业务三种，其中地域层面被认为是某地区范围内的企业可以交流互动、相互学习借鉴经验，例如，在实务界闻名于世的"美国硅谷"，代表了世界的高科技集聚地，也有国内的"深广"科技集聚地区，专为华为和小米供应前端高科技材料；行业层面的集聚则可能由于竞争关系快速使创新资金殆尽，削减集聚动机；而基于业务基础的供应链创新被学界认为是创新溢出效应的理想场景，既能克服"搭便车"的行为，又有共同的经济激励动机。

分析现有供应链创新文献，可以发现，国内主要聚焦于客户/供应商的集中度视角，例如江伟等（2019）研究发现，客户越集中的公司越倾向于进行突破式的创新，及时地共享客户需求信息、频率和深度；曹伟等（2019）认为，供应链关系变动带来的经营风险会降低企业的创新绩效。吉利和陶存杰（2019）同时基于客户和供应商集中度也得出类似的结论，但供应商只有在较低集中度时才具

有创新促进作用；程小可等（2020）研究发现，邻近性大客户基于议价能力抑制了企业创新投入；刘静等（2021）基于客户地理距离研究了客户地理距离对企业创新绩效的影响，但其机制并未揭示出溢出效应，而是仅仅基于企业内部特征分析；但就国外文献来看研究视角颇为丰富，除了客户集中的视角外，朱等（2018）基于地理距离研究发现，当与客户的距离越近时越能促进公司的创新，潜在逻辑为客户的信息反馈机制和需求机制；李（Li，2018）发现，创新型客户基于需求和知识扩散能够提升公司的业绩。基于上述分析可以发现，国内文献虽然已有基于地理距离的研究视角，但是基于客户的议价能力和套牢视角，并非基于溢出效应视角，也未直接揭示出溢出效应的机制。基于此，本书认为，对供应链创新的研究视角仍需多视角化，本书拟以供应链溢出效应为切入点，考察客户的地理距离对公司创新的影响，丰富客户地理距离研究视角的相关文献。

（二）理论分析、文献回顾与假设提出

1. 溢出效应文献回顾

直观来看，溢出效应（spillover effect）被认为在给自身带来预期效果的同时，还会给其他组织（个人）带来正向或负向影响，但是被影响的其他主体与收益却不具有共享性。现有文献溢出效应主要存在于 FDI（王然等，2010）、地域（Adrien，2021）、和供应链（Chu，2018）等领域的研究。就创新溢出效应而言，已有研究表明国外的先进技术能够通过 FDI 显著促进上下游企业的创新水平，帮助国内企业走出创新困境（诸竹君等，2020）；王然等（2010）与此结论类似，认为，FDI 在产业间的垂直溢出效应（Markusen et al.，1996）在理论上更可行，能显著提高下游内资企业的创新能力。此外，随着地理群集效应的日益增强，学者们结合新经济地理理论（new economic geography theory）开展了相应研究，将研究视角集聚于硅谷、华为和小米等典型案例，认为这些地域间的创新网络有助于知识技术的扩散。学者孙玉涛和张瑛（2021）将创新能力界定到"生态观"的高度，从低到高将其划分为物种、群种和群落三个层面，物种解决了创新知识源，群种和群落则涉及群主体的学习交流，是创新生态圈的高端形态。实证研究方面，阿德里安（Adrien，2021）以本地大小公司为切入点，借助于美国各州交错实施的企业合并法（business combination，BC）作为外生事件，研究发现，当地上市公司的创新能够促进本地小企业的创新，主要是通过本地企业的学习机制和科技人员的流动而产生，但随着地理距离的扩大，这种溢出效应会消失。与已有文献相比，供应链创新是基于业务层面的溢出，涉及群种和群落高级别的创新生态，不仅能够规避 FDI 过程中的跨国贸易摩擦，也能规避行业溢出效应的道德风险和逆向选择问题，扫除创新溢出障碍，楚等（Chu，2018）首次以美国企业为样本，以供应链为切入点，发现客户地理距离确实能促进公司的创新产出，李（Li，2018）和李等（Li et al.，2018）也得出类似结论。

2. 客户地理距离创新溢出效应的机理分析

新经济地理理论是 20 世纪 90 年代由保罗·克鲁格曼等经济学家提出，融合了个体经济学、新贸易与区位理论经济学，解释了地理距离如何影响空间集聚，地理距离越大，生产要素越难流动，更不利于软信息的交流，相反，地缘越邻近，生产要素流动较容易，特别是需要面谈的软信息更容易流动，因此，地理邻近组织更具有信息优势、较低的信息解读成本、较高的信息解读精度，被认为是技术和业务集聚的主要因素，佩林斯基和王（Pirinsky and Wang，2010）研究表明，地理邻近产生的信息沟通优势提高了市场主体参与行为产生积极影响，杨博旭等（2019）也指出地理邻近能促进合作创新。本书基于供应链视角研究其对公司创新的溢出效应，主要从交流互动机制和需求驱动机制阐述。

（1）直接的交流互动机制

地理邻近意味着低成本、较快的信息沟通速度与较高的沟通效率，更有利创新技术这类隐性知识、软信息的（tacit knowledge）的生产扩散，实现与业务对接。通信技术的快速发展确实加快了信息传播的速度和范围，但其仅限于能够以书面形式、口头表达的显性知识（Kevin，2005），对隐性知识却无能为力；隐性知识多出自长期的一线工作经验，是一种身教而非言传的软知识，通过通信网络仅仅意会其表面意思，而非真知灼见，必须通过面对面长期交流，反复实践，即在实践中发现问题在实践中解决问题，来之实践去之实践的重复过程，这样才能将软信息知识转换为生产力，这一过程也形成了创新螺旋式上升的形态。

在本书的研究框架下，客户具有一手市场需求材料，对上游企业的投资方向具有指导性作用（Huang，2018），特别是在买方市场的条件下，公司必须观察也有动机观察并满足客户的需求意愿，从而能够更好地服务客户，占领绝对市场份额。当公司距离客户较近时，企业更容易到客户公司拜访调研，了解客户最新需求及产品市场销售动态，不仅有利于维护较好的关系更能了解到关键决策信息，而且知识和目标的邻近性使得这种关联技术能容易被理解吸收；反之，地理距离较远时，区域文化、规范或习俗差别较大，本身就会造成沟通障碍，亲临学习拜访的次数会较少，不仅不利于关系的维护，更不利隐性知识的身教，久而久之会影响到创新知识的吸纳。因此，近距离客户更容易创新溢出，这种近距离的"实地考察、身教"被认为是创新知识的源泉，即指明了产品创新改进方向，又减少了创新过程的不确定性，这也呼应了"客户参与公司创新繁荣景象"的案例（Prahalad and Ramaswamy，2013）。此外，基于阿德里安（2021）的最新研究，地理邻近更容易使得客户与公司的研发人员在上下游企业之间互相兼职，熟悉的地理环境减少了适应成本，更关键的是《劳动法》限制同业竞争的硬性规定，在一年内限制了高层技术人员到同行业兼职或就业。基于环境、技术转换成本、人脉关系等原因，使得高层技术人员更容易在地理邻近的客户与公司这类上下游企业互相兼职学习成为可能。

（2）间接的需求倒逼机制

近距离能够降低客户的采购运输成本，减少路途损耗，降低存货周转的不确定性，扩大客户需求，较大的需求量才能使得公司有动机全方位服务客户，满足客户需求。基于创新动力理论分析，当客户对公司产品需求较高时，公司研发的边际成本才会下降，创新的利润空间才会扩大，才能更好地激励公司研发投入与产出（Leahy and Neary，1997）。在供应链研究框架下，学者们基于"城际高铁的开通"的准自然实验，表明相比于控制组，开通了城际高铁的公司，能够降低运输成本，增强沟通，提高产品质量，增加交易量，进而降低以产品为担保的商业信用提供（陈胜蓝和刘晓玲，2019）。因此，基于"创新动力理论"和"新经济地理理论"可以预期，近距离客户不仅能够扩大产品需求，更能够快速传递产品改进信息，提升产品质量，激发公司创新的动力。此外，基于我国客户规模相对公司较大的客观事实，客户的创新水平一般较上游企业高（由表 6-2 Panel A 与表 6-2 Panel C 对比可知），为了保证最终产品性能的更好发挥，本身对中间投入品创新要求也较高，因此，高创新水平的需求必然导致对上游企业技术指导，同时上游公司也迫于客户需求，必须"苦练内功"提高创新步伐以保持市场占有份额，当然，近距离产生的加大需求会降低边际创新成本，扩大的利润空间也使得公司有动机"苦练内功"，这对公司来说是一种双赢战略，既提升自己又留住客户。这种机制成为基于客户需求的倒逼创新机制。

基于上面直接的交流互动机制和需求倒逼机制，提出本部分研究假设 H2：

近地理距离客户更能够促进公司创新。

(三) 研究设计

1. 样本选取与数据处理

以我国 A 股上市公司 2007～2021 年度数据为样本，公司财务数据主要来源于 CSMAR 数据库，创新专利数据来源于 CNRDS，并剔除了金融类上市公司、ST\ST* 、数据缺失的样本、未披露客户名称以及客户的地址不明确的样本，并最终得到 4417 个观测值，并对连续型变量进行了 1% 和 99% 的缩尾处理。

2. 模型及主要变量定义

$$PATENT_{i,t} = \beta_0 + \beta_1 DISTANCE_{i,t} + \beta_2 CONTROLS_{i,t} + \beta_3 FIRM_i$$
$$+ \beta_4 YEAR_t + \varphi_{f,c} + \omega_{i,t} + \varepsilon_{i,t} \qquad (6-3)$$

（1）被解释变量 $PATENT_{i,t}$ 分别表示公司在某年申请的发明专利（INVATION）、实用新型专利（UTILITY）以及外观设计专利（DESIGN），分别采用 ln（1 + INVATION）、ln（1 + UTILITY）和 ln（1 + DESIGN）衡量，分别衡量创新的质量，其中发明专利是高质的代表，而实用新型技术含量较低，外观设计最低。

（2）解释变量表示的是客户距离公司的地理距离，根据双方注册地址计算空间距离，根据 Kang（2008）关于地理邻近性的计算公式计算出客户与上市公司之间的空间地理距离，具体如式（6-4）所示。

$$SPATIALDIS_{i,j} = arccos\{cos(l\,at_i)cos(lon_i)cos(lat_j)cos(lon_j)$$
$$+ cos(l\,at_i)sin(lon_i)cos(lat_j)sin(lon_j)$$
$$+ sin(lat_i)sin(lat_j)\}2\pi r/360 \qquad (6-4)$$

式（6-4）中，分别表示客户与上市公司的注册地的纬度和经度，r 表示地球半径，大概取值为 3678 公里。根据上述公司计算出前五大客户与上市公司的距离，然后在公司层面算出客户的平均距离。最后将上市公司与其客户空间距离加 1 取自然对数，再取其相反数。

如果供应链存在地理距离的溢出效应，则预计 β_1 显著为正。同时式（6-3）还控制了公司个体效应（$FIRM_i$）、年度固定效应（$YEAR_t$）、公司×时间的交互效应（$\omega_{i,t}$）以及上市公司（供应商）—客户样本对 $\varphi_{f,c}$ 的固定效应，以剔除公司固定的异质特性、不同时期的共同政策冲击、随公司—时间而变化的不可观测因素以及不同公司—客户关系性质等因素的影响。尽量剔除混杂因素的干扰，降低系数的估计偏误。

（3）控制变量。参考已有文献，本书控制了公司规模（Size）、公司的成长性（Growth）、会计盈利能力（ROA）、负债比例（Lev）、现金流量（Cash）、托宾Q、固定资产比值（PPE）、研发支出（RD/总资产）、资本化支出（CapEx/总资产）、独立董事占比（INDP）、两权分离程度（Sepreation）、公司年龄（Age）、政府补助（LNSUB）等变量。

（4）主要变量的描述性统计

表6-14描述了主要变量的统计结果，从表6-14 Panel A可以发现样本中的上市公司发明专利最大值7.45（1722项），实用新型最大值为7.17（1298项），外观设计为5.61（271项），最小值均为0，其中发明专利和实用新型的标准差分别为1.1和1.19，说明上市公司的高质量研发能力存在较大差异，而外观设计的标准差相对较小（0.67），从标准差对比来看，我国上市公司的创新能力差异主要体现在突破性创新能力方面。此外，大约有一半的上市公司的客户分布在100公里范围内。从相关系数的单变量检验来看，DISTANCE和PATENT的相关系数显著为正，初步表明客户距离公司较近时，其对公司的创新有较强的溢出效应，在后面将会采用模型进行多变量检验，以进一步检验本书的研究假设。

表6-14　Panel A　　　　　　　　　主要变量的描述性统计

变量	样本	Mean	SD	Min	Median	Max
INVATION	4417	0.750	1.100	0	0	7.450
UTILITY	4417	0.760	1.190	0	0	7.170
DESIGN	4417	0.200	0.670	0	0	5.610
SPATIALDIS	4417	119.7	99.43	0.290	105.6	344.8
DISTANCE	4417	0.490	0.500	0	0	1

表6-14　Panel B　　　　　　　　　相关系数

	INVATION	UTILITY	UTILITY	DISTANCE
INVATION	1			
UTILITY	0.713***	1		
UTILITY	0.372***	0.402***	1	
DISTANCE	0.084***	0.113***	0.057***	1

注：***表示在1%的水平上显著。

（四）主要实证结果分析

1. 基本回归结果

本书采用公司个体、行业、年度、公司×年度和公司—客户等高位固定效应以剔除混杂因素的影响，并在公司层面对标准误差进行聚类处理。由表6-15可知，除了外观设计外，客户地理距离与公司的创新水平显著正相关，表明客户距离上市公司越近，越有利于客户需求信息的及时反馈与沟通，促进创新知识的扩散，从而提升上市公司的创新。其中，发明专利申请和外观设计均在10%的水平上显著为正，实用新型则在5%的水平上显著为正，平均来说，无论从经济意义上还是从统计意义上，对实用新型专利的影响最为显著，这可能与发明专利门槛高、客户的战略地位相关，使得公司更加注重实用新型专利的发明。上述结果不太可能是由公司层面的高管团队能力、税收或产业等宏观经济政策、公司与客户关系质量等混杂因素驱使的，模型采用高维固定效应已将系列影响予以控制。对比已有文献，与楚等（Chu et al. ）的研究结论基本类似，初步支持了本书假设，提供了基于地理距离视角的大客户创新溢出效应的直接证据。

表6-15　　　　　　　　　　地理邻近性客户与公司创新

变量	(1) INVATION	(2) UTILITY	(3) UTILITY
DISTANCE	0.024 * (1.65)	0.127 *** (2.86)	0.044 * (1.69)
SIZE	0.126 ** (2.03)	0.109 ** (2.24)	-0.034 (-1.01)
ROA	0.601 (1.20)	0.368 (0.81)	0.294 (1.24)
LEV	0.243 (1.22)	-0.0360 (-0.17)	0.144 (1.30)
CASH	-0.316 * (-1.83)	-0.299 (-1.41)	-0.176 (-1.43)
MB	-0.0140 (-1.70)	-0.012 (0.03)	-0.0190 (-1.39)
PPE	-0.214 (-1.02)	-0.277 (-1.23)	0.0160 (0.15)
AGE	0.0330 (0.37)	-0.009 (-0.12)	-0.051 (-1.27)

变量	（1）	（2）	（3）
	INVATION	UTILITY	UTILITY
GROWTH	−0.0010	0.0130	−0.0010
	（−0.06）	（0.74）	（−0.11）
SOE	−0.234	0.0210	−0.0570
	（−1.49）	（0.19）	（−0.85）
RD	7.630**	2.159***	4.411***
	（2.13）	（2.72）	（3.16）
CAPEX	17.635***	16.920**	5.881
	（2.79）	（2.25）	（0.86）
INDP	0.0680	0.0750	0.0150
	（0.94）	（0.93）	（0.30）
SEPREATION	0.0020	0.007*	0.0010
	（0.39）	（1.82）	（0.23）
LNSUB	0.0010	0.0060	−0.0010
	（0.15）	（1.07）	（−0.19）
CONS	−2.073*	−2.276**	0.703
	（−1.73）	（−2.04）	（1.04）
N	4250	4250	4250
CONS	0.0620	0.0650	0.0130
FIRM	YES	YES	YES
YEAR	YES	YES	YES
IND	YES	YES	YES
FIRM × YEAR	YES	YES	YES
Adjusted R^2	0.0620	0.0650	0.0130

注：因为是非平衡面板数据，样本量减少为4250。

*** 表示在1%的水平上显著，** 表示在5%的水平上显著，* 表示在10%的水平上显著，括号内数值为 t 值。

2. 稳健性检验

（1）更换解释变量

前面采用的是康（Kang，2008）计算了公司—客户之间的空间地理距离。现借鉴朱等（2018）采用的公式计算两地之间的空间距离，具体公式如下。

$$Distance = 3963 \times Arccos[\sin(Lat_0) \times \sin(Lat_1) + \cos(Lat_0)$$
$$\times \cos(Lat_1)] \times \cos(Lng_1 - Lng_0) \qquad (6-5)$$

式（6-5）中，Lat_0 和 Lng_0 表示上市公司办公所在地的纬度和经度，Lat_1 和 Lng_1 分别表示客户办公所在地的纬度和经度，首先将经纬度转换为弧度，其次代入式

（6-5）求出地理距离，并对其加 1 取自然对数，再取其相反数，最后在公司层面对客户求出平均地理距离并取自然对数。结果如表 6-16 所示，几乎与基本回归表 6-15 一致。表明当客户距离上市公司距离越近时，越能促进公司的创新水平。

表 6-16 替换解释变量

变量	(1)	(2)	(3)
	INVATION	UTILITY	UTILITY
C_ DISTANCE	0.036 **	0.038 **	0.0080
	(1.97)	(1.97)	(0.73)
CONTROLS	YES	YES	YES
CONS	-4.728 *	-3.247	1.782 *
	(-1.92)	(-1.37)	(1.76)
N	4130	4130	4130
FIRM	YES	YES	YES
YEAR	YES	YES	YES
IND	YES	YES	YES
FIRM × YEAR	YES	YES	YES
FIRM - CUSTOMER	YES	YES	YES
Adjusted R^2	0.0840	0.0700	0.0270

注：** 表示在5%的水平上显著，* 表示在10%的水平上显著，括号内数值为 t 值。

（2）安慰剂检验

为了进一步证实前述结论确实是由供应链上的地理距离产生的溢出效应，排除其他可能性。借鉴朱等（2018）的做法，本部分采用安慰剂检验切断真实的公司—客户关系，保留真实的客户而选择虚拟"上市公司"，选择虚拟公司的匹配标准尽可能与真实公司接近，具体而言，两者有相同的行业、类似的地理距离（偏差不超过 50 公里）、相同的年度以及总资产规模类似（偏差不超过 30%），最终匹配 3917 个虚拟公司—客户样本。如本书研究结果确实是由供应链关系之外的其他因素所致，那么在构造的 3917 个样本中，MATCHDIS（虚拟公司—客户的地理距离）的系数仍显著为正，否则则排除这种可能性，支持供应链关系的地理距离溢出效应。结果如表 6-17 所示，地理距离 MATCHDIS 的系数不再显著为正，而且正负不一，因此，我们可以排除供应链之外的其他因素驱使结果的可能性，本书所述效应是存在于真实的供应链关系中。

表 6 – 17   安慰剂检验

变量	(1)	(2)	(3)
	INVATION	UTILITY	UTILITY
MATCHDIS	– 0. 0110	0. 0110	0. 0050
	(– 1. 30)	(1. 26)	(0. 93)
YES	YES	YES	YES
CONS	– 4. 509 ***	– 3. 208 ***	– 1. 446 ***
	(– 9. 62)	(– 6. 23)	(– 4. 51)
N	3917	3917	3917
FIRM	YES	YES	YES
YEAR	YES	YES	YES
IND	YES	YES	YES
FIRM × YEAR	YES	YES	YES
FIRM – CUSTOMER	YES	YES	YES
Adjusted R^2	0. 246	0. 207	0. 0810

注：*** 表示在 1% 的水平上显著，括号内数值为 t 值。

（3）基于高铁开通准自然实验的地理距离压缩的检验

高铁是我国"走出去，引进来"战略的重大举措，至 2008 年以来，高铁迎来了迅猛发展，截至 2021 年底，高铁运营里程达到 4 万公里，覆盖率 93% 以上的 50 万人口以上城市，81% 的县城，"四纵四横"的高铁网已经形成，"八纵八横"高铁网也正加密成型，实现了"千里江陵一日还"的速度，匠心绘制了"中国名片"，我国高铁实现了"时空压缩"效应和"边界突破"效应，提高了区域之间的可达性，打破了要素流动障碍，更有助于为链上企业带来更多的技术和资源，促进了创新能力和速度，因此，本部分基于"高铁开通"这一准自然实验带来的地理距离的压缩效应，进一步研究对链上企业创新的溢出效应，如果在样本研究期间，在客户与上市公司之间开通高铁后的样本中 $HSR_{i,t}$ 值取 1，否则取 0，采用 DID 模型，检验相比于没有开通高铁的企业，当客户与上市公司之间开通高铁时能否更促进公司的创新绩效。

$$PATENT_{i,t} = \alpha_{0+} \alpha_1 HSR_{i,t} + \alpha_j \sum_{j=1}^{j} Z_{i,t} + \varphi_t + \omega_i + \varepsilon_{i,t} \qquad (6-6)$$

基于式（6 – 6）的回归结果如表 6 – 18 所示，结果显示相比于没有开通高铁的客户—企业样本，开通高铁的样本的 HRS 值显著为正，并在 10% 的水平上显著，表明高铁开通的时空压缩效应确实能促进企业创新绩效，进一步佐证了前面研究主检验。

表 6 – 18 基于高铁开通准自然实验的地理距离压缩检验

变量	(1)	(2)	(3)
	INVATION	UTILITY	UTILITY
HRS	0. 032 **	0. 030 **	0. 0020
	(1. 98)	(1. 90)	(1. 63)
YES	YES	YES	YES
CONS	3. 623 ***	3. 156 ***	1. 483 ***
	(9. 62)	(6. 23)	(4. 51)
N	3917	3917	3917
FIRM	YES	YES	YES
YEAR	YES	YES	YES
IND	YES	YES	YES
FIRM × YEAR	YES	YES	YES
FIRM-CUSTOMER	YES	YES	YES
Adjusted R^2	0. 346	0. 107	0. 0720

注: *** 表示在 1% 的水平上显著, ** 表示在 5% 的水平上显著, 括号内数值为 t 值。

(4) 排除竞争性假说—地理集群

虽然删除高新技术行业能够在一定程度上排除地理集群性, 但仅仅是针对高新技术行业, 因此, 该部分将继续排除这种可能性。研究地缘优势的文献面临着很大的内生性问题, 区域范围内的企业面临着类似的经济环境、税收政策冲击以及科技环境。有关地理集群 (agglomeration) 的文献研究表明创新活动的空间集聚性由于经济的溢出效应, 使得集群内的企业能更有效地分享资源, 从而能促进创新 (Carlino and Kerr, 2015), 因此, 被解释变量可能是区域范围内共同的经济因素所致, 而非我们所关注的解释变量, 从而会导致研究结果出现虚假因果关系。公司根据已有文献阿德里安 (2021) 的研究结果, 即地理邻近性的创新溢出效应通常在 100 公里以内, 大于 100 公里会消失。因此, 地理集群的技术溢出是有地理距离限制的, 据此我们采用两种方法进行排除: 方法一, 在样本中排除距离客户 100 公里以内的样本, 检验结果是否存在, 如果不显著则表明前面结论可能是地理集群的影响, 如果剔除该样本后结果仍然存在, 则表明前面的研究结论是比较稳健的; 方法二, 考察客户距离变动的影响, 剔除平均客户距离没有变化的样本, 在客户平均距离发生变动的样本中, 如果有原来地理距离大于 100 公里现在变为小于 100 公里, PROXIMITY 变量取值为 1, 否则取 0; 如果 PROXIMITY 系数不显著, 则表明并非 100 公里地理距离的影响, 从而排除地理集群假说。

结果如表 6 – 19 所示, 其中第 (1) 列、第 (2) 列和第 (3) 列是排除距离客户100公里以内样本的结果，可以发现DISTANCE对INVATION和UTILITY的影响确实减弱，对INVATION的影响不再显著，但仍然为正，且T值较大，但是对UTILITY的影响仍然在10%的水平上显著，该结果表明地理群集的知识溢出效应在100公里以内确实存在，印证了Adrien的研究结论，但是在排除了该影响后，前面的研究结果几乎还成立。第（4）列、第（5）列和第（6）列是对方法二的检验，可以发现在客户平均距离发生变化的样本中，当客户平均距离由原来的较远（大于100公里）缩短为100公里以内时，对公司创新水平确实有较大的正向影响（T值较大），但是并没有达到显著性水平。综合两种方法的回归结果，既衔接了地理群集的有关文献，也证实了基于地理距离视角的大客户创新溢出效应的存在性。再进一步排除了竞争性假说后，前面的研究结论在一定程度上仍具有稳健性。

表6-19　　　　　　　　　　排除竞争性假说—地理群集

变量	(1)	(2)	(3)	(4)	(5)	(6)
	INVATION	UTILITY	DESIGN	INVATION	UTILITY	DESIGN
DISTANCE	0.0850	0.0340 *	0.0370			
	(1.08)	(1.71)	(0.72)			
PROXIMITY				0.0030	0.0060	0.0030
				(1.29)	(1.51)	(1.48)
CONS	-1.833	-3.602 **	-1.231	-3.244 ***	-2.681 ***	-0.657
	(-1.17)	(-2.06)	(-1.20)	(-4.30)	(-3.55)	(-1.35)
N	2210	2210	2210	3299	3299	3299
FIRM	YES	YES	YES	YES	YES	YES
YEAR	YES	YES	YES	YES	YES	YES
IND	YES	YES	YES	YES	YES	YES
FIRM × YEAR	YES	YES	YES	YES	YES	YES
FIRM-CUSTOMER	YES	YES	YES	YES	YES	YES
Adjusted R^2	0.082	0.086	0.045	0.0430	0.0550	0.0270

注：*** 表示在1%的水平上显著，** 表示在5%的水平上显著，* 表示在10%的水平上显著，括号内数值为t值。

该部分稳健性检验表明，在进行变量替换、切断真实的公司—客户关系、保留真实的客户而选择虚拟"上市公司"、基于高铁开通准自然实验的地理距离压缩的检验，以及排除地理群集竞争性假说之后，在一定程度上排除了其他因素的影响后基本的研究结论几乎不变，增加结论的可靠性。

(五) 基于地理距离视角的大客户创新溢出效应的机制检验

为了完善本书的逻辑推理，本部分拟检验交流互动机制和需求倒逼机制这两个机制。

1. 交流互动机制

地理距离较近的客户意味着低成本、较快的信息沟通速度与较高的沟通效率，更有利于创新技术这类隐性知识、软信息的 (tacit knowledge) 的生产扩散，实现与业务对接。隐性知识多出自长期的一线工作经验，是一种身教而非言传的软知识，必须通过面对面长期交流，反复实践，即在实践中发现问题在实践中解决问题，来之实践去之实践的重复过程。客户具有一手市场需求材料，对上游企业的投资方向具有指导性作用 (Huang, 2018)，特别是在买方市场的条件下，公司必须观察也有动机观察并满足客户的需求意愿，从而能够更好地服务客户，占领绝对市场份额，从而更能促进供应链上的创新溢出效应。为了检验该逻辑，本部分拟将客户的创新水平与客户的地理距离交乘，检验客户创新水平对前面两者关系的影响，如果交乘项系数显著为正则表明该机制成立，当客户的创新水平越高，在地理距离较近的情况下，对公司的创新溢出效应越明显。一方面，基于客户创新能力对溢出效应的检验。运用 Python 软件，将客户名字作为匹配字段，得到每个公司每个客户的创新水平，基于公司层面算出客户的平均创新水平 (CINVATION、CUTILITY、C DESIGN)，最后将与客户地理距离 (DISTANCE) 交乘，考察其交乘项系数；另一方面，基于上市公司吸收和消化能力对溢出效应的检验。吸收能力理论 (absorptive capacity theory) 认为，学习和培训是提升隐性知识吸收和消化的重要途径，因此，上游企业的学习能力和消化能力直接关系着溢出效应的吸收能力。借鉴阿德里安 (2021) 的做法，考察公司所在地的高校数量，高校越多的地方，则公司所在地的学习和培训机会较多，越能提升公司本身的吸收能力和转换能力，将高校数量 SCHOOL 与 DISTANCE 交乘。其结果如表 6 - 20 所示，前三列检验的是客户自身的创新能力水平，后三列是公司办公所在地的高校数量，可以发现，在第 (2) 列和第 (3) 列交互项系数分别在 10% 和 1% 的水平上显著，第 (4) 列和第 (5) 列交互项系数在 10% 的水平上显著为正，表明当客户自身的创新能力较强时、公司本身吸收能力较强时，客户地理距离对上市公司的创新溢出效应更显著，支持了前面的隐性知识的交流互动机制。

表 6 - 20　　　　　　　　　　　　隐性知识交流互动机制

变量	(1) INVATION	(2) UTILITY	(3) DESIGN	(4) INVATION	(5) UTILITY	(6) DESIGN
DISTANCE	0.0290 (1.48)	0.0150 (0.70)	0.0010 (0.09)	-0.0060 (-0.42)	0.0250 (1.59)	0.023** (2.22)
DISTANCE × CINVATION	0.0001 (0.75)					
DISTANCE × CUTILITY		0.0001* (1.73)				
DISTANCE × CDESIGN			0.0001*** (2.59)			
DISTANCE × SCHOOL				0.001* (1.69)	0.001* (1.65)	0.0010 (1.42)
SCHOOL				0.0050 (0.90)	0.0060 (0.99)	0.004 (1.18)
CONS	-0.989 (-0.66)	0.557 (0.34)	0.500 (0.62)	-2.174** (-2.29)	-2.509** (-2.49)	0.915 (1.41)
CONTROLS	YES (-0.66)	YES (0.34)	YES (0.62)	YES (-0.66)	YES (0.34)	YES (0.62)
N	2108	2108	2108	4053	4053	4053
FIRM	YES	YES	YES	YES	YES	YES
YEAR	YES	YES	YES	YES	YES	YES
IND	YES	YES	YES	YES	YES	YES
Adjusted R^2	0.0990	0.139	0.0820	0.0740	0.0710	0.0230

注：*** 表示在 1% 的水平上显著，** 表示在 5% 的水平上显著，* 表示在 10% 的水平上显著，括号内数值为 t 值。

2. 需求倒逼机制

基于"创新动力理论"和"新经济地理理论"可以预期，近距离客户不仅能够扩大产品需求，更能够快速传递产品改进信息，提升产品质量，激发公司创新的动力。此外，基于我国客户规模相对公司较大的客观事实，客户的创新水平一般较上游企业较高（由表 6 - 2 Panel A 与表 6 - 2 Panel C 对比可知），为了保证最终产品性能的更好发挥，本身对中间投入品创新要求也较高，上游公司也迫于客户需求，必须"苦练内功"提高创新步伐以保持市场占有份额，当然，近距离产生的加大需求会降低边际创新成本，扩大的利润空间也使得公司有动机

"苦练内功",这对公司来说是一种双赢战略,因此,更有可能促进供应链上的创新溢出效应。为此,首先,检验客户地理距离与公司对前五大客户销售的关系,如果显著为正则表明地理距离较近的客户确实提升了客户的需求,增加了公司的销售占比。其次,检验考察客户关系稳定性对 DISTANCE 与 BIGSALE 之间关系的调节效应,当客户关系稳定性可以增加公司与客户之间的信任,促进长期合作,更可能稳定双方的供销关系,因此,可以合理预期当客户关系比较稳定时,地理距离对 BIGSALE 的正向作用更明显。为此构建 STABLE 变量,借鉴王雄元和彭璇(2016)、李和杨(Li and Yang,2011)的研究,STABLE 采用前五大客户在上年出现的个数/5 衡量,该值越大表明客户关系越稳定,将 STABLE 与 DISTANCE 交乘,交互项系数为正则表明稳定客户确实促进了地理距离与大客户销售量之间的关系。回归结果如表6-21所示,三列都控制了公司、年度和行业固定效应,其中第(2)列和第(3)列还控制了公司×年度的交互效应,可以发现在第(1)列和第(2)列 DISTANCE 的系数显著为正,第(3)列 DISTANCE × STABLE 的系数也显著为正,在10%的水平上显著,表明稳定客户关系促进了两者之间的关系,进一步印证了本书的逻辑,支持了需求倒逼机制。

表6-21 需求倒逼机制检验

变量	(1) BIGSALE	(2) BIGSALE	(3) BIGSALE
DISTANCE	0.389 * (1.68)	0.475 * (1.66)	0.271 (0.73)
DISTANCE × STABLE			0.110 * (1.78)
STABLE			0.0360 (0.41)
CONTROLS	YES	YES	YES
CONS	167.997 *** (6.14)	45.231 *** (5.28)	85.017 *** (4.18)
N	4091	4091	4091
FIRM	YES	YES	YES
YEAR	YES	YES	YES
IND	YES	YES	YES
FIRM × YEAR	NO	YES	YES
Adjusted R^2	0.0750	0.0780	0.0790

注:*** 表示在1%的水平上显著,* 表示在10%的水平上显著,括号内数值为 t 值。

（六）客户创新溢出的经济后果检验

前面研究了客户对上市公司创新的影响及作用机制，实证结果表明供应链上存在知识和信息的溢出效应，当客户的创新能力较高时，对公司的创新绩效有显著的促进作用，特别是当两者的地理距离邻近时、经济联系较紧密时、公司为国有企业时，而且在经过系列的稳健性检验后，结论仍成立。那么本部分内容试图探讨供应链上的创新溢出效应是否能够提升公司价值，以深入探讨链上创新溢出效应的经济后果，完善研究设计链条。

创新的最终目的是提升价值创造能力，就企业而言，即为账面业绩和市场业绩的提升。许多学者也论证了创新能力对提升公司业绩（Hausman et al.，1984）、增加现金流（Pandit et al.，2011））的正向促进作用，但在主要客户研究方面存在两类对立文献：价值创造论和价值掠夺论（李欢等，2018），也导致了创新溢出效应的双重可能性。具体而言，价值创造论认为，主要客户有助于企业提升资产周转率、减少管理和销售费用、降低存货减值损失，缩短应收账款回收期，基于这种效应，我们认为，供应链上体现更多的是互惠共赢，公司面临"客户迫使公司降价而出现关系破裂威胁"的可能性较低，而包含科技含量的产品定价较高，再加上主要客户带来的营运效率的提升，那么创新溢出效应的价值创造会提升公司的业绩表现；相反，价值掠夺论则认为，主要客户有着较高的议价能力（bargaining power），逐利本质的驱动使得客户在合同签订和谈判中获得更多的优惠条款，主导供应链收益的分配，例如苹果公司充分利用其议价能力，确保其在定价方面的主导地位（Dou，2013b），从而成为掠夺之手（grabbing hands）攫取公司的创新租金，从而蚕食公司利润（Gosman et al.，2004），降低公司业绩（张胜，2013；唐跃军，2009），此外，主要客户容易产生"套牢问题"，将公司锁定在服务于单个客户的范围内，生产多样化降低，转换成本较高，因此，公司很可能屈服于客户的要挟降价销售。基于这种效应，我们认为，即使在创新知识和信息方面存在溢出效应，能够提升公司的创新业绩，但较强议价能力的客户可能以"断裂贸易关系"迫使公司降低产品价格，转移创新收益分配，从而将创新溢出的价值创造据为己有。因此，公司纵然有较高的创新业绩也未必会实现公司价值的提升。基于以上原因，创新溢出效应是否能提升公司业绩有待检验，因此提出假设：

H3：创新溢出效应能提升公司业绩，但当客户议价能力较强时，会弱化两者的正相关关系。

1. 来自账面业绩 ROA 的证据

就账面业绩检验而言，首先，看创新溢出的专利对上市公司自身的账面业绩是否有促进作用，其次，再检验当客户议价能力较高时，两者关系是否会发生变化。具体结果如表 6 – 22 所示，其中前四列分别是发明专利、实用新型专利、外观设计专利以及三种专利之和（Lntotal）对公司账面业绩 ROA 的影响，可以发现，这四个解释变量系数都显著为正，且至少在 10% 的水平上显著；同时结合假设 H1，表明客户的创新对公司的创新有溢出效应，而且这种溢出效应能够提升公司盈利能力；同时为了检验客户议价能力对两者关系的影响，借鉴派特卡斯（2012）的研究采用客户集中的赫芬达尔指数 CC，即前五大客户的销售比例的平方和，取值位于 0 和 1 之间，当公司没有大客户时取值为 0，当客户完全依存一个客户时取值为 1，CC 值越大表明客户越集中，表明客户的议价能力越高，并将客户集中度分别与发明专利、实用新型专利、外观设计专利以及三种专利之和交乘，结果如表 6 – 22 第（5）列、第（6）列、第（7）列和第（8）列所示，可以发现，除了 CCLnde，其他三项交乘项 Cclninv、CCLnum 和 CCLntotal 都在 10% 的显著性水平上为负，表明当客户集中度越高时，对两者的正相关关系有显著的负向影响，结果表明，链上公司间虽然在创新投资上有合作关系，但是在最终利润的重新分配方面，逐利本质使得议价能力较高的客户成为"攫取之手"（grabbing hands）的角色，主导了收益的重分配，同时客户集中度指标 CC 的系数几乎都在 1% 的水平上显著为负，这佐证了大客户的掠夺效应，与其负向调节作用相一致。与李欢等（2018）的"客户集中度越高的公司，其经营业绩 ROA 越差"以及吉姆和亨德森（Kim and Henderson，2015）的"对客户的严重依赖，打破了平衡关系，议价能力较高的一方出于自利会攫取链上经济利益"的研究结论相呼应，因此，在建立大客户关系时，要注意大客户"双刃剑"的效应，适度的客户集中可以扬长避短，既可以带来创新知识的溢出又能抑制其蚕食利润的可能性。

表 6 – 22　　　　　　创新溢出的经济后果及客户议价能力的调节作用

变量	（1）	（2）	（3）	（4）	（5）	（6）	（7）	（8）
	Roa	Roa	Roa	Roa	Roa	Roa	Roa	Roa
Lninv	0.001 *				0.0001			
	(1.73)				(1.64)			

变量	(1)	(2)	(3)	(4)	(5)	(6)	(7)	(8)
	Roa	Roa	Roa	Roa	Roa	Roa	Roa	Roa
Lnum		0.002**				0.002*		
		(2.05)				(1.69)		
Lnde			0.001***				0.001**	
			(2.72)				(2.19)	
Lntotal				0.011**				0.002
				(2.12)				(1.64)
CClninv					−0.003*			
					(−1.66)			
CCLnum						−0.001*		
						(−1.71)		
CCLnde							−0.003	
							(−0.92)	
CCLntotal								−0.001*
								(−1.74)
CC	−0.011***	−0.011***	−0.010***	−0.011***	−0.007*	−0.008**	−0.010***	−0.004
	(−3.39)	(−3.42)	(−3.25)	(−3.41)	(−1.81)	(−2.04)	(−2.90)	(−0.83)
Controls	YES	YES	YES	YES	YES	YES	YES	YES
Cons	−0.060***	−0.060***	−0.056***	−0.057***	−0.063***	−0.062***	−0.056***	−0.059***
	(−5.84)	(−5.88)	(−5.71)	(−5.62)	(−6.13)	(−6.08)	(−5.79)	(−5.82)
行业	YES	YES	YES	YES	YES	YES	YES	YES
年度	YES	YES	YES	YES	YES	YES	YES	YES
N	2467	2467	2467	2467	2467	2467	2467	2467
Adj R^2	0.257	0.257	0.261	0.258	0.259	0.258	0.262	0.260

注：*** 表示在 1% 的水平上显著，** 表示在 5% 的水平上显著，* 表示在 10% 的水平上显著，括号内数值为 t 值。

2. 基于资本市场业绩表现的检验

Fama-French Carhart 四因素模型是基于有效资本市场，在控制系统风险对股票回报的影响后，从而对原始市场表现调整后得到超额或异常回报，其中所谓的四因素分别为：系统风险（MKT）——t 时市场组合收益率减去无风险报酬率（RMt-RFt）、规模效应（SMB）——小规模流通市值公司组合和大规模流通市值公司组合的收益率之差，主要调整投资者偏好不同而被低估的市场回报率、账市比效应（BTM）——高账市（BE/ME）比型的价值公司组合减去低账市比型成长性公司组合的收益率之差，主要调整投资者对公司基本面表现不佳而过度反应的收益率偏差、动量效应（UMD）——高收益率股票减去低收益率股票，主要控制股票收益率延续原有运动方向的趋势。模型如下：

$$R_{i,t} - R_{f,t} = \alpha_i + \beta_{i,KKT} MKT_t + \beta_{i,KSMBT} SMB_t$$
$$+ \beta_{i,HML} HML_t + \beta_{i,UMD} UMD_t + \varepsilon_{i,t} \qquad (6-7)$$

其中，被解释变量表示公司股票（股票组合）i 在 t 时期与无风险收益率之差，重点关注的是 α_i 的系数，用于判断股票收益获得差额收益，当 $\alpha_i > 0$ 表明优于市场平均回报，反之则小于市场平均水平，等于 0 表明几乎与市场表现相同。四因素模型①排除了市场系统风险、规模效应、账市比以及市场动量的影响，为了进行四因素超额回报检验，拟按照公司—月度数据检验不同组别创新溢出股票组合的超额回报之差进行，首先，将上市公司自身的创新溢出扣除行业年度中位数求出异常创新溢出，其次，按照异常创新溢出将样本股票分为三类组合 T1、T2 和 T3，其中 T1 和 T3 分别对应最低位和最高位的异常创新溢出，最后考察 T1 和 T3 的回归 α 系数是否存在显著差异，结果如表 6 - 23 Panel A 所示，可以发现 T1 组的 α 在 1% 的水平上显著为正，系数为 0.205，T3 组的 α 也在 1% 的水平上显著为正，系数为 0.212，如果买入 T3 组的股票并卖出 T1 组的股票相对于市场基准能够多赚取 0.007（0.212 - 0.205）个百分点，且在 10% 的水平上显著，因此，当创新溢出效应较强时，资本市场的投资者会辨别出该经济效应，会给予较高的市场定价，与表 6 - 22 中的前四列相呼应。

表 6 - 23 Panel A　　　　　　Fama-French Carhart 四因素模型超额回报的检验

变量	α	MKT	SMB	HML	UMD
T1	0.205 ***	1.231 ***	1.135 ***	- 0.541 ***	0.03
（Low）	（73.97）	（38.33）	（10.99）	（- 3.50）	（0.85）
T2	0.209 ***	1.078 ***	0.831 ***	- 0.317 ***	0.039
	（89.59）	（51.74）	17.64	（- 5.05）	（1.30）

---

① Fama-French 三因素模型和五因素模型的结果与四因素模型的结果类似。

续表

变量	α	MKT	SMB	HML	UMD
T3	0.212 ***	1.100 ***	0.736 ***	−0.333 ***	0.049
（High）	(81.09)	−43.21	−13.37	(−3.70)	(1.26)
Long/short	0.009 *	−0.131	−0.399	0.208	0.019
P－value	0.064	0.665	0.341	0.871	0.703

表 6－23 Panel B　　　　　　　　　　**Fama-MacBeth 回归**

变量	(1) 高	(2) 低	(3) 高	(4) 低	(5) 高	(6) 低
	Exreturn	Exreturn	Exreturn	Exreturn	Exreturn	Exreturn
Expatent	−0.002	0.001 *	−0.002	0.001 **	−0.002	0.001
	(−0.88)	(1.86)	(−0.88)	(1.99)	(−0.88)	(0.96)
Controls	YES	YES	YES	YES	YES	YES
Cons	−0.505 **	−0.175 ***	−0.505 **	−0.175 ***	−0.505 **	−0.175 ***
	(−2.32)	(−2.83)	(−2.32)	(−2.83)	(−2.32)	(−2.83)
Firm	YES	YES	YES	YES	YES	YES
行业年度	YES	YES	YES	YES	YES	YES
N	14050	15767	14050	15767	14050	15767
Adj R^2	0.326	0.308	0.326	0.308	0.326	0.308

注：*** 表示在1%的水平上显著，** 表示在5%的水平上显著，* 表示在10%的水平上显著，括号内数值为 t 值。

表 6－23 Panel B 列报的是基于年度—月样本异常创新溢出和异常市场回报之间在不同客户集中组别间的回归结果，本部分采用的是 Fama-MacBeth 模型，该模型采用的两阶段回归，分别同时时序回归和多次截面回归能够排除残差在截面上的相关性对标准误的影响，其中第（1）列、第（3）列、第（5）列报的是高客户集中度组的回归结果，第（2）列、第（4）列、第（6）列是客户集中度较低组的回归结果，可以发现在第（2）列、第（4）列，Expatent 的系数显著为正，第（6）列为正但不显著，在第（1）列、第（3）列、第（5）列不显著，表明当客户议价能力较高时超额创新溢出并不能带动超额市场回报，该结果可以在一定程度上支持假设 H3。表 6－23 基于市场层面的检验进一步呼应了前面基于公司基本面的研究结论。

3. 创新溢出效应是否提升了抗风险的能力？

企业在面对负面外部环境冲击时，应对能力是不同的，先前的创新积累和内功修炼能够帮助企业防控市场冲击。因此，本部分拟检验创新溢出能力是否能提升公司的抗击风险的能力？如果创新溢出能够提升公司自身的核心能力，则在抗击风险时公司的创新能力和水平不会受到严重影响，反之，其他公司则会明显下降。为了检验该推理，借鉴拟采用 DID 双重差分模型检验公司创新溢出效应的抗风险能力，如式（6-8）所示

$$Ln(1 + Patent_{i,t+1}) = \beta_0 + \beta_1 \times Post + \beta_2 \times Treat + \beta_3 \times Post$$

$$\times Treat + \beta_i \sum X_{i,t} + \varepsilon_{i,t} \qquad (6-8)$$

为了更好地识别潜在的因果关系，本部分以国内和全球前 100 强创新能力客户为样本，样本包括 2016~2018 年，其中 Post 在样本年度为 2018 年时取 1，否则取 0，并将客户进入国内和全球创新前 100 强榜单的数量按照年度—行业求出中位数，样本值大于年度—行业中位数时 Treat 取值为 1，否则为 0，并且控制了公司固定效应和行业虚拟变量，以消除公司不变特征和行业特性的影响，回归结果如表 6-24 所示，可以发现，Post 的系数显著为负数，且在 1% 的水平上显著，表明相比于 2016 年和 2017 年，2018 年企业的创新水平显著下降，但当被解释变量为发明创新和实用新型创新时，Post×Treat 交乘项的系数显著为正，且在 10% 的水平上显著，或者相对于 Post 的系数显著性水平和经济学意义显著下降，表明当客户位于前 100 强榜单的数量较多时，外部风险对公司的负面冲击有所缓解，并不会受到严重影响，因此，供应链的创新溢出效应能够在一定程度上提升公司的抗风险能力。

表 6-24　　　　　　　　　　创新溢出效应与抗击风险的能力

变量	(1) Lninv	(2) Lnum	(3) Lnde
Post	-0.201 ***	-0.652 ***	-0.280 ***
	(-3.05)	(-8.71)	(-5.23)
Treat	0.0930	-0.0170	0.259 ***
	(1.00)	(-0.16)	(3.03)
Post × Treat	0.092 *	0.239 *	-0.129
	(1.69)	(1.66)	(-1.42)
Controls	YES	YES	YES
Cons	-6.582 **	-3.677	-8.772 ***
	(-2.12)	(-1.06)	(-3.47)
N	1320	1320	1320
Firm	Yes	Yes	Yes
行业	Yes	Yes	Yes
Adj R²	0.073	0.246	0.0820

注：*** 表示在 1% 的水平上显著，** 表示在 5% 的水平上显著，* 表示在 10% 的水平上显著，括号内数值为 t 值。

总之，上述研究结论表明创新溢出效应能提升公司业绩，但当客户议价能力较强时，会弱化其业绩提升效应，而且当创新溢出效应较强时，资本市场会辨别出该经济效应，会给予较高的市场定价，并且该创新溢出效应也能够增强公司抵御外部风险的能力，因此，公司管理层应在战略上高度重视客户这一战略资源的创新效应。

本章小结

本部分结合合作创新和社会资本等理论，提供了供应链上客户创新溢出效应的直接证据。

1. 主要研究结论

（1）客户创新对上游供应商有显著的正向溢出效应。这表明供应链上蕴含着信息和知识，当客户的创新能力较高时，紧密的经济联系能够促使上下游企业信息共享、经验交流并吸收知识，从而提升上游公司的创新绩效。

（2）根据创新溢出效应的机制进一步检验了其异质性，研究发现，当客户与公司的地理距离较近时、上市公司为国有企业时、对客户的销售占比较高时，创新溢出效应更明显。并借助于中国企业创新能力前 1000 强和全球创新前 100 强榜单，进一步佐证了本书主要结论与机制。

（3）客户地理距离对上市公司创新存在显著的正向溢出效应，且在更换指标、安慰剂检验及排除竞争性假说之后仍然成立。

2. 研究启示

（1）公司应加快商业战略模式重塑，实施"上下游企业齐步走，打通产业链"的一体化模式。大客户已经成为了商业模式的重要组成部分，客户关系这一非正式制度也因此引起了理论界和实务界的广泛关注，管理层应深入思考"企业边界"这一企业经济问题，如何将客户这一稀缺资源纳入企业的发展战略中，培养和谐共生、互惠共赢的新商业生态模式，加强信息共享与交流合作，促进企业长远健康发展。

（2）企业应充分利用客户资源实施"合作—精准创新"，提升创新效率。管理层应考虑基于客户的合作创新，突破封闭式研发模式，积极寻求与客户合作，实施基于需求的"精准创新";同时，企业也应该提升供应链的治理水平，着眼于建立长期伙伴关系和战略联盟，以减少投资的"被套牢"风险和短视行为，充分发挥供应链的整合与协同效应，实现投入品—最终品的技术逐层对接，全面推进产品创新，满足终端客户需求，共同提升产品市场竞争力。

第七章

结论、局限性与未来研究方向

一、研究结论

信息技术的迅速发展变革了企业的商业战略模式。纵向一体化弊端日益暴露，取而代之的是较为松散的组织形式。就下游企业而言，则为依存于少数客户的战略伙伴关系。因此，对客户集中的研究具有较强的现实意义。本书顺应企业战略态势，以股利支付为切入点，以中国 A 股上市公司 2007～2021 年的数据为样本，探讨大客户作为重要的外部非财务利益相关者对公司股利支付的影响。本书主要检验三个问题：（1）客户集中是否会影响到公司的股利支付意愿和水平？风险效应和收益效应究竟孰占优？（2）客户集中影响股利支付的调节机制，结合客户关系，考察在哪类子样本中客户集中度与股利支付的关系更显著。（3）如果客户集中度与股利支付显著负相关，那么客户集中真的是增加了公司的经营风险从而导致了公司较低的股利支付吗？客户依存性公司降低股利支付后，真的增加了流动资金的持有量以提高预防风险的能力吗？资本市场是否能够意识到客户集中的风险效应？本书的主要研究结论如下：

第一，客户集中度对现金股利的影响。研究发现，客户的总体效应表现为风险效应，客户集中度与股利支付意愿和水平显著负相关，而且在更换了变量和模型、控制了内生性问题（反向因果、遗漏变量和样本自选择）、考虑了股利支付的"黏性和稳健性"后，该结论仍然成立；进一步分析还表明，客户集中能够影响到股利的动态调整、股利平滑及低派现行为，具体而言，客户集中度与停发股利（上期支付而本期不支付）的概率显著正相关，而与始发股利（上期不支付而本期支付）的概率显著负相关，也弱化了公司的股利平滑行为，同时对公司的低派现现象也有一定的解释力度。

第二，客户集中影响股利支付的调节机制。研究表明，在客户关系较好时，可以缓解客户集中度与股利支付的负向关系，而客户关系较差时，负向关系更显著。进一步再结合公司特征，考察客户集中度与股利支付的负向关系在客户关系与公司特征的交叉样本中表现又如何？结果表明：在关系较差且规模较小、盈利能力较低、行业竞争较低的样本中两者的负向关系更显著，与预期一致。

第三，客户集中通过风险影响了股利支付吗？研究发现，客户集中度不仅增加了公司当年及未来两年的经营风险，而且也增加了公司现有的经营风险，并且客户集中确实通过这种不确定性降低了公司的股利支付水平，经营风险在客户集中度与股利支付的负相关关系中具有中介效应。进一步分析表明：（1）在客户较集中的公司确实持有了较多的现金，符合本书的逻辑，并且排除了增加持有现金的其他竞争性假说；（2）以公司削减股利的预案公告为事件，发现客户集中与超额累计回报显著负相关，公司的客户集中度越高，投资者给予股票定价越不利。（1）和（2）分别基于公司层面和市场层面数据进一步验证了本书的逻辑，佐证了第三章的研究结论。

第四，基于客户特征的拓展性研究主要包括：（1）探讨了客户创新对上游企业的创新溢出效应。研究结果发现：客户创新对公司创新有显著的正向溢出效应，在采用了一系列稳健性检验后上述结果依旧存在；且进一步检验发现当交易双方的地理距离较近、经济联系紧密度较高、上市公司本身为国企时，正向的创新溢出效应更明显；同时在借助全球100强创新企业补充样本后，前面结论依旧成立；（2）基于地理距离视角进一步检验了客户对公司的创新溢出效应，也发现近距离客户能够显著提升公司的创新水平，上述结果在进行稳健性检验以及排除竞争性假设后依然成立，且当客户关系较稳定时，近距离客户更会加大对公司产品的需求，更能倒逼公司提升创新水平，支持了交流互动机制和需求倒逼机制。

二、政策建议

大客户作为商业战略重要组成部分，客户关系这一非正式制度也引起了实务界和理论界的关注。本书结合客户集中度与客户创新两个特性研究了客户对企业经营决策的影响，研究发现，客户集中这一特性提高了企业的经营风险，而客户的创新能力却对公司的创新有正向的溢出效应，因此，基于前面的研究结论本部分提出相应的政策建议：

（一）对公司层面的政策建议

1. 对上市公司商业伙伴选择与维护的建议

虽然有研究表明客户集中能够带来一定经营效率，但本书研究也表明客户集中会给公司带来经营风险。因此，上市公司选择客户时应当选择适度集中的客户群，需要同时衡量两种效应，既要保证运营效率的提高，又要避免客户过度集中而带来的风险效应，尽量优化客户结构；同时依存性公司也要策略性提高自身的市场势力，保持供应链上议价能力的相对平衡性，尽量避免利益侵占，管理好客户关系，发挥供应链上的整合与协同效应。

（1）基于客户关系而言，公司应积极开发战略客户、维护持续稳定的客户关系。客户作为企业的生存基石，已成为企业边界拓展的重要范畴，公司应在保证稳定销售的情况下，重点选择、开发和维护一些战略客户，考虑其经营能力、地理位置以及合作协同能力等综合因素，通过契约建立战略联盟，实施供应链上的重大投资，比如创新，创新活动本身风险高、期限长、金额大，但通过战略联盟的形式精准创新，既可以降低创新的过程风险，又可以稳定市场，锁定需求的波动风险，规避自身创新的各种瓶颈；与此同时，积极引导客户参与公司的创新，实现创新过程的实时指导、面对面交流。

（2）基于企业自身而言，在维系战略客户关系的同时，公司应着重提升自身的知识吸收能力。吸收能力直接关系着知识的实施与应用，将直接转换为生产力。就其具体途径来看，首先，建立组织内部的学习机制，培养"学习型组织、学习型员工"的文化氛围，塑造典型，厚积企业基础知识，提升对新知识反映的灵敏度和应用的深入性，夯实研发基础；其次，充分利用区域内的科研资源，高校、研究院、客户及其他先进企业等，建立校—企合作、企—企合作、搭建产学研用一体化的沟通体制，定期学术交流、技术指导，及时识别外部新知识，实现外界环境和企业间的交流沟通，激发灵感和新知识的产生，增加创新活动的原动力。

2. 对公司战略层面客户关系管理的建议

公司战略层面的政策构建主要集中于改善、维护良性的上下游企业关系，减少信息流动的障碍，促进协同创新政策的实施。主要包括以下路径：

第一，充分利用区块链、大数据云服务等先进技术手段，建立沟通机制。首先这些先进技术手段能够通过智能合约方式筛选出优质的客户，降低客户选择时的信息不对称，使得客户真实的研发实力和信息情况阳光化，从而帮助企业合理研判；其次新技术手段能净化信息环境，区块链框架下的信息系统能够确保企业共有信息和私有信息真实有效、精准管控，加速链上信息的传播效率，增强企业间的信任，降低信息被错误解读和损失的可能性，为深度合作营造信息环境；最后，新技术也有利于客户信息及时反馈机制的建立，有助于企业精准了解产品在消费市场的实时信息，从而制定科学合理的产品升级改造创新策略。

第二，建立战略联盟合作关系。上下游企业通过产品纽带形成以技术、人才等生产要素为核心的知识战略联盟和产品战略联盟，相比于同行联盟，上下游企业的联盟关系更有利于减少企业间的交易成本，有着相对稳定的产品供求关系和利益共享基础，更有利于推动产品研发和运营，建立长期有效的管理体制，促使资源交流共享，形成产品创新的联动机制，充分发挥链上企业的拉力和推力，实现产品创新技术的无缝对接和一脉相承，既要了解上游企业的工艺流程和固化到半成品中的技术，又要满足客户产品创新的诉求，各相关方积极参与到新产品的研发和创新中，形成链上企业互惠共赢，充分利用各方资源优势，既可以降低创新失败的风险，又可以扩大创新成功后的收益规模，提升产品市场的核心竞争力。

第三，双方高层通过交叉持股或高管互任参与管理，从战略层面协调上下游运营。股东和管理层能够参与公司的经营决策权，交叉持股和高管互任不仅是进一步增加上下游企业间信任关系的重要途径，而且能够在战略层面上确保双方经营活动的对接，减少经营摩擦成本，提升决策中对方企业的参与度和积极性，从战略层面协调组织间的运营关系。此外，也可以实施股权激励促使上下游企业深度合作，激励客户公司在公司价值创造过程中发挥积极作用，例如"百丽鞋业"的客户捆绑的一体化战略，充分调动客户在产品创新决策中献言献策。这些高层战略安排为供应链创新溢出效应提供了保障机制，为双方的深度合作提供了组织和制度安排的宏观环境保障。

（二）对监管机构的建议

本书研究发现，客户对公司的经营活动有显著影响，从而也会影响到公司的财务决策，因此，有关客户信息的披露应当是有信息含量的。目前我国公开发行证券的公司信息披露内容与格式准则中的多项准则要求公司应当披露前 5 名客户销售额占年度销售总额的比例，并鼓励披露前五的客户名称及销售金额。除此之外，是否需要考虑披露关系断裂的风险、关系是否具有可持续性以及失去某个客户是否对公司的财务状况和经营成果有重大不利影响；更应该提醒投资者关注公司的客户群；同时证监会在制定现金股利政策时，要考虑到上市公司客户群对政策效果的影响，前五客户约占上市公司30%的销售收入，必定对其经营成果及财务决策有显著影响。因此，政策制定者应当考虑客户这一重要的利益相关者的潜在影响，使得现金股利的政策效果不因客户集中而递减或过激，正确地引导企业保护投资者利益。

（三）对投资者的建议

本书为投资者全面评价公司的风险和收益提供了新的视角。研究表明，客户作为最主要的非财务利益相关者会对企业的经营活动和财务政策产生影响。投资者应该关注公司的客户群，通过了解对客户的销售概况以及双方的不对称依赖程度，可以提前预测、全面评估公司的经营状况，避免盲目投资，提高投资收益的可预测性。

三、研究局限性

限于笔者的认知能力、时间精力等原因，本书还是存在以下局限性，尚需进一步解决：

第一，虽然我国证监会要求披露前五客户的销售合计，但前面统计分析表明，样本期间内仍有10%的公司没有披露，导致数据的不完整性，可能出现自选择问题；另外在控制变量选取时，尽管控制了尽可能多的影响因素，但仍可能存在遗留变量问题。在研究设计中虽然也采取了较多的方法解决相应的内生性，但仍可能解决得不彻底。

第二，就公司本身而言，也仅仅分析了投资机会、资产规模、盈利能力和行业竞争的影响，下一步研究可以探讨其他公司特征，而且本书也仅仅将行业和年度进行控制，并没有进一步分析宏观层次经济环境的影响。

第三，本书仅仅关注了客户集中，没有关注供应商集中的影响；另外，也没有深入挖掘客户本身的数据，从而无法进一步研究客户特征对研究问题的影响，如客户本身的盈利状况、行业特征、对公司的依存等方面，使得本书的研究内容存在局限性，仍需进一步研究。

四、未来研究方向

基于上述的研究不足与局限性，提出以下几个方面的未来研究方向：

第一，将行业和时间具体化，并将宏观经济纳入研究框架，研究不同时间、不同行业以及宏观经济是否对客户集中与股利支付之间的关系有影响。

第二，研究供应商集中是否也影响公司的股利支付行为，将整个供应链上的上下游企业纳入统一框架下进行研究，进行横向拓展，并可以进一步比较公司相对于上下游企业的综合议价能力又是怎样影响公司的经营成果和财务决策的。

第三，挖掘客户特征，从客户的盈利能力、对公司的依存、声誉、行业地位、是否公司的关联方、是否持有公司的股份等多方面进行研究，看这些特征是否能够缓解客户对公司的掠夺效应，以及其他方面的价值溢出效应。

参 考 文 献

[1] 曹裕. 产品市场竞争、控股股东倾向和公司现金股利政策 [J]. 中国管理科学, 2014, 22 (3): 141 - 148.

[2] 陈峻, 王雄元, 彭旋. 环境不确定性、客户集中度与权益资本成本 [J]. 会计研究, 2015 (11): 76 - 82.

[3] 陈信元, 陈冬华, 时旭. 公司治理与现金股利: 基于佛山照明的案例研究 [J]. 管理世界, 2003 (8): 118 - 126.

[4] 陈艳, 李鑫, 李孟顺. 现金股利迎合、再融资需求与企业投资—投资效率视角下的半强制分红政策有效性研究 [J]. 会计研究, 2015 (11): 69 - 75.

[5] 陈云玲. 半强制分红政策的实施效果研究 [J]. 金融研究, 2014 (8): 162 - 177.

[6] 陈正林, 王彧. 供应链集成影响上市公司财务绩效的实证研究 [J]. 会计研究, 2014 (2): 49 - 56.

[7] 陈正林. 客户集中、政府干预与公司风险 [J]. 会计研究, 2016 (11): 23 - 29.

[8] 程小可, 宛晴, 高升好. 大客户地理邻近性与企业技术创新 [J]. 管理科学, 2020 (6): 70 - 84.

[9] 邓建平, 曾勇. 上市公司家族控制与股利决策研究 [J]. 管理世界, 2005 (7): 139 - 147.

[10] 方红星, 张勇. 供应商/客户关系型交易、盈余管理与审计师决策 [J]. 会计研究, 2016 (1): 79 - 86.

[11] 顾小龙, 李天钰, 辛宇. 现金股利、控制权结构与股价崩溃风险 [J]. 金融研究, 2015 (7): 152 - 169.

［12］吉利，陶存杰．供应链合作伙伴可以提高企业创新业绩吗？：基于供应商、客户集中度的分析［J］．中南财经政法大学学报，2019（1）：38-46.

［13］贾兴平，刘益，廖勇海．利益相关者压力、企业社会责任与企业价值［J］．管理学报，2016，13（2）：267-274.

［14］江伟，底璐璐，彭晨．客户集中度影响银行长期贷款吗：来自中国上市公司的经验证据［J］．南开管理评论，2017，20（2）：71-80.

［15］江伟，底璐璐，胡玉明．改进型创新抑或突破型创新：基于客户集中度的视角［J］．金融研究，2019（7）：155-173.

［16］姜付秀，黄磊，张敏．产品市场竞争、公司治理与代理成本［J］．世界经济，2009（10）：46-59.

［17］孔小文，于笑坤．上市公司股利政策信号传递效应的实证分析［J］．管理世界，2003（6）：114-153.

［18］雷光勇，王文忠，刘茉．政治不确定性、股利政策调整与市场效应［J］．会计研究，2015（4）：33-39.

［19］李彬，张俊瑞．产权性质差异、现金分红与公司业绩［J］．山西财经大学学报，2013（4）：95-103.

［20］李琳，刘凤委，卢文彬．基于公司绩效波动性的股权制衡治理效应研究［J］．管理世界，2009（5）145-151.

［21］李任斯，刘红霞．供应链关系与商业信用融资：竞争抑或合作［J］．当代财经，2016（4）：115-127.

［22］李小荣，罗进辉．媒体关注与公司现金股利支付［J］．经济理论与经济管理，2015，35（9）：68-85.

［23］李维安，唐跃军．上市公司利益相关者治理评价及实证研究［J］．证券市场导报，2005（3）：37-43.

［24］黎文靖，郑曼妮．实质性创新还是策略性创新？：宏观产业政策对微观企业创新的影响［J］．经济研究，2016（4）：60-73.

［25］林钟高，郑军，彭琳．关系型交易、盈余管理与盈余反应：基于主要供应商和客户视角的经验证据［J］．审计与经济研究，2014，29（2）：47-57.

［26］刘孟晖，高友才．现金股利的异常派现、代理成本与公司价值：来自中国上市公司的经验证据［J］．南开管理评论，2015，18（1）：152-160.

［27］刘孟晖.内部人终极控制及其现金股利行为研究：来自中国上市公司的经验证据［J］.中国工业经济，2011（12）：122－132.

［28］刘银国，焦健，张琛.股利政策、自由现金流与过度投资：基于公司治理机制的考察［J］.南开管理评论，2015，18（4）：139－150.

［29］刘志强，余明桂.投资者法律保护、产品市场竞争与现金股利支付力度：来自中国制造业上市公司的经验证据［J］.管理学报，2009，6（8）：1090－1097.

［30］陆正飞，韩非池.宏观经济政策如何影响公司现金持有的经济效应？：基于产品市场和资本市场两重角度的研究［J］.管理世界，2013（6）：43－60.

［31］柳建华，魏明海，郑国坚.大股东控制下的关联投资："效率促进"抑或"转移资源"［J］.管理世界，2008（3）：133－141.

［32］罗宏，黄文华.国企分红、在职消费与公司业绩［J］.管理世界，2008（9）：139－148.

［33］罗琦，李辉.企业生命周期、股利决策与投资效率［J］.经济评论，2015（2）：115－125.

［34］吕长江，许静静.基于股利变更公告的股利信号效应研究［J］.南开管理评论，2010，13（2）：90－96.

［35］马曙光，黄志忠，薛云奎.股权分置、资金侵占与上市公司现金股利政策［J］.会计研究，2005（9）：44－50.

［36］权小锋，滕明慧，吴世农.行业特征与现金股利政策：基于2004～2008年中国上市公司的实证研究［J］.财经研究，2010（8）：122－132.

［37］权小锋，吴世农.CEO权力强度、信息披露质量与公司业绩的波动性：基于深交所上市公司的实证研究［J］.南开管理评论，2010，13（4）：142－153.

［38］全怡，梁上坤，付宇翔.货币政策、融资约束与现金股利［J］.金融研究，2016（11）：63－79.

［39］宋福铁，屈文洲.基于企业生命周期理论的现金股利分配实证研究［J］.中国工业经济，2010（2）：140－149.

［40］孙玉涛，张瑛.企业创新能力：从资源观向生态观［J］.清华管理评论，2021（5）：71－79.

［41］覃家琦，邵新建，肖立晟.交叉上市、增长机会与股利政策：基于政

府干预假说的检验 [J]. 金融研究, 2016 (11): 191-206.

[42] 唐跃军. 供应商、经销商议价能力与公司业绩: 来自 2005~2007 年中国制造业上市公司的经验证据 [J]. 中国工业经济, 2009 (10): 67-76.

[43] 唐跃军, 李维安. 公司和谐、利益相关者治理与公司业绩 [J]. 中国工业经济, 2008 (6): 86-98.

[44] 唐跃军, 谢仍明. 股份流动性、股权制衡机制与现金股利的隧道效应: 来自 1999~2003 年中国上市公司的证据 [J]. 中国工业经济, 2006 (2): 120-128.

[45] 王国俊, 王跃堂. 现金股利承诺制度与资源配置 [J]. 经济研究, 2014 (9): 91-104.

[46] 王化成, 曹丰, 叶康涛. 监督还是掏空: 大股东持股比例与股价崩盘风险 [J]. 管理世界, 2015 (2): 45-57.

[47] 王化成, 李春玲, 卢闯. 控股股东对上市公司现金股利政策影响的实证研究 [J]. 管理世界, 2007 (1): 122-127.

[48] 王俊秋, 毕经纬. 客户集中度、现金持有与公司竞争优势 [J]. 审计与经济研究, 2016, 31 (4): 62-70.

[49] 王世权, 王丽敏. 利益相关者权益保护与公司价值: 来自中国上市公司的证据 [J]. 南开管理评论, 2008, 11 (2): 34-41.

[50] 王茂林, 何玉润, 林慧婷. 管理层权力、现金股利与企业投资效率 [J]. 南开管理评论, 2014, 17 (2): 13-22.

[51] 王雄元, 高开娟. 客户集中度与公司债二级市场信用利差 [J]. 金融研究, 2017 (1): 130-144.

[52] 王雄元, 刘芳. 客户议价能力与供应商会计稳健性 [J]. 中国会计评论, 2014 (Z1): 389-404.

[53] 王雄元, 彭旋. 稳定客户提高了分析师对企业盈余预测的准确性吗? [J]. 金融研究, 2016 (5): 156-172.

[54] 王雄元, 王鹏, 张金萍. 客户集中度与审计费用: 客户风险抑或供应链整合 [J]. 审计研究, 2014 (6) 72-82.

[55] 王雄元. 客户集中度、专有化投资与企业营运资金粉饰行为 [J]. 会计之友, 2016 (15): 2-8.

［56］王勇，刘志远. 供应商关系与企业现金持有：来自中国制造业上市公司的经验证据［J］. 审计与经济研究，2016，31（1）83－91.

［57］王永贵，刘菲. 信任有助于提升创新绩效吗：基于 B2B 背景的理论探讨与实证分析［J］. 中国工业经济，2019（12）：152－170.

［58］王竹泉. 利益相关者会计行为的分析［J］. 会计研究，2003（10）：3－9，65.

［59］魏志华，李茂良，李常青. 半强制分红政策与中国上市公司分红行为［J］. 经济研究，2014，49（6）：100－114.

［60］魏志华，吴育辉，李常青. 家族控制、双重委托代理冲突与现金股利政策：基于中国上市公司的实证研究［J］. 金融研究，2012（7）：168－181.

［61］吴超鹏，张媛. 风险投资对上市公司股利政策影响的实证研究［J］. 金融研究，2017（9）：178－191.

［62］伍利娜，高强，彭燕. 中国上市公司"异常高派现"影响因素研究［J］. 经济科学，2003（1）：32－43.

［63］肖珉. 现金股利、内部现金流与投资效率［J］. 金融研究，2010（10）：117－134.

［64］谢军. 股利政策、第一大股东和公司成长性：自由现金流理论还是掏空理论［J］. 会计研究，2006（4）：53－59.

［65］徐寿福，徐龙炳. 现金股利政策、代理成本与公司绩效［J］. 管理科学，2015，28（1）：96－110.

［66］杨兴全，张丽平，陈旭东. 市场化进程与现金股利政策：治理效应抑或缓解融资约束？［J］. 经济与管理研究，2014（5）：76－84.

［67］杨兴全，张照南. 制度背景、股权性质与公司持有现金价值［J］. 经济研究，2008，43（12）：111－123.

［68］叶康涛，陆正飞，张志华. 独立董事能否抑制大股东的"掏空"［J］. 经济研究，2007（4）：101－111.

［69］袁天荣，苏红亮. 上市公司超能力派现的实证研究［J］. 会计研究，2004（10）：63－70.

［70］张玮婷，王志强. 地域因素如何影响公司股利政策："替代模型"还是"结果模型"？［J］. 经济研究，2015，50（5）：76－88.

［71］张志宏，陈峻．客户集中度对企业现金持有水平的影响：基于 A 股制造业上市公司的实证分析［J］．财贸研究，2015（5）：148－156.

［72］张胜．供应商—客户关系与资产结构：来自我国制造业上市公司的经验证据［J］．会计论坛，2013（1）：89－99.

［73］郑军，林钟高，徐德信．供应商关系的公司价值鉴证效应［J］．财经研究，2016，42（6）：121－132.

［74］祝继高，王春飞．金融危机对公司现金股利政策的影响研究：基于股权结构的视角［J］．会计研究，2013（2）：38－44.

［75］诸竹君，黄先海，王毅．外资进入与中国式创新双低困境破解［J］．经济研究，2020（5）：103－119.

［76］Aharony J, Swary I. Quarterly Dividend and Earnings Announcements and Stockholders' Returns: An Empirical Analysis［J］. *Journal of Finance*, 1980, 35 (1): 1－12.

［77］Ak B K, Patatoukas P N. Customer-Base Concentration and Inventory Efficiencies: Evidence from the Manufacturing Sector［J］. *Production and Operations Management*, 2016, 25 (2): 258－272.

［78］Allen L, Gottesman A, Saunders A, et al.. The role of banks in dividend policy［J］. *Financial Management*, 2012, 41 (3): 591－613.

［79］Arora A, Alam P. CEO compensation and stakeholders' claims［J］. *Contemporary Accounting Research*, 2005, 22 (3): 519－547.

［80］Bae S C, Chang K, Kang E. Culture, corporate governance, and dividend policy: International evidence［J］. *Journal of Financial Research*, 2012, 35 (2): 289－316.

［81］Baker M, Wurgler J. A Catering Theory of Dividends［J］. *Journal of Finance*, 2004, 59 (3): 1125－1165.

［82］Banerjee S, Dasgupta S, Kim Y. Buyer-supplier relationships and the stakeholder theory of capital structure［J］. *Journal of Finance*, 2008, 63 (5): 2507－2552.

［83］Bates T W, Kahle K M, Stulz R M. Why Do U. S. Firms Hold So Much More Cash than They Used To?［J］. *Journal of Finance*, 2009, 64 (5): 1985－2021.

［84］Bhattacharya S. Imperfect Information, Dividend Policy, and "The Bird in The Hand" ［J］. *Bell Journal of Economics*, 1979, 10 (1): 259 – 270.

［85］Black F, Scholes M. The effects of dividend yield and dividend policy on common stock prices and returns ［J］. *Journal of Financial Economics*, 1974, 1 (1): 1 – 22.

［86］Booth L, Aivazian V. Demirguc-Kunt A et al. , Capital Structures in Developing Countries ［J］. *Journal of Finance*, 2001, 56 (1): 87 – 130.

［87］Bowen R, Ducharme L. and D. Shores. Stakeholders' implicit claims and accounting method choice ［J］. *Journal of Accounting and Economics*, 1995, 20 (3): 255 – 295.

［88］Brav A, Graham J R, Harvey C R, et al. Payout policy in the 21st century ［J］. *Journal of Financial Economics*, 2005, 77 (3): 483 – 527.

［89］Campello M, Gao J. Customer concentration and loan contract terms ［J］. *Journal of Financial Economics*, 2017, 123 (1): 108 – 136.

［90］Cen L, Maydew E L, Zhang L, et al. Customer-supplier Relationships and Corporate Tax avoidance ［J］. *Journal of Financial Economics*, 2016, 123 (2): 377 – 394.

［91］Chay J B, Suh J. Payout Policy and Cash flow Uncertainty ［J］. *Journal of Financial Economics*, 2009, 93 (1) : 88 – 107.

［92］Chu Y, X Tian, and W Wang. "Corporate Innovation along the Supply Chain" ［J］. *Management Science*, 2018 (6) : 2445 – 2466.

［93］Deangelo H, Deangelo L, Stulz R M. Dividend policy and the earned/contributed capital mix: a test of the life-cycle theory ［J］. *Journal of Financial Economics*, 2006, 81 (2): 227 – 254.

［94］Denis D J, Denis D K, Yost K. Global Diversification, Industrial Diversification, and Firm Value ［J］. *Journal of Finance*, 2002, 57 (5): 1951 – 1979.

［95］Denis D J, Osobov I. Why do Firms Pay Dividends? International Evidence on the Determinants of Dividend Policy ［J］. *Journal of Financial Economics*, 2008, 89 (1): 62 – 82.

［96］Dhaliwal D, Judd J, Serfling M, Shaikh S. Customer Concentration Risk and

the Cost of Equity Capital [J]. *Journal of Accounting and Economics*, 2016, 61 (1):
23 – 48.

[97] Dittmar A, Mahrt-Smith J. Corporate governance and the value of Cash hold-
ings [J]. *Journal of Financial Economics*, 2007, 83 (3): 599 – 634.

[98] Dou Y, O Hope, and W Thomas. Relationship-Specificity, Contract Enforce-
ability, and Income Smoothing [J]. *The Accounting Review*, 2013, 88 (5): 1629 –
1656.

[99] Fama E F, French K R. Taxes, Financing Decisions, and Firm Value [J].
Journal of Finance, 1998, 53 (3): 819 – 843.

[100] Fama E F, French K R. Disappearing dividends: changing firm character-
istics or lower propensity to pay? [J]. *Journal of Financial Economics*, 2001, 60 (1):
3 – 43.

[101] Fama E F, Babiak H. Dividend Policy: An Empirical Analysis [J]. *Jour-
nal of the American Statistical Association*, 1968, 63 (324): 1132 – 1161.

[102] Ferris S, N Sen, E Unlu. An International Analysis of Dividend Payment
Behavior [J]. *Journal of Business Finance and Accounting*, 2009, 36 (3 – 4): 496 –
522.

[103] Firth M, Gao J, Shen J, & Zhang Y. Institutional Stock Ownership and
Firms' Cash Dividend Policies: Evidence from China [J]. *Journal of Banking and Fi-
nance*, 2016, 65: 91 – 107.

[104] Freeman R E. Strategic Management: A Stakeholder Approach, Cambridge
University Press, 1984.

[105] Gonedes N J. Corporate Signaling, External Accounting, and Capital Mar-
ket Equilibrium: Evidence on Dividends, Income, and Extraordinary Items [J]. *Jour-
nal of Accounting Research*, 1978, 16 (1): 26.

[106] Gosman M L, Kohlbeck M J. Effects of the existence and identity of major
customers on supplier profitability: is Wal-Mart different? [J]. *Journal of Management
Accounting Research*, 2009, 21 (1): 179 – 201.

[107] Gosman M, Kelly T, Olsson P, et al. The profitability and pricing of major
customers [J]. *Review of Accounting Studies*, 2004, 9 (1): 117 – 139.

［108］ Grinstein Y, Michaely R. Institutional holdings and payout policy ［J］. Journal of Finance, 2005, 60 (3): 1389 – 1426.

［109］ Guan Y, Wong M H F, Zhang Y. Analyst Following along the Supply Chain and Forecast Accuracy ［J］. *Review of Accounting Studies*, 2011, 20 (1): 210 – 241.

［110］ Hail L, Tahoun A, Wang C. Dividend payouts and information shocks ［J］. *Journal of Accounting Research*, 2014, 52 (2): 403 – 456.

［111］ Hertzel M G, Li Z, Officer M S, et al. Dividend payouts and information shocks Inter-Firm Linkages and the Wealth Effects of Financial Distress along the Supply Chain ［J］. *Journal of Financial Economics*, 2008, 87 (2): 374 – 387.

［112］ Hoberg G, Prabhala N R. Disappearing Dividends, Catering, and Risk ［J］. *Review of Financial Studies*, 2009, 22 (1): 79 – 116.

［113］ Huang H H, Lobo G J, Wang C, et al. Customer Concentration and Corporate Tax Avoidance ［J］. *Journal of Banking and Finance*, 2016, 72: 184 – 200.

［114］ Huang L, Kale J R. Product market linkages, manager quality, and mutual fund performance ［J］. *Review of Finance*, 2013, 17 (6): 1895 – 1946.

［115］ Huang. The customer knows best: The investment value of consumer opinions ［J］. *Journal of Financial Economics*, 2018 (128): 164 – 182.

［116］ Hui K W, Klasa S, Yeung P E. Corporate suppliers and customers and accounting conservatism ［J］. *Journal of Accounting and Economics*, 2012, 53 (1): 115 – 135.

［117］ Irvine P J, Pontiff J. Idiosyncratic Return Volatility, Cash Flows, and Product Market Competition ［J］. *Review of Financial Studies*, 2008, 22 (3): 1149 – 1177.

［118］ Itzkowitz, J. Customers and Cash: How relationships affect suppliers' Cash holdings ［J］. *Journal of Corporate Finance*, 2013, 19: 159 – 180.

［119］ Jensen M. Agency costs of free Cash flow, corporate finance, and takeovers ［J］. *The American Economic Review*, 1986, 76 (2): 323 – 329.

［120］ John Y. Campbell, Martin Lettau, Burton G. Malkiel, et al. Have Individual Stocks Become More Volatile? An Empirical Exploration of Idiosyncratic Risk ［J］. *The Journal of Finance*, 2001, 56 (1): 1 – 43.

[121] John K, Knyazeva A, Knyazeva D. Governance and Payout Precommitment [J]. Journal of Corporate Finance, 2015, 33: 101 – 117.

[122] Johnson W C, Karpoff J M, Yi S. The bonding hypothesis of takeover defenses: Evidence from IPO firms [J]. *Journal of Financial Economics*, 2015.

[123] Johnson W C, Kang J, Yi S. The Certification Role of Large Customers in the New Issues Market [J]. *Financial Management*, 2010, 39 (4): 1425 – 1474.

[124] Kalcheva I, Lins K V. International Evidence on Cash Holdings and Expected Managerial Agency Problems [J]. *Review of Financial Studies*, 2007, 20 (4): 1087 – 1112.

[125] Kale J R, Shahrur H. Corporate Capital Structure and the Characteristics of Suppliers and Customers [J]. *Journal of Financial Economics*, 2007 (83): 321 – 365.

[126] Khan T. Company Dividends and Ownership Structure: Evidence from U. K. Panel Data [J]. *Economic Journal*, 2006, 116: 172 – 189.

[127] Kim J B, Song B Y, Zhang Y. Earnings Performance of Major Customers and Bank Loan Contracting with Suppliers [J]. *Journal of Banking and Finance*, 2015, 59: 384 – 398.

[128] Kim Y H, Henderson D. Financial Benefits and Risks of Dependency in Triadic Supply Chain Relationships [J]. *Journal of Operations Management*, 2015, 36: 115 – 129.

[129] Kolay M, Lemmon M, Tashjian E. Spreading the misery? Sources of Bankruptcy Spillover in the Supply Chain [J]. *Journal of Financial and Quantitative Analysis*, 2016, 51 (6): 1955 – 1990.

[130] Li K. Innovation externalities and the customer/supplier link [J]. *Journal of Banking Finance*, 2018 (86): 101 – 112.

[131] Lintner J. Distribution of incomes of operations among dividends, retained earnings, and taxes [J]. *American Economic Review*, 1956, 46 (2): 97 – 113.

[132] Liu C, Masulis R W, Stanfield J. Why CEO option compensation can be a bad option for shareholders: Evidence from major customer relationships [J]. *Journal of Financial Economics*, forthcoming.

[133] Menzly L, Ozbas O. Market segmentation and cross predictability of returns

[J]. *Journal of Finance*, 2010, 65 (4): 1555 – 1580.

[134] Miller M H, Scholes M S. , Dividends and Taxes [J]. *Journal of Financial Economics*, 1978, 6 (4): 333 – 364.

[135] Miller M H. Behavioral Rationality in Finance: The Case of Dividends [J]. *Journal of Business*, 1986, 59 (4): S451 – S468.

[136] Pandit S, Wasley C E, Zach T. Information Externalities along the Supply Chain: The Economic Determinants of Suppliers' Stock Price Reaction to Their Customers' Earnings Announcements [J]. *Contemporary Accounting Research*, 2011, 28 (4): 1304 – 1343.

[137] Patatoukas P N. Customer-base concentration: implications for firm performance and capital markets [J]. *The Accounting Review*, 2012 (87): 363 – 392.

[138] Peress, Joel. Product market competition, insider trading, and stock market efficiency [J]. *Journal of Finance*, 2010, 65 (1): 1 – 43.

[139] Pettit R R. The Impact of Dividend and Earnings Announcements: Reconciliation [J]. *Journal of Business*, 1976, 49 (1): 86 – 96.

[140] Pinkowitz L, Stulz R, Williamson R. Do firms in countries with poor protection of investor rights hold more Cash? [J]. *Journal of Finance*, 2006, 61 (6): 2725 – 2751.

[141] Porta R L, Lopez-De-Silanes F, Shleifer A, et al. Agency Problems and Dividend Policies around the World [J]. *Journal of Finance*, 2000, 55 (1): 1 – 33.

[142] Porter M E. How competitive forces shape strategy [J]. *Harvard Business Review*, 1979, 59 (2) : 137 – 145.

[143] Schloetzer J D. Process Integration and Information Sharing in Supply Chains [J]. *The Accounting Review*, 2012, 87 (3): 1005 – 1032.

[144] Stig V Møller, Magnus Sander. Dividends, Earnings, and Predictability [J]. *Journal of Banking and Finance*, 2017, 78: 153 – 163.

[145] Von Eije H, Megginson W L. Dividends and share repurchases in the European Union [J]. *Journal of Financial Economics*, 2008, 89 (2): 347 – 374.

[146] Wang J. Do Firms' relationships with principal customers/suppliers affect shareholders' income? [J]. *Journal of Corporate Finance*, 2012, 18 (4): 860 – 878.